"十四五"职业教育国家规划教材

"十二五"职业教育国家规划教材 修订版
经全国职业教育教材审定委员会审定

第 2 版

主　编　左适够
副主编　荆叶平
参　编　沈轶娜　施一敏
主　审　朱建柳

机械工业出版社

本书是"十四五"职业教育国家规划教材，通过对本书的学习，读者能够胜任单车3000元以下的车险事故的定责、查勘、定损工作；能处理两车以上和涉及第三者事故的定损业务；知道车损严重事故的修理方法和工艺；会进行人伤事故现场的合理处置。

根据查勘定损岗位的职业能力，本书设计有13个教学活动和15个职业能力训练。活动和训练项目全部采用保险企业真实案例，事故处理合理，损失评定科学，适合采用项目教学法。

本书可作为各高等职业院校汽车相关专业教材，同时也可作为保险公司、公估公司车险查勘员的岗位培训教材。

为方便教学，本书配有电子课件、课程标准、专业标准、教学设计及车险理赔规程等相关资料。凡选用本书作为授课教材的教师均可登录www.cmpedu.com 注册、下载。

图书在版编目（CIP）数据

事故车辆查勘与定损/左适够主编. —2版. —北京：机械工业出版社，2021.4（2025.1重印）

"十二五"职业教育国家规划教材：修订版

ISBN 978-7-111-67560-0

Ⅰ.①事… Ⅱ.①左… Ⅲ.①交通运输事故-处理-高等职业教育-教材②交通运输事故-车辆-损伤-鉴定-高等职业教育-教材 Ⅳ.①U491.31

中国版本图书馆 CIP 数据核字（2021）第 030937 号

机械工业出版社（北京市百万庄大街22号 邮政编码100037）
策划编辑：曹新宇　责任编辑：曹新宇　谢熠萌
责任校对：王　欣　封面设计：鞠　杨
责任印制：常天培
北京中科印刷有限公司印刷
2025年1月第2版第7次印刷
184mm×260mm・17.25印张・420千字
标准书号：ISBN 978-7-111-67560-0
定价：54.00元

电话服务	网络服务
客服电话：010-88361066	机 工 官 网：www.cmpbook.com
010-88379833	机 工 官 博：weibo.com/cmp1952
010-68326294	金 书 网：www.golden-book.com
封底无防伪标均为盗版	机工教育服务网：www.cmpedu.com

关于"十四五"职业教育国家规划教材的出版说明

为贯彻落实《中共中央关于认真学习宣传贯彻党的二十大精神的决定》《习近平新时代中国特色社会主义思想进课程教材指南》《职业院校教材管理办法》等文件精神，机械工业出版社与教材编写团队一道，认真执行思政内容进教材、进课堂、进头脑要求，尊重教育规律，遵循学科特点，对教材内容进行了更新，着力落实以下要求：

1. 提升教材铸魂育人功能，培育、践行社会主义核心价值观，教育引导学生树立共产主义远大理想和中国特色社会主义共同理想，坚定"四个自信"，厚植爱国主义情怀，把爱国情、强国志、报国行自觉融入建设社会主义现代化强国、实现中华民族伟大复兴的奋斗之中。同时，弘扬中华优秀传统文化，深入开展宪法法治教育。

2. 注重科学思维方法训练和科学伦理教育，培养学生探索未知、追求真理、勇攀科学高峰的责任感和使命感；强化学生工程伦理教育，培养学生精益求精的大国工匠精神，激发学生科技报国的家国情怀和使命担当。加快构建中国特色哲学社会科学学科体系、学术体系、话语体系。帮助学生了解相关专业和行业领域的国家战略、法律法规和相关政策，引导学生深入社会实践、关注现实问题，培育学生经世济民、诚信服务、德法兼修的职业素养。

3. 教育引导学生深刻理解并自觉实践各行业的职业精神、职业规范，增强职业责任感，培养遵纪守法、爱岗敬业、无私奉献、诚实守信、公道办事、开拓创新的职业品格和行为习惯。

在此基础上，及时更新教材知识内容，体现产业发展的新技术、新工艺、新规范、新标准。加强教材数字化建设，丰富配套资源，形成可听、可视、可练、可互动的融媒体教材。

教材建设需要各方的共同努力，也欢迎相关教材使用院校的师生及时反馈意见和建议，我们将认真组织力量进行研究，在后续重印及再版时吸纳改进，不断推动高质量教材出版。

机械工业出版社

《事故车辆查勘与定损》（以下简称第1版）自2013年出版以来，深受各职业院校师生和车险从业人员的认可，销量突破1万册。之所以广受欢迎，我们认为主要原因有三：①它以加强职业道德和控制岗位风险为首要教学目标，这是保险公司最为看重的，也是职业院校课程思政最佳的切入点；②它是以保险公司车险业务岗位为切入点，在内容和形式上实现了与保险公司查勘定损岗位要求对接，本书选取的案例鲜活，工作方法与手段与保险公司保持一致，得出的结论经得起考验；③它的深度把控精准，以交通事故责任认定和车险法律法规为基础，把3000元以下的单车事故查勘与定损任务作为主要教学任务，适当延伸两车事故、第三方责任事故和人伤事故的工作任务。

2013年以来，汽车保险在保险责任、险种和赔付条件等方面发生了很大的变化，特别是查勘的技巧和汽车维修的方法也发生了变化，因此编者决定对第1版进行修订。

本书为"十四五"职业教育国家规划教材。为贯彻落实党的二十大精神，本书在动态修订过程中对全书内容进行了梳理，主要修订内容如下：

1）将第1版中已经过时的法规文件进行修订。

2）为配合教学，增加了数字化资料，其中包括本书使用的专业教学标准和课程标准、配合各项目的典型案例、教学用PPT以及各项目的练习。

3）增加了上海市人社局为车险企业中查勘员职业特设的职业能力考核方案和考核题库。

本次修订由上海交通职业技术学院的左适够任主编，荆叶平任副主编，沈轶娜、施一敏也参与了编写。具体编写分工：综合任务一的项目二、项目六和综合任务二由左适够编写；综合任务一的项目一和综合任务三由上海交通职业技术学院的荆叶平编写；综合任务一的项目三、项目四由上海交通职业技术学院的沈轶娜编写；综合任务一的项目五由上海行健职业学院的施一敏编写。全书由上海交通职业技术学院副院长朱建柳教授主审。

编　者

　　上海交通职业技术学院是最早将"汽车保险与公估"作为专门化来建设的高职院校。本书是为了配合上海交通职业技术学院的精品课"事故车辆查勘与定损"（2010年被评为上海市精品课）并结合3年来使用的经验编写的。为了完成本书，编写团队的3位教师分别到太保、平安、天平保险公司的各个岗位挂职锻炼半年，为本书的实用性、案例的真实性、教学理念的先进性和编写的原创性提供了保障。

　　本书的编写思路：教学目标围绕三个综合工作任务，一是仅与车辆损失相关案件的查勘与定损，二是涉及第三者财产损失案件的查勘与定损，三是人伤事故的查勘。其中，单方肇事无人伤事故的查勘与定损是学生就业初期占70%以上的工作任务（通常事故损失在3000元以下），是学生重点要掌握的能力，也是本书的学习重点。涉及第三者物损和两车以上事故的查勘与定损是对事故查勘与定损能力的延伸和巩固，此阶段的教学，最好通过实例，由学生按照"分析计划—具体实施—总结论证—完善提高"几个阶段实施。作为车险查勘员，对于人伤事故的查勘重点在现场处理与责任认定，汽车专业学生学习起来有一定难度，要以对生命高度负责、对公司利益高度负责的职业精神来对待。学习强调动手能力的锻炼，以防在事故面前束手无策。

　　本书的教学设计：从一开始就提出"综合任务"，让学生在学习初期就明确学习目标；每个教学项目都是完成综合工作任务的各个环节，采用真实案例示范教学，突出案例教学和项目教学的特色，学完各个教学项目，学生自然有能力来完成综合性的工作任务。按照车险查勘员的岗位能力要求，将岗位能力分为分析判断能力和实践操作能力，对于分析判断能力，通过解决典型案例中实际问题的能力训练来训练；对于实践操作能力，则通过典型作业的实践活动来训练，提高分析问题、解决问题的能力。

　　本书的特点：

　　1. 将完成一个综合工作任务的各个相关环节作为项目，体现项目教学的特点。

　　2. 每个项目通过真实的案例教学，学会解决问题的方法，体现能力本位的教学思想。

　　3. 技能训练分为岗位能力"训练"和操作实践"活动"，"训练"和"活动"都有明确的工作任务，围绕能力目标开展教学，适合采用发掘型教学方式，提高学生的学习积极性、

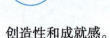

创造性和成就感。

4. 理论知识为完成工作任务服务，既充分体现能力本位，又避免学科体系，可大大提高学习兴趣。

5. 本书中的数据来自生产实际，具有相当的权威性和一定的探究性。

6. 本书中使用的工具、软件、系统均与企业同步，既有实用性又缩短了学与用的距离。

7. 通过真实案例进行能力训练，评价结果具有权威性。

本书由上海交通职业技术学院左适够担任主编，荆叶平任副主编。具体编写分工：综合任务一的项目二、项目六由左适够编写；综合任务一的项目一和综合任务三由荆叶平编写；综合任务一的项目三、四由沈轶娜编写；综合任务一的项目五由施一敏编写；综合任务二由周亚编写。全书由鲍贤俊副教授主审。特别感谢原太平洋保险上海分公司培训部主任原因女士给予本教材的支持。

本书主要用作各高等职业院校汽车保险专业的教材，同时也适合用作汽车相关专业作为选修课程教材。本书曾被保险公司、公估公司用作企业岗位培训教材，事实证明它也是一本较好的岗位培训教材。

编　者

第 2 版前言
第 1 版前言

综合任务一　车辆损失案件的查勘与定损

项目一　交通事故的责任认定 ·· 2
【学习目标】 ·· 2
【知识准备】 ·· 2
【技能训练】 ·· 27
训练1　交通事故分析 ·· 27
训练2　交通事故的应对 ·· 27
训练3　交通事故责任的认定 ·· 27
【项目小结】 ·· 28
【复习思考题】 ·· 29

项目二　事故车现场查勘 ·· 32
【学习目标】 ·· 32
【知识准备】 ·· 32
【技能训练】 ·· 45
训练4　现场查勘报告的制作 ·· 45
【项目小结】 ·· 48
【复习思考题】 ·· 48

项目三　车身变形的修复与工时核定 ·· 50
【学习目标】 ·· 50
【知识准备】 ·· 50
【技能训练】 ·· 56
活动1　汽车翼子板变形的修复与工时 ·· 56
活动2　汽车保险杠损坏的修复与工时 ·· 60

活动3　汽车车门变形的修复与工时 …………………………………………… 64
　　活动4　汽车发动机舱盖变形的修复与工时 ……………………………………… 73
　【项目小结】……………………………………………………………………………… 78
　【复习思考题】…………………………………………………………………………… 78

项目四　事故车易损件的修理工时核定和性能检测 ……………………………… 82
　【学习目标】……………………………………………………………………………… 82
　【知识准备】……………………………………………………………………………… 82
　【技能训练】……………………………………………………………………………… 87
　　活动5　汽车风窗玻璃与车窗玻璃的修理 ……………………………………… 87
　　活动6　汽车照明灯与信号灯的修理 …………………………………………… 92
　　活动7　安全气囊的修理 ………………………………………………………… 95
　　活动8　汽车散热器与风扇的修理 ……………………………………………… 99
　【项目小结】……………………………………………………………………………… 103
　【复习思考题】…………………………………………………………………………… 103

项目五　汽车零配件的询价 ……………………………………………………… 107
　【学习目标】……………………………………………………………………………… 107
　【知识准备】……………………………………………………………………………… 107
　【技能训练】……………………………………………………………………………… 123
　　活动9　用精友理赔系统查询配件价格和修理工时 …………………………… 123
　　训练5　车辆信息查询 …………………………………………………………… 129
　【项目小结】……………………………………………………………………………… 130
　【复习思考题】…………………………………………………………………………… 130

项目六　单方事故无人伤事故的查勘与定损 ……………………………………… 132
　【学习目标】……………………………………………………………………………… 132
　【知识准备】……………………………………………………………………………… 132
　【技能训练】……………………………………………………………………………… 146
　　活动10　单方事故无人伤事故的查勘 …………………………………………… 146
　　训练6　填写事故查勘报告 ……………………………………………………… 158
　【项目小结】……………………………………………………………………………… 162
　【复习思考题】…………………………………………………………………………… 163

综合任务二　涉及第三者财产损失案件的查勘与定损

项目七　涉及第三者物损的查勘与定损 …………………………………………… 166
　【学习目标】……………………………………………………………………………… 166
　【知识准备】……………………………………………………………………………… 166
　【技能训练】……………………………………………………………………………… 170
　　活动11　第三方物损的查勘 ……………………………………………………… 170
　　训练7　涉及第三者事故的查勘 ………………………………………………… 172
　【项目小结】……………………………………………………………………………… 174
　【复习思考题】…………………………………………………………………………… 175

项目八　两车以上事故的查勘与定损 ……………………………………………… 177

【学习目标】	177
【知识准备】	177
【技能训练】	192
活动12　两车事故的查勘与定损	192
活动13　三车追尾事故的查勘与定损	198
训练8　填写"损失车辆零配件更换核定表"和"车辆损失情况现场核定表"	202
训练9　三车追尾事故的查勘与定损	206
【项目小结】	209
【复习思考题】	210

综合任务三　人伤事故的查勘

项目九　人伤事故的现场处理 ··· 212

【学习目标】	212
【知识准备】	212
【技能训练】	226
训练10　心肺复苏抢救	226
训练11　指压动脉止血法	230
【项目小结】	230

项目十　人伤事故的查勘 ··· 231

【学习目标】	231
【知识准备】	231
【技能训练】	241
训练12　电话核实能力	241
训练13　人伤照相能力	241
【项目小结】	242
【复习思考题】	242

项目十一　人伤事故的核损 ··· 243

【学习目标】	243
【知识准备】	243
【技能训练】	260
训练14　医疗费、误工费、护理费及营养费核损	260
训练15　被扶养人生活费核损	260
【项目小结】	261
【复习思考题】	261

参考文献 ··· 264

综合任务 一
车辆损失案件的查勘与定损

项目一 交通事故的责任认定

【学习目标】

知识目标：
1. 叙述道路交通事故和非道路交通事故。
2. 知道交通事故索赔的途径。
3. 正确理解交通事故责任认定书中各项要求的含义。

能力目标：
1. 分析交通事故的责任。
2. 正确完成职业技能训练和复习思考题。

【知识准备】

一些有过索赔经历的车主都知道，当发生道路交通事故后，第一，要拨打急救电话120或999对受伤人员进行救助，还可以采取一些恰当的紧急救助措施；第二，要保护好现场，如果因为救助伤者或者恢复交通秩序等原因，需要对受伤人员、车辆的位置进行挪动时，一定要标好原位置，以免无法认定事故责任；第三，自行达成赔偿协议或者拨打122报警电话；第四，由交警进行现场查勘并最终依法作出责任认定；第五，在规定时间内向保险公司报案；第六，由保险公司或公估公司的查勘人员到现场查勘，并出具查勘报告；第七，送车维修并进行定损；第八，车主提交单证；第九，保险公司进行核损、理算、核赔；第十，赔款结案。

交通事故责任认定书对事故当事人和保险当事人在利益调整上起着举足轻重的作用，对受害者而言关系到能否获得合理的赔偿，对车主而言关系到后续的理赔，对保险公司而言关系到经营风险的大小。由于交通事故责任认定书在民事诉讼案中不属于司法审查范围，保险公司通常在理赔中把它当作无可辩驳的证据来对待，这必定给保险企业带来巨大的证据风险和经营风险。

项目一　交通事故的责任认定

那么，保险公司如何才能避免上述风险呢？首先，查勘人员应熟悉交通事故责任认定的程序及相关法规；其次，在进行查勘工作时一定要规范、细致并掌握第一手资料；最后，一旦找到足以推翻公证证明的依据时，保险公司有权决定是否采信。

交通事故责任认定是现场查勘的基础性工作。

一、交通事故

1. 何为交通事故

根据《中华人民共和国道路交通安全法》（以下简称《道路交通安全法》）第一百一十九条的规定："交通事故"，是指车辆在道路上因过错或者意外造成的人身伤亡或者财产损失的事件。这里讲的车辆包括机动车（在轨道上运行的火车、地铁等除外）和非机动车；"道路"，是指公路、城市道路和虽在单位管辖范围但允许社会机动车通行的地方，包括广场、公共停车场等用于公众通行的场所。

2. 交通事故的构成要素

1）事故必须发生在《道路交通安全法》中规定的道路上。
2）事故必须由机动车或非机动车造成。
3）车辆必须在运行过程中而非停止状态。
4）必须要有损害后果的发生，即事故必须在客观上造成了人身伤亡或财产损失。
5）事故责任人的主观心理只能是过失或意外。

判断是否是"意外事故"一般有三个原则：第一是外来的、突发的；第二是不能抗拒或者不能预见的；第三是非主观因素造成的。如果发生的事故中有一个或多个不符合原则的，则不属于意外事故。判断是否为"过失"有两个原则：第一是加害人主观上应当预见到损害结果的发生，因粗心大意未能预先；第二是加害人虽已预见到损害结果可能发生，但因过于自信未采取恰当措施，导致交通事故的发生，如超载、违章等。

值得注意的是，虽然交通事故常常伴随着加害人违反了道路交通法规，但是否构成交通事故，并不以违反道路交通法规为前提。

【案例1-1】　开车轧死宠物，是否也算交通事故？

某日，董小姐带着宠物狗在路边玩，然后将狗放在人行道上想让它自由活动一下，但她没想到这只小狗突然跑到了马路上。而此时，赵先生开着一辆车正好经过，因为事出突然，他来不及制动，就把狗给轧死了。双方交涉时，董小姐称自己的狗很名贵，要求赵先生赔偿4000元，而赵先生只同意赔400元。双方协商不成，只好到交警队去解决问题。

【法理分析】

该起事故是属于一般民事侵权还是属于交通事故呢？首先要看该起事故是否符合交通事故的构成要件。第一，造成事故的是赵先生的车，属于机动车；第二，事故发生在公路上；第三，事故发生时赵先生的车正在正常行驶；第四，该事故造成了董小姐的宠物狗死亡，而宠物属于个人财产，应属财产损失范围；第五，该事故由于意外而造成。从以上分析可见，这起事故符合交通事故的全部构成要件，故应按照交通事故处理。

3. 不属于交通事故的情况

1）车辆在不供公众通行的道路上发生的事故。如厂矿、油田、农场、林场的专有道路；乡村小道、农村场院；机关、学校、单位大院及住宅区楼群之间的道路；铁道口、渡口、港口、车站、机场和货场内等。

2）车辆在道路上举行军事演习、体育竞赛时工作、竞赛及演习人员发生的事故。

3）工程车辆在道路上作业时发生的施工人员的事故。

4）在车上发生挤伤、挤死的事故。

5）车辆处于停止状态时发生的事故。如停在路边的拉运煤的大货车，车上煤块突然掉落将人砸伤或行人撞到停在便道上的汽车上受伤等。

6）事故责任人在主观上属于故意造成的事故，如"碰瓷"。

◇ **特别提示**

依据《道路交通安全法》第七十七条的规定："车辆在道路以外通行时发生的事故，公安机关交通管理部门接到报案的，参照本规定处理。"

由于在道路以外的其他场所没有交通规则的标准，对于车和行人的行为很难进行违法行为认定和过错判断，所以其赔偿事宜原则上由当事人协商解决。协商不成的，可以由相关部门（如当地派出所）处理或向法院提起民事诉讼。但如果有人向公安机关交通管理部门报案的，公安机关交通管理部门应该负责处理，处理时可参照道路交通事故的规定。

【案例1-2】 在商场广场上发生的撞人事故属于交通事故吗？

2004年5月1日至7日，北京市某大型商场在搞大型活动。商场为了吸引更多的顾客，在商场的东边搭设了大型展台，展示各种商品并有许多促销活动，从而吸引了大量顾客。在某外企工作的张小姐于5月3日驾驶私家车前往该商场购物，并将自己的爱车停在商场的停车场内。张小姐购完物后从停车场取车经过广场离开时，王先生正骑自行车来商场买家用电器。由于广场上人很多，驾驶经验不足的张小姐一见王先生骑车驶向自己，顿时紧张万分，但越是紧张就越容易出事，当经过王先生身边时，由于张小姐的错误操作，汽车撞上了自行车，导致王先生连人带车跌倒在地上。广场上的人见出了车祸立即围了上来，张小姐在周围人的帮助下将王先生送到了医院，同时向在附近执勤的民警报了案。经医院检查诊断，王先生受了轻伤。那么商场的停车场和广场是否属于《道路交通安全法》中的"道路"？

【法理分析】

因为《中华人民共和国道路交通安全法》明确规定，道路是指公路、城市道路和虽在单位管辖范围但允许社会机动车通行的道路，包括广场、公共停车场等用于公共通行的场所。而商场的停车场尽管属于商场，但社会车辆只要按照其规定缴纳停车费均可停车，因此该停车场属于公共停车场，而商场前的大片空地，显然属于广场。

所以本案中的事故发生地不管是该商场的停车场内还是广场，均属于《道路交通安全法》中的"道路"。若结合交通事故的构成要件分析，可得出本案中的事故应当属于交通事故的结论。

【案例1-3】 非道路交通事故交警可以处理吗？

某公司经理张某在某大学上MBA，每周末都要去上课。2005年9月10日，张某将其驾驶的奥迪轿车停在大学生宿舍门口。中午，他接到家里的电话，说儿子不小心摔伤需要住院。他急忙发动汽车并向外倒车。由于当时心情焦急没有注意从宿舍门口出来的大学生林某，将其撞倒。张某回头见林某没有流血，于是就想驾车离开。周围其他学生因不满张某的做法，便将其轿车围住，并要求张某将林某送到医院进行救治。张某一口拒绝并试图强行将车开走。在场的一位大学生拨打了122报警电话，交通警察一刻钟后赶到了现场，对事故做了处理并要求张某将林某送往就近的医院进行治疗。而张某对此提出异议，认为这不属于道路交通事故，应该由学校的有关部门负责处理。

【法理分析】

虽然发生在校园内的事故属于非道路交通事故，但根据《道路交通安全法》第77条的规定："车辆在道路以外通行时发生的事故，公安机关交通管理部门接到报案的，参照本规定处理。"本案中，因为有人向公安机关交通管理部门报了案，所以交警是有权对该事故进行处理的，并可参照道路交通事故的规定处理。

4. 交通事故的类型

交通事故按事故的严重程度可分为四种类型。

1）轻微事故。轻微事故是指一次造成轻伤1~2人；或财产损失：机动车事故不足1000元，非机动车事故不足200元的事故。

2）一般事故。一般事故是指一次造成重伤1~2人；或轻伤3人以上；或财产损失不足3万元的事故。

3）重大事故。重大事故是指一次造成死亡1~2人；或重伤3人以上10人以下；或财产损失3万元以上不足6万元的事故；或虽未造成人员伤亡，但危及首长、外宾、著名人士的安全，政治影响很坏的事故。

4）特大事故。特大事故是指一次造成死亡3人以上；或重伤11人以上；或死亡1人但同时重伤8人以上；或死亡两人但同时重伤5人以上；或财产损失6万元以上的事故。

◇ 特别提示：道路交通事故伤害程度的界定

1. 重伤。指符合下列情况之一的伤害：使人肢体残疾或者毁人面貌的；使人丧失听觉、视觉或其他器官机能的；其他对于人身有重大伤害的。
2. 轻伤。指经医生诊断需治疗、休息1天以上，且不致重伤者。
3. 死亡。指事故发生后当场死亡或伤后7天以内抢救无效死亡的。

二、事故现场当事人的应对措施

根据《道路交通安全法》第七十条的规定：在道路上发生交通事故，车辆驾驶人应当立即停车，保护现场；造成人身伤亡的，车辆驾驶人应当立即抢救受伤人员，并迅速报告执勤的交通警察或者公安机关交通管理部门。因抢救受伤人员变动现场的，应当标明位置。乘车人、过往车辆驾驶人、过往行人应当予以协助。

在道路上发生交通事故，未造成人身伤亡，当事人对事实及成因无争议的，可以即行撤离现场，恢复交通，自行协商处理损害赔偿事宜；不即行撤离现场的，应当迅速报告执勤的交通警察或者公安机关交通管理部门。

在道路上发生交通事故，仅造成轻微财产损失，并且基本事实清楚的，当事人应当先撤离现场再进行协商处理。

根据《中华人民共和国道路交通安全法实施条例》第八十六条的规定：机动车与机动车、机动车与非机动车在道路上发生未造成人身伤亡的交通事故，当事人对事实及成因无争议的，在记录交通事故的时间、地点、对方当事人的姓名和联系方式、机动车牌号、驾驶证号、保险凭证号和碰撞部位，并共同签名后，撤离现场，自行协商损害赔偿事宜。当事人对交通事故事实及成因有争议的，应当迅速报警。第八十七条规定：非机动车与非机动车或者行人在道路上发生交通事故，未造成人身伤亡，且基本事实及成因清楚的，当事人应当先撤离现场，再自行协商处理损害赔偿事宜。当事人对交通事故事实及成因有争议的，应当迅速报警。第八十八条规定：机动车发生交通事故，造成道路、供电、通讯等设施损毁的，驾驶人应当报警等候处理，不得驶离。机动车可以移动的，应当将机动车移至不妨碍交通的地点。公安机关交通管理部门应当将事故有关情况通知有关部门。

具体来说，道路交通事故的当事人应当采取以下措施。

1. 立即停车

当事故发生后，机动车驾驶人应首先采取紧急制动措施，这是第一义务；其次是停车后按有关规定操作：拉紧驻车制动，切断电源，开启危险信号灯，夜间还须开启示宽灯、后位灯；再次是下车查看现场，确认事故是否发生，受害人及有关物品的损害情况，并在车后设置警告标志。

注意：切不可将车辆缓慢地靠向道路一边或向前缓慢停车，或者向后倒车再停，因为这些行为将对事故现场造成不同程度的破坏，使事故责任无法认定，事故损失进一步扩大，更不可驾车逃逸，这是违法行为，甚至构成犯罪。

2. 根据损害情况的不同迅速报警或暂时撤离现场

（1）应保护现场并立即报警的情形。

1）造成人员死亡、受伤的。

2）发生财产损失事故，当事人对事实或者成因有争议的，以及虽然对事实或者成因无争议，但协商损害赔偿未达成协议的。

3）机动车无号牌、无检验合格标志、无保险标志的。

4）载运爆炸物品、易燃易爆化学物品以及毒害性、放射性、腐蚀性、传染病病原体等危险物品车辆的。

5）碰撞建筑物、公共设施或其他设施的。

6）驾驶人无有效机动车驾驶证的。

7）驾驶人饮酒、服用国家管制的精神药品或者麻醉药品的。

8）当事人不能自行移动车辆的。

有上述第二项至第五项情形之一，车辆可以移动的，当事人可以在报警后，在确保安全的原则下对现场拍照或者标划停车位置，后将车辆移至不妨碍交通的地点等候处理。

（2）适用暂时迅速撤离事故现场的情形

1）未造成人身伤亡，当事人对事实及成因无争议的。

2）仅造成轻微财产损失且基本事实清楚的。

注意：推行当事人自行撤离现场、自行协商处理物损交通事故的办法，会给保险公司带来一定的道德风险。除了保险公司应加强并严格事故车辆勘验外，上海市机动车联合信息平台开发了保险失信档案管理信息系统，使得交通事故理赔案件得到了实时监控。凡因故意制造虚假交通事故骗取保险金而被保险公司拒赔或被公安机关查处的个人和单位，都将在该系统中予以记录，作为今后限制其保险业务及其他金融业务的依据。待条件成熟后，该系统将与上海市社会联合征信系统进行整合，使信用限制拓展到更多领域。

机动车发生物损交通事故，车辆能够安全移动并符合自行撤离现场规定的，当事人若坚持不撤离现场的，执勤民警将责令其撤离；造成交通堵塞的，对当事人处以200元罚款，驾驶人有其他道路交通违法行为的，依法一并处罚。

当事人选择自行协商处理的物损交通事故如果发生在上海，则必须将事故车辆共同移至同一"服务中心"进行财产损失核定并办理保险理赔手续。未经"服务中心"登记的协议书无效。需要向保险公司索赔的，应当在撤离现场后立即用电话向保险公司报案，在不影响交通的地方填写记录交通事故事实及相关内容的机动车物损交通事故损害赔偿协议书。

（3）报警方式

1）事故当事人向就近值勤的交通警察报告。

2）事故当事人拨打122交通事故报警电话或110报警电话。

3）委托现场目击者、车上乘客、同乘人员、过往车辆驾驶人、过往行人等向值勤的交通警察或公安机关交通管理部门报告。

报警时，应当尽量讲明事故发生的时间、地点、车辆牌号、人员伤亡、损失情况以及处理措施。如果交通事故引起火灾的，应先报119火警，再进行事故报警。

◇ **特别提示**
1. 在偏远地区，可就近向当地公安机关或其他行政机关报案。
2. 如果交通事故伤亡重大或者造成重大交通影响的，当事人还需向公安管理部门报告。
3. 发生非道路交通事故的，可向当地公安管理部门报告。

3. 抢救伤员

如果交通事故导致人员伤亡的，事故当事人不能一味等待交警的到来，应本着人道主义精神并根据实际情况，立即采取相应的措施抢救受伤人员。另外，当事人应该立即拨打120或999急救电话或选择将受害人送到就近医院进行治疗。

抢救伤员与保护现场应同步进行。如果涉及挪动受害人或事故车辆的，应当标好原位置，但如果受害者已经死亡的，则不应当搬动，要保护现场，等待交警来处理。

友情小贴示：
如果选择将受伤人员送往医院治疗的，应当尽量拦截过往车辆，只有在紧急情况下才可以使用事故车辆，但应标记好停车位置。如果车上还有其他人员时，应当留下保护现场。驾驶人在将受伤人员送到医院后，应当立即返回现场。

4. 保护现场注意事项

交通事故现场是反映道路交通事故前后过程的空间场所，存在大量的事故痕迹和物证，是交警勘验现场、分析原因、认定责任和处理事故的关键。现场的范围通常是指机动车采取制动措施时的地域至停车的地域，以及受害人行进、终止的位置。

（1）保护现场的方法

1）立即确定现场的范围。用白灰、沙石、树枝、绳索等将现场围住，并仔细看护，禁止一切车辆和行人进入。标识现场的时候要尽量做到不妨碍交通。

2）如果要在现场抢救伤员，应标记伤员的原始位置。

3）遇到下雨、下雪、刮风等自然现象对现场可能造成破坏时，可以用塑料布等防湿工具将现场的尸体、血迹、车痕、制动印痕和其他散落物遮盖起来。

4）现场如果有扩大事故的因素，如汽油外溢，车上装有易燃、易爆、剧毒、放射性物品时，应立即设法消除，并向周围行人讲明现场的危险，必要时应将危险车辆驶离现场，同时要注意寻找目击证人，记下证人的身份证和地址等信息，以备将来认定事实。

（2）应当重点保护的现场痕迹

1）路面痕迹。如车辆制动印痕、轧压痕迹、侧滑痕迹、行人鞋底与路面的擦痕以及血迹、油迹、水迹等。

2）车辆与人体的擦撞痕迹。如各种车辆造成的刮痕、沟槽、服装搓擦痕、车身浮尘擦痕等。

3）路面遗留物。如玻璃、漆片等散落物，人体组织的剥落物等。

【案例1-4】 车辆驾驶人在交通事故发生后的义务是什么？

某年7月，刘某驾驶自己的桑塔纳车从市区到郊区办事，走到某高速路不远时，刚过斑马线，突然看到有个行人从路边走出来。那个人可能有什么急事而没有看到刘某的车，低着头继续往前快步走。刘某吓了一跳，按喇叭已经来不及了，赶紧制动并转动转向盘避让，结果车头还是撞到了行人。刘某立即下车查看，只见行人浑身是血躺在地上。刘某急忙拦车，但拦了几分钟也没有车辆停下来。救人要紧，刘某抱起伤者放到自己的车上，开车将伤者送到了医院。

由于刘某及时将行人送往医院，抢救及时，行人林某得救了。林某伤好后，双方一起到交警队来处理。刘某看到责任认定书上自己应负事故的全部责任而行人林某却不负责任时，觉得特别冤枉。刘某委屈地说："行人林某过马路不走斑马线不负责任，自己正常行驶为什么要负全部责任？"对此，刘某表示不服，提起行政复议。但是，上一级的公安交通管理机关维持了原认定的责任，因此，刘某决定提起行政诉讼。

【法理分析】

1）刘某及时抢救伤员是正确的，这也是其必须履行的法定义务。我国《道路交通安全法》第七十条规定："在道路上发生交通事故，车辆驾驶人应当立即停车，保护现场；造成人身伤亡的，车辆驾驶人应当立即抢救受伤人员，并迅速报告执勤的交通警察或者公安机关交通管理部门。"

2）刘某为抢救伤员而移动车辆时没有依法标明位置，也没有及时报案致使现场遭到破坏，为此，刘某应当承担责任。我国《道路交通安全法》第七十条同样规定："因抢救受伤人员变动现场的，应当标明位置。乘车人、过往车辆驾驶人、过往行人应当予以协助。"根据一般的交通事故处理理论，如果当事人一方有条件报警而没有报警致使交通事故责任无法认定的，应当负全部责任。另外，我国《道路交通安全法》第七十六条规定："机动车与非机动车驾驶人、行人之间发生交通事故，非机动车驾驶人、行人没有过错的，由机动车一方承担赔偿责任；有证据证明非机动车驾驶人、行人有过错的，根据过错程度适当减轻机动车一方的赔偿责任。"本案中，刘某有条件报警而没有报警，而伤者林某因受伤无法报警。经交警调查，又没有其他证人或证据证明事故的经过，而行人也坚持认为自己是在人行横道线过的马路。因此，交警在无法查明事故真实原因的情况下，认定刘某为全责是正确的。

3) 过往的车辆没有停车救人虽然不符合法律规定，但却不承担法律责任。虽然法律中用了"应当予以协助"，但是法律并没有进一步规定处罚条款。所以，这里面的"应当"实际上是对过往车辆驾驶人、过往行人规定的一种无违反后果的义务，这些人即使没有履行这个义务，也不应当受到处罚，更不能凭借本条的规定来要求他们赔偿损失，但会受到社会道德的谴责。

三、交警对交通事故的处理

处理交通事故是公安机关交通管理部门的主要职责之一，具体来说主要有四个方面的职责：一是处理交通事故现场；二是认定交通事故责任；三是处罚交通事故责任者；四是对损害赔偿进行调节。

凡是属于交通事故的都必须由交通管理部门处理，凡是属于非道路交通事故的，可向当地公安管理部门（如派出所）报告。

《道路交通安全法》第七十七条规定："车辆在道路以外通行时发生的事故，公安机关交通管理部门接到报案的，参照本法有关规定办理。"也就是说，公安机关交通管理部门对道路以外的事故亦有管辖权，但前提是必须接到报案。

◇ **特别提示**

我国地方公安机关交通管理部门通常分为三级，一是省、直辖市、自治区人民政府所属的公安厅（局）交通警察总队（交通管理局）；二是地（市）级人民政府所属的公安交通警察支队；三是县级人民政府所属的公安交通警察大队。

交警对交通事故的处理流程如图1-1所示。

1. 受理报警

1) 公安机关交通管理部门如果十分明确事故不属于自己管辖时，应当通知当事人向有管辖权的公安机关交通管理部门报警，并告知其电话等。

2) 公安机关交通管理部门如果认为属于自己管辖或者认为管辖不明时，应当登记备查并进行记录。如果有可能是交通肇事逃逸的，还应当详细询问报警人有关肇事车辆的颜色、特征及逃逸方向等情况，并立即派交警赶赴事故现场。

3) 如果事故涉及3人以上死亡或者有重大影响的，公安机关交通管理部门应当立即向上一级公安机关交通管理部门报告，而且也应当向当地人民政府报告。

4) 如果事故涉及营运车辆的，公安机关交通管理部门还应当通知当地人民政府的有关行政管理部门。

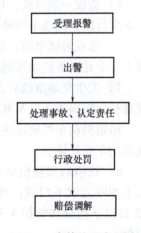

图1-1 事故处理流程图

2. 出警

公安机关交通管理部门接到报案后，应当根据交通事故的类型、损害情况等及时出警。

对于适用简易程序处理的交通事故，可以派一名交通警察处理；对于适用一般程序处理的交通事故，应当派出两名或者两名以上的交通警察处理。

对于涉及死亡的交通事故，县级公安机关交通管理部门负责人应当到场组织、指挥现场救援和调查取证工作；对于涉及3人以上死亡及造成其他重大影响的交通事故，地（市）公安机关交通管理部门负责人应当到场组织、指挥现场救援和调查取证工作；对于涉及10人以上的交通事故，省级交通警察总队要派有关人员赶赴现场，协调并指导当地的交通事故调查、处理工作。

3. 处理事故、认定责任

交警通过现场调查、现场查勘、事故的检验、鉴定等最后认定事故的责任。采用简易程序处理的交通事故，交警当场制作事故认定书；采用一般程序处理的交通事故，交警应当自勘查现场之日起10日内制作交通事故认定书；交通肇事逃逸的，在查获交通肇事逃逸人和车辆后10日内制作交通事故认定书；对需要进行检验、鉴定的，应当在检验、鉴定或者重新检验、鉴定结果确定后的五日内制作交通事故认定书。

4. 行政处罚

责任认定后，交警应当对有关责任方进行处罚。处罚主要包括警告、罚款、暂扣机动车驾驶证、吊销机动车行驶证和扣留等。

1）造成特大事故，负次要责任以上的，处10日以上15日以下拘留或者150元以上200元以下罚款，并处吊销机动车驾驶证。

2）造成重大事故，负同等责任以上的，处10日以上15日以下拘留或者150元以上200元以上罚款，并处吊销机动车驾驶证。

3）造成重大事故，负次要责任的，处10日以下拘留或者50元以上150元以下罚款，并处吊扣1个月以上6个月以下机动车驾驶证。

4）造成一般事故，负主要责任以上的，处10日以下拘留或者50元以上150元以下罚款，并处吊扣1个月以上6个月以下机动车驾驶证。

5）造成一般事故，负同等责任以下的，处50元以下罚款或者警告，并处吊扣1个月以上6个月以下机动车驾驶证。

6）造成轻微事故，负有交通事故责任的，处50元以下罚款或者警告，并处吊扣1个月以上6个月以下机动车驾驶证。

7）发生交通事故后，机动车驾驶员有逃逸、破坏、伪造现场、毁灭证据、隐瞒交通事故真相、嫁祸于人以及有其他恶劣行为的，并处吊销机动车驾驶证。

吊销机动车驾驶证从裁决之日起生效。被吊销机动车驾驶证的，两年内不准重新申请领取机动车驾驶证。

8）饮酒后驾驶机动车的，处暂扣1个月以上3个月以下机动车驾驶证，并处200元以上500元以下罚款；醉酒后驾驶机动车的，由公安机关交通管理部门约束至酒醒，处15日以下拘留和暂扣3个月以上6个月以下机动车驾驶证，并处500元以上2000元以下罚款。

9）饮酒后驾驶营运机动车的，处暂扣3个月机动车驾驶证，并处500元罚款；醉酒后驾驶营运机动车的，由公安机关交通管理部门约束至酒醒，处15日以下拘留和暂扣6个月机动车驾驶证，并处2000元罚款。

1年内有前两款规定醉酒后驾驶机动车的行为,被处罚两次以上的,吊销机动车驾驶证,5年内不得驾驶营运机动车。

5. 赔偿调解

交通事故赔偿权利人、义务人在收到交通事故认定书之日起10日内,如果一致要求公安机关交通管理部门进行赔偿调解的,当事人可书面申请调解。公安机关交通管理部门应当与当事人约定调解的时间和地点,并于调解时间3日前通知当事人,口头通知的应当记入调解记录。调解达成协议的,公安机关交通管理部门应当制作调解书并送交各方当事人签字生效;调解未达成协议的,公安机关交通管理部门应当制作调解终结书并送交各方当事人;当事人不服调解书内容的,可以就交通事故赔偿内容提起诉讼。

四、事故责任认定

道路交通事故的责任认定,就交通事故处理而言,处于承上启下的中心环节。公安机关交通管理部门在处理交通事故案件时,要根据事故责任对当事人给予法律制裁。在对交通事故损害赔偿进行调解时,交通事故责任是承担相应赔偿量的根据。在追究当事人刑事责任时,交通事故责任是重要条件。所以,道路交通事故责任认定在处理交通事故的过程中具有相当重要的地位。

1. 道路交通事故责任

所谓道路交通事故责任是指公安机关在查明交通事故责任后,依据道路交通管理的法律、法规和部门规章,对当事人的违章行为与事故之间的因果关系以及违章行为在交通事故中所起的作用做出的结论。

(1) 道路交通事故责任的构成要件　道路交通事故责任的构成要件如图1-2所示。

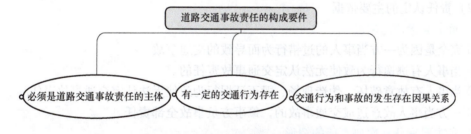

图1-2　道路交通事故责任的构成要件

1) 必须是道路交通事故责任的主体。只要有交通活动能力,能在道路上行走、乘车、驾车,就可以承担交通事故责任,不受年龄、智力的限制。

值得注意的是,交通事故责任不是指当事人应当承担的法律责任。尽管交通事故责任是依法确定当事人法律责任的重要依据,但作为法律责任的主体,必须符合法定的责任年龄、具有法定的责任能力,所以承担交通事故责任的人,不一定要承担法律责任。同样,交通事故责任与交通事故损害赔偿责任也不相同,一是责任的归责原则不同;二是主体不同,因为交通事故损害赔偿责任的主体还包括受害人的近亲属、车内物品所有人或支配人、保险公司等。

2) 有一定的交通行为存在。交通行为可能是违法行为,也可能是意外事故。其中,违法行为可能是事故中某一方当事人的行为,也可能是事故中双方当事人的行为;而意外事故法律并没有要求有违法行为的存在。

3）交通行为和事故的发生存在因果关系。违章行为或意外事故与损害后果之间必须存在因果关系。与道路交通事故的发生存在因果关系的交通行为是认定道路交通事故责任的关键。如果没有因果关系，即使行为人的行为属于严重的违法行为，也不构成道路交通事故责任。

因果关系不仅能起到定性作用，还可以起到定量作用。这是由于它揭示了当事各方的事故直接原因在形成事故中的责任，这种作用的大小就反映在交通事故责任的大小上。

（2）交通事故责任的类型　交通事故责任的类型如图1-3所示。

2. 道路交通事故的责任认定

（1）责任认定的基本原则

1）依法定责的原则。作为行政机关的道路交通管理部门，在责任认定时必须以法律为准绳，依法定则。认定道路交通事故责任的法律依据不仅仅是有关道路交通安全方面

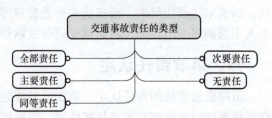

图1-3　交通事故责任的类型

的法律、法规和规章，还应包括《刑法》《民法通则》《刑事诉讼法》《民事诉讼法》《行政处罚法》《行政诉讼法》等相关的法律法规。

2）因果关系原则。责任认定所分析的因果关系，就是作为事故原因的违章行为或意外事故与造成事故之间的因果关系，应分析出与事故发生有直接的、内在的、必然的、主要的因果关系的违法行为，严禁简单运用"违章是肇事的前因，肇事是违章的后果"这种逻辑关系。

（2）责任认定的主要依据

1）负全部责任的情形。

① 完全是因为一方当事人的过错行为而导致的交通事故。

② 当事人有逃逸行为致使无法认定交通事故责任的。

③ 当事人有故意破坏、伪造现场、毁灭证据行为致使无法认定交通事故责任的。

④ 一方当事人故意造成交通事故的，肇事方负事故全部责任。

2）负主要责任和次要责任的情形。

① 由两方当事人的违法行为共同造成交通事故的，违法行为在交通事故中作用大的一方负主要责任，另一方负次要责任。

② 由三方以上当事人的违法行为造成的交通事故，按各自违法行为在交通事故中的作用大小划分责任。

3）负同等责任的情形。由两方或两方以上当事人的过错发生的交通事故，各方的违法行为在交通事故中的作用相当的，负同等责任。

4）无责任的主要情形。

① 交通事故是由一方当事人的交通违法行为所导致的，另一方无责任。

② 一方当事人故意造成的交通事故，另一方无责任。

③ 非机动车或行人与静止车辆发生的事故，机动车一方无责任。

④ 各方均无导致交通事故的过错，属于交通意外事故的，各方均无责任。

项目一　交通事故的责任认定

◇ **特别提示**

因为交通事故赔偿责任和交通事故责任是不同的,所以发生双方均无责任的交通意外事故时,若是发生在机动车之间的,则民事赔偿时应根据公平原则按实际情况分担;若是发生在机动车与非机动车驾驶人或行人之间的,则机动车一方承担不超过 10% 的赔偿责任。

(3) 事故现场遭到破坏的责任认定　交通事故现场是能够客观反映交通事故发生前后过程的空间场所,是公安机关交通管理部门正确认定交通事故责任的关键。所以,我国道路交通方面的法律、法规均明确规定了有关人员应当保护现场,不得破坏现场。

现场遭到破坏的情况,要区分不同的情况进行责任认定。

1) 如果现场是一方当事人故意破坏的,则破坏现场的当事人要承担全部责任。

2) 如果现场不是被故意破坏的,而是因不小心或其他原因(如由于暴雨等)受到破坏的,则由负有举证责任的一方承担相应的举证责任。

3) 机动车之间发生交通事故的,则由过错的一方承担责任;双方都有过错的,按照各自过错的比例分担责任。

4) 机动车与非机动车驾驶人、行人之间发生交通事故的,由机动车一方承担责任;但是有证据证明非机动车驾驶人、行人违反道路交通法律、法规的,机动车驾驶人已采取必要处置措施的,减轻机动车一方的责任。

5) 交通事故的损失是由非机动车驾驶人、行人故意造成的,机动车一方不承担责任。

由此可见,机动车一方负有较重的举证责任。如果在现场遭到破坏后,机动车一方不能举出有力的证据予以反驳,那么要承担事故的全部责任。

【案例 1-5】　事故现场破坏后,机动车驾驶人承担什么责任?

某日,毛某驾驶自己的富康小轿车在某市的主干道由东向西行驶,当时正下着鹅毛大雪,道路特别滑。在一个十字路口,行人曾某闯红灯过马路,毛某制动不及将曾某撞倒在地。毛某为了救人,急忙拦了一辆出租车将曾某送往医院进行治疗,然后拨打 122 报警电话。在此期间,毛某没有标记曾某被撞倒的位置,也没有对自己的紧急刹车的拖印进行遮盖。为了不影响交通的畅通,毛某还将自己的轿车驶离了原来的位置,停在了路边。公安机关交通管理部门赶到现场后,大雪已经覆盖了所有的痕迹,完全看不出事故发生的过程。于是根据《道路交通安全法》第七十六条和《道路交通安全法实施条例》第九十二条的规定,判定毛某承担事故的全部责任。

【法理分析】

本案中,毛某积极救人,并抱有不影响交通的心态是对的,但是由于他对交通法律、法规不了解,所以导致现场遭到破坏。尤其是在曾某有违章的行为时,直接导致了自己承担事故全部责任的后果。

(4) 对非机动车驾驶人交通事故责任认定的说明(以上海市为例)

1) 非机动车驾驶人有下列行为之一的,与事故发生有直接因果关系,在事故中起主要作用的,视为严重过错,一般负事故主要以上责任。

① 进入高速公路、全封闭道路诱发事故的。

② 通过无信号灯控制的人行横道时与行人发生事故的。

13

③ 横过机动车道未下车推行诱发事故的。

④ 转弯未伸手示意或未顾及后车安全诱发事故的。

⑤ 后车超越前车时，未与前车保持安全横距诱发事故的。

⑥ 因酒醉原因诱发事故的。

2）机动车沿路口中心点左侧左转弯时，与相对方向左转弯的非机动车发生事故的，双方负事故同等责任。

3）无信号灯控制的T形路口，右转弯机动车与同向左转弯非机动车发生事故的，双方负事故同等责任。路口有信号灯为绿灯时，可以调整为右转弯机动车负事故主要责任，左转弯非机动车负事故次要责任。

4）在没有划分中心线和机动车道与非机动车道的路段上，车辆未按下列行驶路面行驶，与事故发生有直接因果关系的，一般负事故主要责任。

① 车行道宽度在14m以上的，非机动车未在两侧各3.5m以内的路面行驶，机动车未在中间其余路面行驶。

② 车行道宽度超过10m、不足14m的，机动车未在中间7m的路面内行驶，非机动车未在两侧其余路面内行驶。

③ 车行道宽度在10m以下6m以上的，非机动车未在两侧各1.5m（人力或加装动力装置的三轮车、残疾人专车在两侧2.2m内）行驶，机动车未在中间其余路面内行驶。

④ 车行道宽度不足6m的，机动车和非机动车未靠道路右边顺序行驶。

⑤ 骑跨中心线的机动车与对向非机动车发生事故的，双方一般负事故同等责任。

5）非机动车在本车道受阻驶入机动车道，随后行驶的机动车未避让发生事故的，机动车一方一般负事故主要以上责任；非机动车在机动车临近时驶入机动车道诱发事故的，可以调整为双方负事故同等责任。

(5) 对行人交通事故责任认定的说明（以上海市为例） 行人有下列行为之一的，与事故发生有直接因果关系，在事故中起主要作用的，视为严重过错，一般负事故主要以上责任。

1）进入高速公路、全封闭道路诱发事故的。

2）信号灯禁行时，横过道路诱发事故的。

3）翻、跨、钻隔离设施诱发事故的。

4）在没有交通信号灯、人行横道的路口，或在没有人行横道、过街设施的路段，在车辆临近时（紧急刹车无法避免事故的情况），急穿马路或中途倒退折返诱发事故的。

5）夜间在车行道躺卧诱发事故的。

6）嬉闹、玩耍、突然闯入车行道诱发事故的。

7）攀爬车辆诱发事故的。

没有人行道的道路，行人未在道路两侧（道路两侧1m内）行走发生事故的，应负相应的事故责任。

(6) 对乘车人交通事故责任认定的说明（以上海市为例） 乘车人有下列行为之一的，与事故发生有直接因果关系，在事故中起主要作用的，视为严重过错，一般负事故主要以上责任。

1）行车途中跳车，或将身体伸出车外诱发事故的。

2）行车途中干扰驾驶造成车辆失控发生事故的。

(7) 图解典型的交通事故责任认定

1）追撞前车尾部的，如图1-4所示，A车负全责。
2）变更车道时，未让正在该车道内行驶的车先行的，如图1-5所示，A车负全责。

图1-4　追撞前车尾部

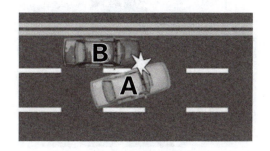

图1-5　变更车道未让行

3）通过没有交通信号灯控制或者交通警察指挥的交叉路口时，在交通标志、标线未规定优先通行的路口，未让右方道路的来车先行的，如图1-6所示，A车负全责。
4）通过没有交通信号灯控制或者交通警察指挥的交叉路口，遇相对方向来车，左转弯未让直行车先行的，如图1-7所示，A车负全责。

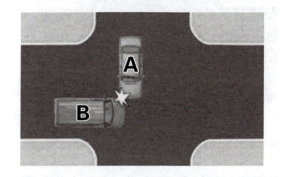

图1-6　未让右方道路来车先行的

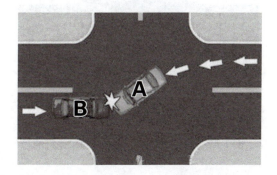

图1-7　左转弯未让直行车先行的

5）通过没有交通信号灯控制或者交通警察指挥的交叉路口时，未让交通标志、交通标线规定优先通行的一方先行的，如图1-8所示，A车负全责。
6）通过没有交通信号灯控制或者交通警察指挥的交叉路口时，相对方向行驶的右转弯车未让左转弯车的，如图1-9所示，A车负全责。

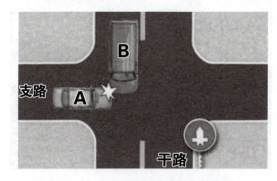

图1-8　未让优先通行方先行的

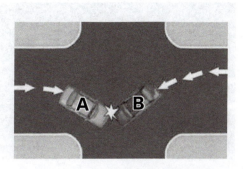

图1-9　右转弯车未让左转弯的

7）绿灯亮时，转弯车未让被放行的直行车先行的，如图 1-10 所示，A 车负全责。

8）红灯亮时，继续通行的，如图 1-11 所示，A 车负全责。

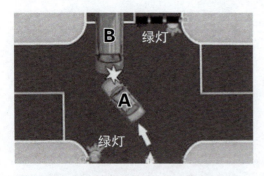

图 1-10　转弯车未让直行车先行的

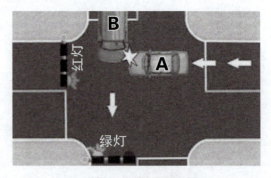

图 1-11　红灯亮继续通行的

9）红灯亮时，右转弯车未让被放行的车先行的，如图 1-12 所示，A 车负全责。

10）进入环行路口的车未让已在路口内的车先行，如图 1-13 所示，A 车负全责。

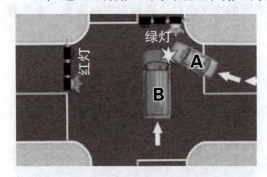

图 1-12　右转弯车未让被放行的车先行的

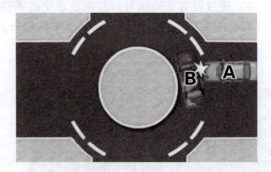

图 1-13　进入环形路口未让已在路口内的车先行

11）在没有中心隔离设施或者没有中心线的道路上会车时，有障碍一方未让无障碍的一方先行的；有障碍的一方已驶入障碍路段，无障碍一方未驶入时，无障碍一方未让有障碍一方先行的，如图 1-14 所示，A 车负全责。

12）在没有中心隔离设施或者没有中心线的道路上会车时，下坡车未让上坡车先行的；下坡车已行至中途而上坡车未上坡时，上坡车未让下坡车先行的，如图 1-15 所示，A 车负全责。

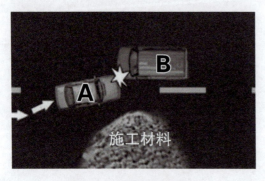

图 1-14　障碍路段的规定

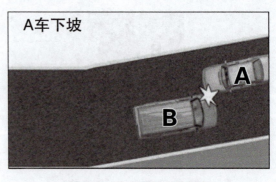

图 1-15　上、下坡时的规定

13）在没有中心隔离设施或者没有中心线的狭窄山路上会车时，靠山体的一方未让不靠山体的一方先行的，如图1-16所示，A车负全责。

14）超越前方正在掉头车的，如图1-17所示，A车负全责。

图1-16　狭窄山路上会车的规定

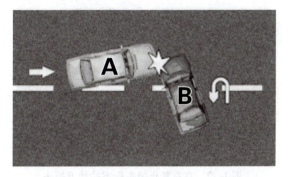

图1-17　超越前方正在掉头车的规定

15）超越前方正在超车的车，如图1-18所示，A车负全责。

16）超越前方正在左转弯的车，如图1-19所示，A车负全责。

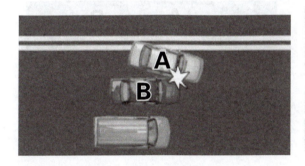

图1-18　超越前方正在超车的车

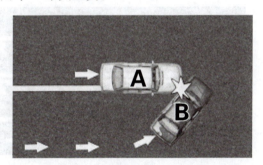

图1-19　超越前方正在左转弯的车

17）与对面来车有会车可能时超车的，如图1-20所示，A车负全责。

18）在没有中心线或者同一方向只有一条机动车道的道路上，从前车右侧超越的，如图1-21所示，A车负全责。

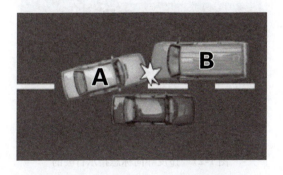

图1-20　与对面来车有会车可能时超车的

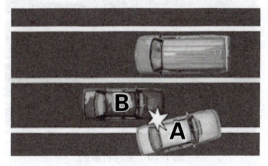

图1-21　从前车右侧超越的

19）在有禁止掉头标志、标线的地方以及在人行横道、桥梁、陡坡、隧道掉头的，如

图 1-22 所示，A 车负全责。

20）在没有禁止掉头标志、标线的地方掉头时，未让正常行驶车先行的，如图 1-23 所示，A 车负全责。

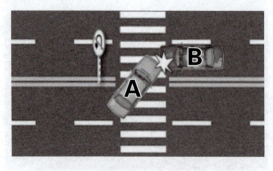

图 1-22　在有禁止掉头标志的地方掉头

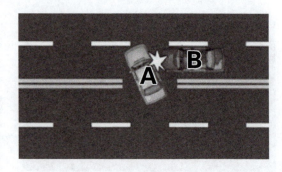

图 1-23　在没有禁止掉头标志的地方掉头

21）倒车的，如图 1-24 所示，A 车负全责。
22）溜车的，如图 1-25 所示，A 车负全责。

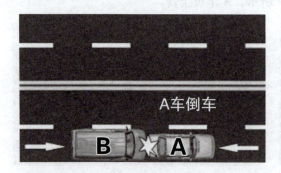

图 1-24　倒车的

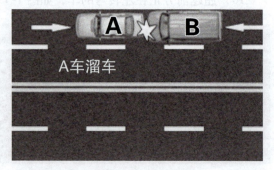

图 1-25　溜车的

23）逆向行驶的，如图 1-26 所示，A 车负全责。
24）违反导向标志指示行驶的，如图 1-27 所示，A 车负全责。

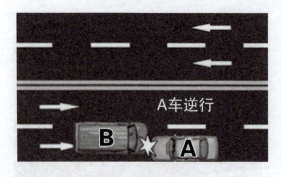

图 1-26　逆向行驶的

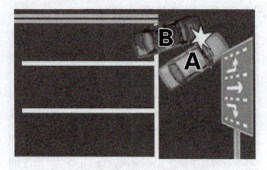

图 1-27　违反导向标志指示行驶的

25）违反规定在专用车道内行驶的，如图 1-28 所示，A 车负全责。
26）在机动车道上违法停车的，如图 1-29 所示，A 车负全责。

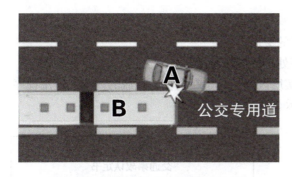

图1-28　违反规定在专用车道内行驶的

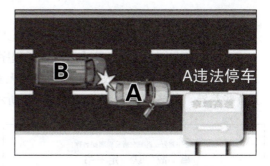

图1-29　在机动车道上违法停车的

27）违反装载规定，致使货物超长、超宽、超高，造成交通事故的，如图1-30所示，A车负全责。

28）装载的货物在遗洒、飘散过程中导致的交通事故，如图1-31所示，A车负全责。

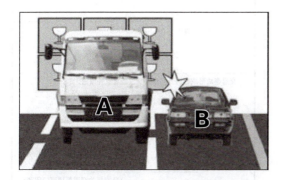

图1-30　违反装载规定造成交通事故的

图1-31　装载的货物导致的交通事故

29）未按导向车道指示方向行驶的，如图1-32所示，A车负全责。

30）未按照交通警察指挥通行的，如图1-33所示，A车负全责。

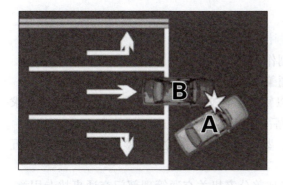

图1-32　未按导向车道指示方向行驶的

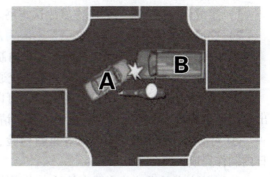

图1-33　未按照交通警察指挥通行的

3. 交通事故认定书

（1）何为交通事故认定书　公安机关交通管理部门根据交通事故现场勘验、检查、调查情况和有关的检验、鉴定结论，制作认定当事人责任的一种法律文书。

（2）认定书的类型

1）事故认定书。只适用按简易程序处理的交通事故。

2）交通事故认定书。只适用按普通程序处理的交通事故。

事故认定书和交通事故认定书两者并无实质区别，只是在名称、记载的内容、适用程序上有些差异。其格式如图 1-34 和图 1-35 所示。

（此处印制公安机关交通管理部门名称）

事 故 认 定 书

（此处填写文书编号）

事故时间：	事故地点：		天气：	
当事人姓名	联系方式	驾驶证号	车辆牌号	保险凭证号
交通事故事实	当事人签名：______ ______			
责任及调解结果	当事人签名：______ ______ 交通警察：（签名或盖章）______ ______ （公安机关交通管理部门印章） 年 月 日			

注：事故认定书存档一份，交付各方当事人各一份。

图 1-34 事故认定书

（此处印制公安机关交通管理部门名称）

交通事故认定书

（此处填写文书编号）

交通事故发生时间、地点、天气：

当事方基本情况：

交通事故基本事实：

交通事故形成原因及当事人责任或者意外原因：

当事人签名：______ ______

交通警察：（签名或盖章）______ ______

（公安机关交通管理部门印章）

年 月 日

图 1-35 交通事故认定书

（3）制作期限

1）事故认定书。应当场制作事故认定书。

2）交通事故认定书。应当在一定期限内制作。

① 一般应当在勘查现场之日起的十日内制作。

② 若有交通事故逃逸的，应当在查获交通肇事逃逸人和车辆后的十日内制作。

③ 对于未查获交通肇事逃逸的案件，可以暂不出具交通事故认定书。但若受害方要求出具交通事故认定书的，可以在接到书面申请后的十日内制作。

④ 对需要进行检验、鉴定或者重新检验、鉴定的，应当在检验、鉴定结果确定后的五日内制作完成。

（4）认定书的送达 交通事故认定书应当加盖公安机关交通管理部门交通事故专用章，分别送达当事人各方，并告知当事人：申请公安机关交通管理部门调解的期限和直接向法院提起民事诉讼的权利。送达的方式有直接送达、留置送达、委托送达、邮寄送达和公告送达。

4. 事故责任的重新认证制度

(1) 认定书的作用　认定书虽然是处理交通事故的证据，也是当事人就民事损害赔偿问题应向法院提交的重要证据，但它仅是一种证据，不具有法律效力。

在处理认定书时还应注意如下几个问题。

1) 认定书在民事诉讼中不属于司法审查范围，除非能举出其他有力的相反证据，否则，法院会采信认定书。

2) 因为证据必须查证属实后才能作为定案的依据，所以认定书不宜直接作为理赔的证据而采信。

3) 因为认定书只认定责任而不涉及具体的惩处，所以它不属于具体的行政行为，当事人不得向相关机关提出行政复议或行政诉讼。

(2) 对认定书不服时的解决途径

1) 对事故当事人。

① 向上级公安机关交通管理部门提起申诉。

② 向法院起诉，用相反证据证明认定书存在错误。

2) 对保险公司。有权决定是否采信，可通过起诉途径达到不采信。

【案例1-6】

在一个秋雨连绵的日子里，某局交通科的胡某驾驶小客车去机场接人，他以70km/h的车速由西向东行驶至望京村附近时，正好有某厂驾驶人吴某驾驶救护车送孕妇任某和助产护士李某二人到妇产医院，由东向西行驶。当双方车辆相距40m左右时，吴某发现胡某的车从对面行驶过来，试图减速相让。此时，他感觉车身不稳，便采取向右转动转向盘措施，但是由于车速比较快，路面有水，停车不及，同胡某的车相撞了。

事后，交通管理部门对现场进行了勘验，并作了分析。现场道路系东西方向沥青路面，路面状况良好。同时，交警对车身的一些划痕做了比较细致的检查，最后认为：吴某系驾驶不合格救护车并因采取措施不当，驶入逆行线。此外，行政规章规定，救护车在执行救助任务时，应当减速行驶，但是在下雨的情况下，吴某仍以60km/h的车速行驶，这是事故的主要原因。胡某当时的驾车速度是70km/h，也超过了该路段的限速，因此对于交通事故的发生也有一定的责任。

交通部门对此出具了交通事故认定书，对当事人之间的责任进行了认定。但是，在交通事故认定书中，并未说明事故的基本事实和形成原因，而是直接对当事人之间的责任划分作出结论。此后，在胡某对吴某起诉要求民事赔偿的过程中，吴某抗辩说交通部门的交通事故认定书有问题，他个人不同意这个交通事故认定书的意见。试回答下列问题：

1) 吴某的抗辩是否成立？

【法理分析】

因为在本案中，交通部门虽然对交通事故做了比较详细的认定和勘验，但是因具体办案人员的疏忽，没有在事故认定书中对事故的形成原因等问题作出说明，因此认定书在内容和格式上不符合交通安全法的规定，存在瑕疵。

所以，吴某对交通事故认定书提出疑问是有根据的。

2) 吴某可以采取什么办法？

① 向上级公安机关交通管理部门提起申诉，而交通管理部门应当对吴某的意见予以重

视,并且改正工作中的失误。

② 以事故认定书不符合法定要求为由,要求人民法院对事故认定书的意见不予考虑。

3) 法院对本案应当如何处理?

【法理分析】

因为认定书仅是一种证据,不具有法律效力。其法律地位只是交通管理部门据以处理交通事故的证据而已,对于受理交通事故民事赔偿案件的人民法院并没有约束力。

所以,法院可以参考事故认定书对事实和责任的认定意见,但并不一定以此为裁判依据。由于吴某对认定书提出异议,法院完全可以抛开事故认定书,自行确定该案件的事实情况和责任分配。

【案例1-7】 对交通事故认定书不服的处理

2004年5月5日中午11时许,从化某中学的许老师驾驶一辆女式摩托车沿着从化街口镇新村北路前去探亲,车尾搭着她的婆婆,车头脚踏板上站着她5岁的儿子。在途经北星卫生院门前路段时,摩托车突然失控,撞向了右前方的一辆大货车,摩托车上三人严重受伤。6月1日,许老师拿到了从化市公安局交通警察大队出具的交通事故认定书。认定书认为,事故的发生是由于摩托车自身失控造成的。许老师驾驶的摩托车不仅超过了核定人数,而且乘客未戴安全头盔,应该承担事故的主要责任,而停放在路边的大货车由于停泊在行车道上,应承担事故的次要责任。对于从化交警大队作出的事实判断与责任判定,许老师难以认同。

许老师认为,摩托车失控是因为有一辆车牌号码为粤AF64××的小货车从左边超车时碰撞了坐在车尾的婆婆,并不是自己驾驶失控。这一事实由跟在小货车后面的姓谭的摩托车驾驶人作证。许老师不明白为什么肇事的小货车不仅在认定书上一点都没有提及,而且还不需要承担任何责任?

为此,许老师先是在6月7日来到广州市公安局交警支队上访,要求对此进行复议。但广州交警支队有关人士却告知许老师:《道路交通安全法》实施后,交通事故认定书一旦作出,交警部门不再对事故认定书进行复议,许老师可直接向当地法院起诉。

于是,6月9日、6月10日,许老师两次来到从化市人民法院提出诉讼。但该法院行政庭的法官拿出一份1992年由最高人民法院和公安部下发的《关于处理道路交通事故案件有关问题的通知》(以下简称《通知》)。《通知》的第4条明确规定:"当事人仅就公安机关作出的道路交通事故责任认定和伤残评定不服,向人民法院提起行政诉讼或民事诉讼的,人民法院不予受理。"试回答下列问题:

1) 许老师对交通事故认定书不服时,能否向广州市公安局交警支队提起行政诉讼?

【法理分析】

因为认定书只认定责任而不涉及具体的惩处,所以它不属于具体的行政行为,当事人不得向相关机关提出行政复议或行政诉讼,而只能向上一级公安机关交通管理部门、公安督察部门和行政监察部门提出申诉。

2) 当事人对交通事故认定的事实及责任不服时,应当怎么办?

① 应当请交通事故办案人员出具有关的证据,说明认定事实和责任的依据和理由。

② 若在公安机关出具有关证据说明事实和责任认定的依据和理由后,当事人仍然不服的,有下列两种解决途径:向法院起诉,要求法院进行审查;向上级公安机关提出申诉,由

这些机关按规定办理。

3) 从化市人民法院的处理是否妥当？

【法理分析】

因为在《道路交通安全法》正式实施后，交通事故认定书只是一个技术鉴定，只是一种证据，交警原则上只负责原因分析和责任判定，所以当事人在向法院提请诉讼时，法院可以根据交警出具的交通事故认定书作出判决，也可以根据当事人提交的证据另行判决，甚至推翻交警的认定。本案处理不妥当。

五、交通事故的损害赔偿

1. 交通事故中民事责任的形式

《中华人民共和国民法通则》第一百零六条对侵权责任作了规定："公民、法人由于过错侵害国家的、集体的财产，侵害他人财产、人身的，应当承担民事责任。没有过错，但法律规定应当承担民事责任的，应当承担民事责任。"《道路交通安全法》第七十六条规定："机动车发生交通事故造成人身伤亡、财产损失的，由保险公司在机动车第三者责任强制保险责任限额范围内予以赔偿，不足的部分，按照下列规定承担赔偿责任。"

1) 机动车之间发生交通事故的，由有过错的一方承担赔偿责任；双方都有过错的，按照各自过错的比例分担责任。

2) 机动车与非机动车驾驶人、行人之间发生交通事故，非机动车驾驶人、行人没有过错的，由机动车一方承担赔偿责任；有证据证明非机动车驾驶人、行人有过错的，根据过错程度适当减轻机动车一方的赔偿责任；机动车一方没有过错的，承担不超过 10% 的赔偿责任。

3) 交通事故的损失是由非机动车驾驶人、行人故意碰撞机动车造成的，机动车一方不承担赔偿责任。所以，从赔偿的性质来说，交通事故的民事责任属于侵权责任。尽管侵权责任的责任形式有 8 种，但《道路交通安全法》中的侵权责任主要是损害赔偿责任。

另外，还有一些比较特殊的补偿、赔偿等民事责任，具体如下：

1) 未经批准，擅自挖掘道路、占用道路施工或从事其他影响道路交通安全活动的，由道路主管部门责令停止违法行为，并恢复原状，还可以依法给予罚款；致使通行的人员、车辆及其他财产遭受损失的，依法承担赔偿责位。

2) 道路施工作业或者道路出现损毁，未及时设置警示标志，未采取防护措施，或者应当设置交通信号灯、交通标志、交通标线而没有设置，或者应当及时变更交通信号灯、交通标志、交通标线而没有及时变更，致使通行的人员、车辆及其他财产遭受损失的，负有相关职责的单位应当依法承担赔偿责任。

2. 损害赔偿的归责原则

归责原则用通俗的话讲就是为什么要让侵权行为人承担责任，即承担责任的基础是什么。在民法中，侵权损害赔偿中的归责原则如下：

(1) 过错责任原则　过错责任原则是指只有行为人有过错时才承担赔偿责任。

(2) 无过错责任原则　无过错责任原则是指即使行为人没有过错，也要依法承担赔偿责任。

(3) 公平责任原则　公平责任原则是指当事人双方对造成的损失均无过错，但按法律规定又不能适用无过错责任的情况下，由人民法院根据公平的理念，在考虑受害人的损失、双方当事人的财产状况及其他相关情况的基础上，判令加害人对受害人的人身财产损失予以适当补偿。

3. 道路交通事故损害赔偿的归责原则

由于交通事故具有自己的特点，如机动车具有高度危险性等，所以交通事故的损害赔偿原则与一般损害赔偿的原则同中有异。

1) 保险公司在保险最高限额内优先赔偿。交强险的赔偿适用无过错责任原则。根据《道路交通安全法》第七十六条的规定：机动车发生交通事故造成人身伤亡、财产损失的，由保险公司在机动车第三者责任强制保险责任限额范围内予以赔偿。只要肇事车辆投保了交强险，那么，一旦发生交通事故造成他人人身伤害或财产损失，无论车主有无责任和责任大小，保险公司都要在保险责任限额内先行赔付。如果是两车相撞且都有责任，那么两车投保的保险公司要对对方的损失进行优先赔偿，属于2009年2月颁布的交强险互碰自赔条件的除外。

超过交强险保险责任限额以外的部分，要根据交通事故是发生在机动车之间还是机动车与非机动车驾驶人、行人之间区别对待，其采用的赔偿原则是不同的。

2) 机动车与行人、非机动车驾驶人之间的交通事故。对于车辆与行人、非机动车之间的交通事故，在交强险保险责任限额以外的损失则先推定由机动车一方承担赔偿责任，即适用无过错责任原则，也即损害赔偿责任的成立不以车辆所有人或驾驶人一方有过错为要件，车辆所有人或驾驶人一方也不能通过证明自己无过错而获免责。但适用无过错责任原则并不排除过失相抵原则的适用，当受害人对于损害的发生有过错时，可以减轻加害人的赔偿责任，但必须明确的是减轻，而不是免除。

机动车行为人在无过错的情况下（如交通意外）造成非机动车一方人员伤亡的，除非出于受害人自杀等难以控制的情形，否则机动车行为人仍应给受害人适当的赔偿，但不应超过10%的赔偿责任；在双方当事人都有过错的情况下，即使受害人有重大过失，也只能按照过失相抵原则适当减轻机动车一方的赔偿责任，而不能免除其赔偿责任，更不能在判决过错相抵后，再要求受害人赔偿机动车一方的损失。

3) 机动车之间发生的交通事故。对于交强险保险责任限额以外的部分，适用过错责任原则。双方都有过错的，按照各自过错的比例分担责任；一方没有过错的，由过错的一方承担责任；但如果交通事故是由于意外原因造成，虽然双方当事人对交通事故的发生均无过错，但损失是因为交通事故中双方当事人的行为造成的，则可以根据公平责任原则予以赔偿。

4) 非机动车驾驶人之间或非机动车驾驶人与行人之间发生的交通事故。由于《道路交通安全法》没有作具体规定，应严格按过错责任原则来处理。如梁小姐骑自行车与另一骑车人齐先生发生碰撞，经交警认定，梁小姐负事故全部责任，那么齐先生因此次交通事故发生的一切损失由梁小姐负责。

◇ **特别提示**

交警的事故责任认定与交通事故损害赔偿责任之间并不是等同的。责任认定实际上是对交通事故因果关系的分析，是对造成交通事故的原因的确认。不能将公安交通管理部门的责任认定简单地等同于民事责任的分担，应将其作为认定当事人承担责任或者确定受害人一方也有过失的重要证据材料，以适用过失相抵原则。

4. 道路交通事故的赔偿项目

道路交通事故作为一种侵权行为，既可能造成财产损失、人身伤害，在某些情况下，也可能给当事人的精神造成严重伤害。

1) 财产损失。交通事故造成的财产损失包括直接损失和间接损失。直接损失是指道路交通事故造成的财产利益的直接减少，通常包括车辆损失、随身财物损失、车载货物损失、现场抢救费用和善后处理费用等。间接损失是指道路交通事故造成财产利益的间接损失，通常包括停运损失等。最高人民法院1999年2月公布的《关于交通事故中的财产损失是否包括被损车辆停运损失问题的批复》中指出："在交通事故损害赔偿案件中，如果受害人以被损车辆正用于货物运输或者旅客运输经营活动为由，要求赔偿损坏车辆修复期间的停运损失的，交通事故责任者应予赔偿。"因此，对于交通事故中受害人的车辆正用于经营活动，并且受害人又要求赔偿被损坏车辆修复期间的停运损失的，交通事故责任者应当按其所负的事故责任给予赔偿。

2) 人身损害。道路交通事故除了造成财产损失外，还可能造成一定的人身损害。根据人身损害程度的不同，一般可分为三种情况：其一，仅造成人身损害，但未达到残疾程度；其二，造成受害人残疾；其三，造成受害人死亡。根据损害程度的不同，损害赔偿的项目也有所不同。具体赔偿项目可参阅本教材的人伤查勘与核损相关内容。

3) 精神损害。交通事故损害赔偿中的精神损害赔偿问题，法律没有规定明确的赔偿标准、最高和最低限额，一般主要由法官根据案件具体情况和当地的经济发展水平自由裁量，也就是说，精神损害赔偿问题只能在诉讼中提出，由法官根据具体情况决定。

5. 道路交通事故的索赔途径

交通事故与保险事故有着本质的区别。交通事故是指车辆在道路上因过错或者意外造成人身伤亡或财产损失的事件，交通事故不一定属于意外事故，譬如机动车驾驶人超速驾车伤人属于交通事故但却不属于意外事故，交通事故也不一定能获得保险公司的索赔；而保险事故是指被约定在保险合同中，由保险人负责赔偿的事故。保险事故不包括所有的交通事故或意外事故，只有是属于保险单中约定的"保险事故"时，保险公司才接受客户的索赔。

交通事故与保险事故存在差别，其索赔的环节是不同的，赔偿的主体也是不同的，要掌握车辆的保险索赔首先要了解交通事故的索赔。

(1) 当事人自行协商（私了）

1) 应用方法。当事人双方在事故现场就损失的赔偿金额及赔付方式达成一致时就算是自行协商解决。但事后有一方反悔、不愿履行的，当事人仍然可以向人民法院提起诉讼。

2) 当事人自行协商的注意事项。

① 应当形成书面材料，包括事故双方的姓名、住址、联系电话、证件号码、交通事故发生的时间、地点、事故原因、责任分配、损失的情况、双方协商的结果等内容，最后由双方签字。

② 最好请交警出具事故认定书（如果报警的话）。

③ 如果涉及人身伤害的，除要签署上述书面材料外，还应当及时保存相应的证据，以防协商结果得不到履行时无法诉讼。

3) 不能自行协商解决的情形。造成人员重伤、死亡等涉及治安管理处罚或刑事责任的交通事故。

4）当事人自行协商的优缺点。

① 优点。便捷、快速、费用低。只要协议内容不违反法律规定，应属合法有效。

② 缺点。不具有强制的执行力，要依靠当事人的自觉来履行。所以，一旦被拒绝履行时，只有通过诉讼来解决。当然，只要协议不存在欺诈、重大误解、显失公平等法定情节时，法院会判令不履行协议的一方按照约定来履行。

【案例1-8】 交通事故只要双方愿意时都能私了吗？

某日，出租车驾驶人李某酒后驾车，当场把王老汉的儿子撞死。望着血淋淋的尸体，李某感到牢狱之灾将降临头上，于是主动提出花15万元私了，并要求王老汉不要声张。在公安机关调查此案时，王老汉按照事先串通的，包庇了李某的全部责任。几经反复，查明真相后，公安机关依法对王老汉进行了刑事拘留，人民法院对其所犯包庇罪判处拘役3个月。

【法理分析】

《中华人民共和国刑法》第三百一十条明确规定："明知是犯罪的人而为其提供隐藏处所、财物，帮助其逃匿或者作假证明包庇的，处三年以下有期徒刑、拘役或者管制；情节严重的，处三年以上十年以下有期徒刑。"本案中，王老汉的主要错误有两个，一是对涉及人员死亡的交通事故进行私了；二是作假证明包庇了犯罪人员。

(2) 请求交警或公安机关交通管理部门调解

1）通过交警现场调解解决。本办法适用于交警按简易程序处理的交通事故。按照《道路交通事故处理程序规定》第二十五条的规定："当事人共同请求调解的，交通警察应当当场进行调解，并在道路交通事故认定书上记录调解结果，由当事人签名，送达当事人。"但是，根据《交通事故处理程序规定》，如果出现下列情形时，不再适用交通警察的现场调解。

① 当事人提供不出交通事故证据，因现场变动、证据灭失，交通警察无法查证交通事故事实的。

② 当事人对交通事故认定有异议的。

③ 当事人拒绝在事故认定书上签名的。

④ 当事人不同意由交通警察调解的。

2）通过交通管理部门调解。本办法适用于交警按普通程序处理的交通事故。根据《道路交通法实施条例》第九十四条、九十五条的规定，通过交通管理部门调解交通事故需具备两个条件：一是各方当事人一致请求公安机关交通管理部门调解；二是要在收到交通事故认定书之日起十日内提出书面调解申请。

(3) 直接向人民法院提起民事诉讼　　根据《道路交通安全法》第七十四条的规定："对交通事故损害赔偿的争议，当事人可以请求公安机关交通管理部门调解，也可以直接向人民法院提起民事诉讼。经公安机关交通管理部门调解，当事人未达成协议或者调解书生效后不履行的，当事人可以向人民法院提起民事诉讼。"值得注意的是，交警现场调解或交通管理部门的调解不再是向人民法院提起诉讼的前提条件。

(4) 保险索赔　　发生交通事故后，除了用上述索赔方法外，机动车的投保人还可以向保险公司要求赔偿。

项目一　交通事故的责任认定

【技能训练】

训练1　交通事故分析

一、案情概况

在一个下雨天,由于雨小,所以路面未见明显的积水。一辆汽车由南向北正常行驶时,驾驶人王某突然看到前面的路面上有一片积水,于是采取了减速措施,谁知轮胎碾过时还是溅起了水花,水溅到了路边骑自行车的陈某身上。陈某由于突然感到身上一凉,方向把一歪便从自行车上摔了下来,造成了轻微的损伤,花去医疗费用共计720元。

二、思考问题

1)构成道路交通事故的要件是什么?

2)该起事故是否属于交通事故?

训练2　交通事故的应对

一、案情概况

2005年6月的某天,董某驾驶自己的丰田小轿车从市区到郊区去办事,走到高速公路入口时,突然看到王某逆行骑车到路口。因为该人骑车速度较快,没有看到董某的汽车。董某当时吓了一跳,按喇叭已经来不及了,赶快制动并转动转向盘避让,结果车头还是撞到了王某。董某立即下车查看,只见行人已经满身是血,出现休克。董某赶忙从自己的车上拿出毛巾将王某身上的伤口捂住,并拨打120急救电话和122交警电话,急救车答复在15min之内赶到。在这期间,董某找了路边的树枝将现场围了起来。急救车将王某拉走后,董某等待交警的到来。经勘验现场后,交警到医院询问王某当时的情况,最后认定王某对于事故负有全部责任。

二、思考问题

1)非道路交通事故如何应对?

2)董某在事故发生后采取的措施是否正确?

训练3　交通事故责任的认定

一、案情概况

高某于2004年6月2日22时在北京南二环路被一辆桑塔纳轿车撞成重伤,肇事驾驶人驾车逃逸。高某被过路人送往医院治疗,花去医疗费43 320元,经医疗鉴定为九级伤残。高某要求公安机关交通管理部门出具交通事故认定书。而公安机关交通管理部门认为,肇事

27

车辆尚未查获，建议高某暂时不要求出具交通事故认定书。而高某坚持要求出具交通事故认定书，于是交警根据相关规定出具了交通事故认定书。

二、思考问题

1）交警应按（　　）程序对该起交通事故进行处理。
   A. 私了　　　　　B. 简易　　　　　C. 普通　　　　　D. B 或 C

2）该起交通事故中所出具的认定书属于（　　）。
   A. 调解书　　　　　　　　　　　B. 交通事故认定书
   C. 事故认定书　　　　　　　　　D. 调解终结书

3）对于未查获交通肇事逃逸的案件，交警（　　）出具认定书。
   A. 可以暂不　　B. 必须　　　　C. 应当　　　　D. 不应当

4）高某要求出具认定书时，公安机关交通管理部门（　　）在接到高某的书面申请后的（　　）内制作认定书。
   A. 应当、五日　　　　　　　　　B. 应当、十日
   C. 可以、五日　　　　　　　　　D. 可以、十日

5）本案中，若无证据证明高某有过错的，高某应承担事故的（　　）责任。
   A. 全部　　　　　B. 主要　　　　　C. 次要　　　　　D. 无

【项目小结】

1）交通事故的构成要件包括：事故必须发生在《道路交通安全法》中规定的道路上，事故必须由机动车或非机动车造成，车辆必须在运行过程中而非停止状态，必须要有损害后果的发生，事故责任人的主观心理只能是过失或意外。

2）交通事故按事故的严重程度可分为四种类型：轻微事故、一般事故、重大事故和特大事故。

3）在事故现场，当事人应采取的措施主要包括：立即停车、根据损害情况的不同采取自撤离现场或迅速报警、抢救伤员、保护现场。

4）交警对交通事故的处理流程为：受理报警、出警、处理事故、认定责任、行政处罚、赔偿调解。

5）道路交通事故责任的构成要件有：必须是道路交通事故责任的主体，有一定的交通行为存在，交通行为和事故的发生之间存在因果关系。

6）交通事故责任的类型有：全部责任、主要责任、同等责任、次要责任和无责任。

7）认定书的类型有：事故认定书，只适用按简易程序处理的交通事故且应当场制作；交通事故认定书，只适用按普通程序处理的交通事故，一般应当在勘查现场之日起的十日内制作。

8）认定书虽然是处理交通事故的证据，也是当事人就民事损害赔偿问题应向法院提交的重要证据，但它仅是一种证据，不具有法律效力。

9）交通事故损害赔偿的归责原则有：过错责任原则、无过错责任原则和公平责任原则。

10）道路交通事故的赔偿项目有：财产损失、人身损害、精神损害。

11）道路交通事故的索赔途径有：当事人自行协商（私了）、请求交警或公安机关交通管理部门调解、直接向人民法院提起民事诉讼和保险索赔。

【复习思考题】

一、单选题

1）交通事故是指（　　）在道路上因过错或者意外造成的人身伤亡或财产损失的事件。

　　A. 机动车辆　　　B. 非机动车辆　　　C. 行人　　　D. A 或 B

2）下列（　　）不属于《道路交通安全法》中所指的道路。

　　A. 城市胡同　　　　　　　　　　B. 公共停车场
　　C. 广场　　　　　　　　　　　　D. 住宅区楼群之间的道路

3）凡是车辆在道路上因过错或者意外造成（　　）的事故均构成道路交通事故。

　　A. 人身伤亡　　　B. 财产损失　　　C. A 和 B　　　D. A 或 B

4）交通事故的当事人其主观心理状态应是（　　）。

　　A. 过错　　　　　B. 故意　　　　　C. 意外　　　　D. A 或 C

5）停在住宅小区内的车辆被盗或被撞时，一般应向（　　）进行报警。

　　A. 交警　　　　　　　　　　　　B. 当地派出所
　　C. 街道　　　　　　　　　　　　D. 公安机关交通管理部门

6）机动车之间发生的交通事故，在交强险责任限额以外的部分，赔偿采用（　　）原则。

　　A. 过错责任　　　B. 无过错责任　　　C. 公平责任　　　D. A 或 B

7）机动车与非机动车、行人之间发生的交通事故，赔偿采用（　　）原则。

　　A. 过错责任　　　B. 无过错责任　　　C. 法定　　　D. A 或 B

8）交强险的赔偿适用（　　）原则。

　　A. 过错责任　　　B. 公平责任　　　C. 无过错责任　　　D. A 或 B

9）机动车与行人或非机动车驾驶人之间发生的交通事故，如果双方均无责任，则机动车一方应（　　）。

　　A. 不承担赔偿责任　　　　　　　B. 承担全部赔偿责任
　　C. 承担不超过 10% 的赔偿责任　　D. 要求受害人赔偿机动车一方的损失

10）具有（　　）以上的公安机关交通管理部门才有资格对交通事故进行认定。

　　A. 派出所　　　B. 县级　　　C. 市级　　　D. 省级

11）交通事故的私了必须具备（　　）条件。

　　A. 没有造成人身伤亡
　　B. 没有造成财产损失
　　C. 当事人双方对事实和成因没有争议
　　D. A 和 C

12）交通事故中的肇事车辆参加机动车第三者责任强制保险的，由保险公司在（　　）范围内支付抢救费用。

A. 实际损失　　　B. 保险价值　　　C. 责任限额　　　D. 保险金额

13）在道路上发生交通事故，仅造成轻微财产损失，并基本事实清楚的，当事人应当采取的处理原则是（　　）。

A. 先协商再撤离现场　　　　　　B. 先撤离现场再进行协商
C. 协商后仲裁　　　　　　　　　D. 协商后诉讼

14）一般规定，机动车与非机动车、行人之间发生交通事故的，由（　　）一方承担赔偿责任。

A. 机动车　　　B. 行人　　　C. 肇事者　　　D. 过错方

15）机动车发生交通事故造成人身伤亡和财产损失的，由保险公司在机动车第三者责任强制保险责任限额内予以赔偿，超过责任限额的部分由（　　）赔偿。

A. 肇事者　　　　　　　　　　　B. 过错方
C. 无过错方　　　　　　　　　　D. 道路交通事故社会救助基金

16）公安机关交通管理部门处理交通事故的证据是（　　）。

A. 交通事故认定书　　　　　　　B. 交通事故通知书
C. 目击者证言　　　　　　　　　D. 肇事者口述

17）采用普通程序处理的交通事故，其交警不得少于（　　）名。

A. 1　　　B. 2　　　C. 3　　　D. 4

18）事故认定书应当在（　　）制作。

A. 勘查现场的当日　　　　　　　B. 勘查现场之日起的十日内
C. 勘查现场的当场　　　　　　　D. 勘查现场之日起的五日内

19）交通事故认定书应当在（　　）制作。

A. 勘查现场的当日　　　　　　　B. 勘查现场之日起的十日内
C. 勘查现场之日起的五日内　　　D. 勘查现场之日起的三日内

20）按简易程序处理的道路交通事故，交警出具的认定书属于（　　）。

A. 调解书　　　　　　　　　　　B. 交通事故认定书
C. 事故认定书　　　　　　　　　D. 调解终结书

21）下列有关《交通事故责任认定书》在保险理赔中的说法，（　　）不正确。

A. 在民事诉讼中不属于司法审查范围
B. 不宜作为理赔证据
C. 保险人有权决定是否采信
D. 在民事诉讼中属于司法审查范围

22）对于未查获交通肇事逃逸的案件，交警（　　）出具认定书。

A. 可以暂不　　　B. 必须　　　C. 应当　　　D. 不应当

23）在处理（　　）时，交管部门可以不出具交通事故认定书。

A. 未查获交通肇事逃逸的案件
B. 无法查证交通事故事实的案件
C. 非机动车与非机动车或行人发生碰撞的案件
D. A 和 B

二、判断题

1) 只要是以动力装置驱动或牵引的车辆都属于机动车辆。（　）
2) 如果在车上发生挤伤、挤死的事故，不属于交通事故。（　）
3) 是否构成交通事故，应以违反道路交通法规为前提。（　）
4) 行人与停在路边的汽车发生碰撞，如果导致行人受伤，那么该事故应属于交通事故。（　）
5) 交通事故的责任人的主观心理只能是过失或意外，而不能是故意。（　）
6) 由于在道路以外的其他场所没有交通规则的标准，对于车和行人的行为很难进行违法行为认定和过错判断，所以不能向公安机关交通管理部门报案。（　）
7) 交通事故责任与交通事故赔偿责任是等同的。（　）
8) 认定书虽然是处理交通事故的证据，也是当事人就民事损害赔偿问题应向法院提交的重要证据，但它仅是一种证据，不具有法律效力。（　）

三、案例分析题

2008年6月的某日，市民郑先生驾驶奇瑞牌私家车下班回家，行驶到上海市闵行区虹梅路段从上中路下匝道处正准备下高架时，外来务工人员朱老伯正拉着手推车逆向步行上高架。由于前面的车辆挡住了郑先生的视线，当郑先生看到手推车时已来不及避让，左侧车头重重地撞到了朱老伯的手推车。朱老伯倒地受伤，郑先生的车辆左前部被撞成严重变形。

经上海市道路交通事故物损评估中心评定，车损为8049元，郑先生为此支出评估及资料费380元。后经上海市公安局交通警察总队高架道路支队认定，朱老伯应承担全部责任。另外，郑先生还为此支出了车辆停车费共600余元。

为此，郑先生将朱老伯告上了法庭，要求被告赔偿车辆维修费、牵引费等共计9000余元。经上海市长宁区人民法院审理后认为，虽然郑先生没有过错，但法律规定应当承担民事责任的，仍然要承担责任。原告的要求缺乏法律依据，法院不予支持。试回答下列问题：

① 法院判决的法律依据是《道路交通安全法》第几条的规定？

② 朱老伯的疗伤费用由谁承担？

③ 本案赔偿适用（　　）归责原则。
A. 过错责任　　B. 无过错责任　　C. 法定　　D. A或B

④ 郑先生的车损费用由谁承担赔偿。

项目二　事故车现场查勘

【学习目标】

知识目标：
1. 知道各车险险种的保险责任和免责条例。
2. 知道现场查勘的一般流程。
3. 知道各类证件、保单上所列各种信息的含义。
4. 知道各类车辆的配置情况。

能力目标：
1. 能按照标准查勘流程对事故车进行现场查勘。
2. 能对事故情况用照片和现场图的方法进行记录。
3. 识别除外责任的依据，判断事故的责任。
4. 学会如何与客户沟通。

【知识准备】

一、查勘前的准备工作

1. 查阅抄单（见图2-1）

（1）保险期限　查验保单，确认出险时间是否在保险期限之内。对于出险时间接近保险起止时间的案件，要做出标记，重点核实。

（2）承保的险种　查验保单记录，重点注意以下问题：

1）车主是否只承保了第三者责任险？

2）对于报案称有人员伤亡的案件，注意车主是否承保了车上人员责任险，车上人员责任险是否指定座位？

3）对于火灾车损案件，注意是否承保了自燃险？

机动车辆保险报案记录（代抄单）

保险单号：　　　　　　　　　　　　　　报案编号：

被保险人：		号牌号码：		号牌底色：蓝	
厂牌型号：		报案方式：电话报案			
报案人：	报案时间：		联系人：		联系电话：
出险时间：		出险原因：		是否是第一现场报案：	
出险地点：		驾驶人员名称：		准驾车型：	
驾驶证初次领证日期：		驾驶证号码：			
处理部门：99		承保公司：怀宁支公司业务一部		客户类别：单位	
VIN 码：		发动机号：		车架号：	
被保险人单位性质：		车辆初次登记日期：		已使用年限：	
新车购置价：		车辆使用性质：		核定载客 5 人 核定载质量 0.00 千克	
保险期限：		车辆行驶区域：		车辆种类：客车	
基本险条款类别：		争议解决方式：诉讼			
约定驾驶人员	主驾驶人员姓名：		驾驶证号码：		初次领证日期：
	从驾驶人员姓名：		驾驶证号码：		初次领证日期：

序号	险别（代码）	保险金额/责任限额	序号	险别（代码）	保险金额/责任限额
1	交通事故强制责任保险（BZ）		2	车辆损失保险（A）	
3	第三者责任保险（B）		4	驾驶员车上人员责任险（D3）	
5	乘客车上人员责任险（D4）		6	不计免赔特约（M）［A、B、D3、D4］	

车辆出险信息	
特别约定	
双方约定	

本单批改次数：0		车辆出险次数：0		赔款次数：0		赔款总计：0.00	
被保险人住址：				邮政编码：			
联系人：			固定电话：			移动电话：	
签单人：	经办人：		核保人：		抄单人：	抄单日期：2013 年 1 月 22 日	

图 2-1　出险车辆信息

4）对于与非机动车的碰撞案件，注意是否承保了无过失责任险？

（3）保险金额、责任限额　注意各种险种的保险责任和责任限额，以便现场查验时心中有数。

（4）缴费情况　是否属于分期付款？是否依约交足了保费？

2. 阅读报案记录

阅读报案记录，了解以下内容，如图 2-2 所示。

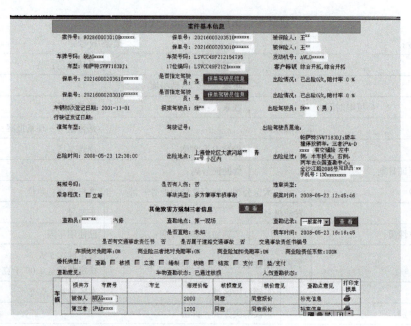

图2-2 案件基本信息

1）被保险人姓名，保险车辆牌号。
2）出险时间、地点、原因、处理机关、损失概要。
3）被保险人、驾驶人及当事人联系电话。
3. 携带查勘资料及工具
为了有利于准确有效地查勘，查勘人员出发前应该携带必要的相关资料和查勘工具。
1）资料部分：出险报案表、报单抄件、索赔申请书（见图2-3）、报案记录、现场查勘

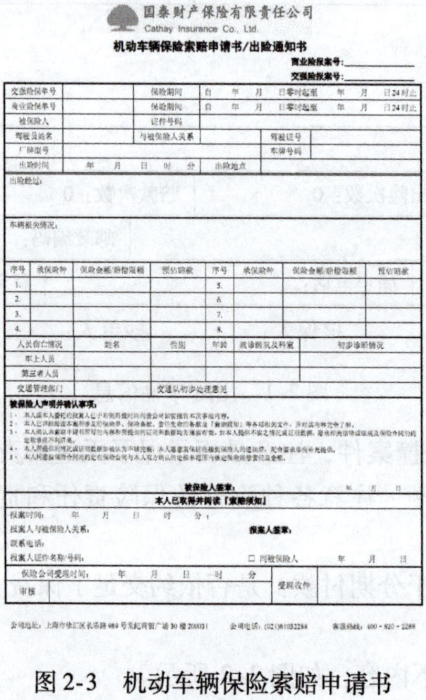

图2-3 机动车辆保险索赔申请书

记录、索赔须知、询问笔录、车辆事故损失确认书。

2）工具：笔记本电脑、数码相机、手电筒、卷尺、砂纸、笔和记录本等。

二、现场查勘的工作流程

按照《上海市车险理赔行业服务标准》，查勘人员进行事故现场的查勘时，应该按照如下的基本方法及准则进行。

1. 确定车险事故责任

通过"车、证、人、路、货、行"六个方面确定车险事故责任。

（1）"车"　查验事故车辆是否属于承保的标的。

1）查验车辆类型、型号。主要比照行驶证正本（见图2-4）上记载的车辆类型、型号与保单承保的车辆类型、型号是否相同，以便查出险车辆是否为保险公司允许承保的车辆。

2）查验汽车的结构及配置。查验汽车的款式、颜色、转向盘左右形式、采用燃料的种类、变速器的形式、倒车镜及门窗的运动方式、驱动方式等是否符合该车的出厂规定或登记档案。这些都是为一些冷僻车型的定损做准备的。

3）查验汽车使用年限。弄清出险车辆的使用年限，对于界定事故车辆的合法性十分必要。

4）查验是否属于合法改装（见图2-5）。汽车自行改装后，有可能破坏原有的性能，影响行车的安全。

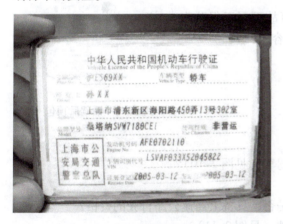

图2-4　机动车行驶证正本

图2-5　非法改装的皮卡

5）查验使用性质（见图2-6）。现场查勘时，应该查验出险车辆的实际使用性质与保险单载明的使用性质是否一致。

（2）"证"　关系到是否属于保险责任和保险利益。

1）查验驾驶证（见图2-7）。查勘时，需要验明驾驶证的真伪，确定是否是合格的驾驶人；确定是否为被保险人允许的驾驶人；确定是否是保单约定的驾驶人。如果怀疑驾驶证的真实性，可以通过姓名和证号查

图2-6　非法载客

阅、检验驾驶证的真伪。

2）查验行驶证（见图2-8）。查看人员要对以下问题予以高度重视。

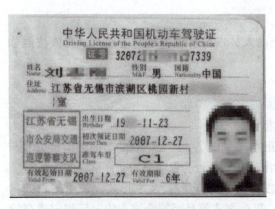

图2-7 机动车驾驶证正本

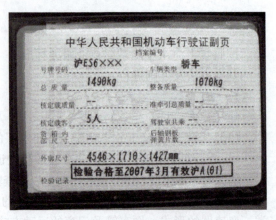

图2-8 机动车行驶证副页

① 行驶证自身的真伪。
② 行驶证副页上检验合格章的真伪，即行驶证的有效期。
③ 行驶证车主与保险单登记的是否相同。

(3)"人" 非合格的驾驶人所造成的事故不属于保险责任。车辆出险后，查勘人员要尽快确定以下内容。

1）谁是真正的驾车人（见图2-9）？
2）驾车人是否为合格驾驶人？
3）驾车人是否为车主允许的驾驶人？
4）驾驶人所驾车型是否为准驾车型？
5）驾车人是否为保单约定的驾驶人？
6）驾车人是否为酒后或服用违禁药物后驾车（见图2-10)？

图2-9 酒驾后顶包

(4)"路" 关系到是否属于保险责任。

1）如果事故发生地为高速公路，驾车人是否已具备上高速公路行驶的资格？
2）发生事故时，车辆是否在免责路况行驶（见图2-11）？

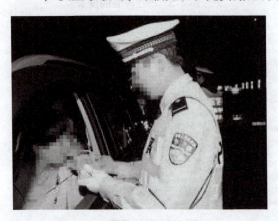

图2-10 驾驶人在接受酒精测试

图2-11 路面原因造成的事故

(5)"货" 违章装载所造成的损失不属于保险责任,这就要求查勘人员在接到报案之后,应该尽快到达事发现场。

1)通过对大客车现场乘客的清点,确认是否超载。

2)通过对货车货物装载情况的查验以及每件货物重量的估算,运单或货单上的货物重量记载等方式确定是否超载(见图2-12)。

(6)"行" 发生事故时,驾驶人是否有违章行车的行为(见图2-13)。

图2-12 车辆超载造成的事故

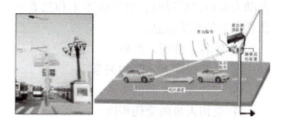

图2-13 用雷达装置测速

2. "问、闻、看、思、摄"五字法取证

查勘的过程中,实际上是一个损失原因、损失情况调查取证的过程,可以采用"问、闻、看、思、摄"五种基本方法。

(1)"问" 向当事人和目击者询问一系列的相关情况(见图2-14)。

1)询问出险时间。应该仔细核对公安部门的证明与当事人的陈述事件是否一致。

2)询问出险地点(见图2-15)。确定出险地点的目的是为了确定车辆是否超出了保单所列明的行驶区域(如教练车),是否属于在责任免除地(如营业性修理厂所,收费停车场等)发生的损失。

3)询问出险原因。根据保险事故的一般界定,造成损失的原因必须是"近因"。

图2-14 询问当事人

图2-15 车险事故现场

4)询问出险经过(见图2-16)。叙述出险经过与原因时,原则上要求驾驶人本人填写(驾驶人本人不能填写的,要求被保险人或相关当事人填写),并将其填写的出险经过与公安交通部门的事故证明（如责任认定书）进行对比，两者应基本一致。

5）询问财产损失情况。财产损失情况包括以下四个方面。

① 保险车辆车损情况。

② 保险车辆车上损失。

③ 第三者车损情况。

④ 第三者物损。

6）询问人员伤亡情况（见图2-17）。查勘人员伤亡情况时，要明确本车和三者车伤亡人员的相关信息。

① 姓名、性别、驾龄。

② 与被保险人之间的关系。

③ 与驾驶人之间的关系。

④ 受伤人员的受伤程度。

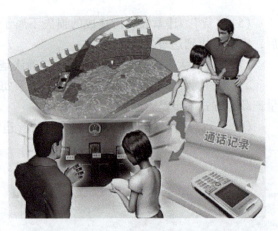

图2-16 了解出险经过

这些信息将为医疗核损人员勘查核损时提供有力的原始依据。

7）询问施救费用（见图2-18）。某些案例的施救费用可能极高，查勘人员应该在施救结束后及时了解这笔费用实际发生的额度，如下列费用。

图2-17 伤员急救

图2-18 施救现场

① 在山区行驶的车辆翻入山沟后的施救费用。

② 私家车自驾游被困森林，人出逃，车被困，重返森林的施救费用。

（2）"闻" 查实车祸是否为驾驶人酒后驾驶造成的（见图2-19）。

（3）"看" 仔细观察车辆及周围情况，弄清楚导致事故发生的直接原因（见图2-20）。

1）观察驾乘人员。是否存在神色慌张，似乎想掩盖某些事实的迹象？是否存在报案所称的驾驶人并非实际驾车人的可能？

2）观察路况。保险车辆所在的路段，是否存在导致事故发生的必然原因？该路段是否存在不允许保险车辆通行的规定？

3）观察受损车辆。车辆状况是否符合正常行驶的要求？有无可能属于报废后重新启用

项目二 事故车现场查勘

图 2-19 查证是否酒后驾车

图 2-20 测量事故时车辆所处的位置

的车辆？

4）车辆所在位置是否在事故发生后被人为挪动过？

5）如果发生了火灾，要寻找起火部位（见图 2-21），观察烧损情况，初步界定汽车是否属于自燃。

6）如果发生了水损，要观察事发地是否存在造成水灾的隐患，是否不属于保险责任？

7）如果发生了盗抢，要首先观察事发地是否属于收费性的营业场所。

8）如果发生了碰撞，要首先观察第一碰撞点的痕迹（见图 2-22），是否符合报案人所称的与碰撞物碰撞后所留下的痕迹。

图 2-21 寻找起火部位

图 2-22 确认碰撞点位置

正面碰撞的第一接触点应该是保险杠，如果碰树，会粘有树皮；如果碰电线杆，会粘有灰屑；如果碰墙，会粘有土屑、砖屑；如果碰护栏，会粘有油漆。

（4）"思" 要进行认真的分析，通过各种现象的相互佐证，运用自己的专业知识，分析出眼前事故的真实原因（见图 2-23）。

（5）"摄" 如实反映事故现场的真实情况，需要保留相应的证据，以备定损研究和事后核查之用。

1）摄影方式。一般现场摄影包括方位摄影、中心摄影和细目摄影三种摄影方式。

① 方位摄影（见图2-24）是指对事故车辆为中心的周围环境，采用不同的方位拍摄现场的位置、全貌，以反映事故现场轮廓的摄影。当拍摄事故现场的全貌时，一般采用此种摄影方式。

图2-23 分析事故原因

图2-24 事故车位置的照片

② 中心摄影（见图2-25）是指以事故接触点为中心，拍摄事故接触的各部位及其相关部位，以反映与事故相关的重要物体的特点、状态和痕迹特点。当拍摄现场的中心地段时，宜采用中心摄影方式。

③ 细目摄影（见图2-26）。当需要拍摄事故现场的各种痕迹、物证，以反映其大小、形状和特征时，需要采用细目摄影方式。细目摄影的部位包括以下内容。

图2-25 事故原因的局部照片

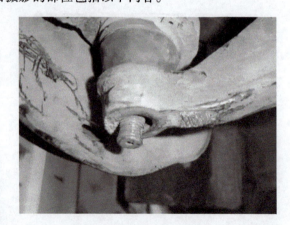

图2-26 事故点的痕迹

A. 事故车辆和其他物体接触部分的表面痕迹，用以反映事故原因。

B. 物体痕迹，如事故车辆的制动拖印痕迹、伤亡人员的血迹、机械故障的损坏痕迹等。

C. 事故车辆的牌号、厂牌型号等。

D. 事故的损失、伤亡与物资的损坏等。

2）摄影方法。摄影方法有相向拍摄法、十字交叉拍摄法、分段连续拍摄法和比例拍摄法。

3）摄影要求。

① 拍摄第一现场的要求（见图2-27）。

A. 必须拍摄现场全景照片。

B. 采用十字交叉拍摄法确认事故现场。

C. 重要的痕迹、物证采用特写照片，如图2-28所示。

图2-27　事故现场全景照片

图2-28　重要物证的特写照片

D. 单方事故要将固定静止物被刮、擦、撞的地方用近镜头拍出，如图2-29所示。

② 事故车辆的拍摄要求（见图2-30）。

A. 能反映车牌号码。

B. 从45°的角度拍摄包含损坏部分的全局照片。

C. 用近景拍摄损坏的局部照片，如图2-31所示。

D. 拍摄事故的损坏部分，应先拍摄碰撞点部位，再拍摄逐步分解后的损坏部位。

图2-29　第三方的碰擦痕迹

图2-30　反映事故车牌照的照片

图2-31　反映损坏部件的近景

E. 对价值较高的物品，应该单独拍摄，并指示损坏部位。

F. 对于底盘损坏的车辆，应在车辆举升后进行拍摄。

③ 损坏财产的拍摄要求。采用先全景后近景的拍摄方式，近景要求反映损坏部位。对于损坏的货物，可以按损坏程度分类进行拍摄。

3. 现场查勘应注意的四个基本问题

1) 是否属于保险车辆。现场查勘时，可以通过查验汽车的号牌和车架号来确定出险车辆是否属于保险标的。

2) 是否属于保险责任。有一些客观发生的车险，尽管车主也为自己的爱车投了保险，但或因投保的险种不符，或因不属于保险责任而不在理赔之列。

3) 谁的责任。本公司所承保的车辆，驾驶人是否负有责任？是全责还是部分责任？

4) 损失金额。损失金额包括施救费用、财产损失和人员伤亡损失等。

4. 现场查勘应具备的三项技能

（1）调查取证（见图 2-32） 调查取证的内容主要包括出险时间、出险地点、出险原因、保险车辆驾驶人情况、出险经过与原因、处理机关、财产损失情况、人员伤亡情况和施救情况。

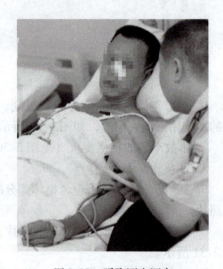

图 2-32 听取证人证言

1) 取证中有七大类证据：书证、物证、视听资料、证人证言、当事人陈述、鉴定结论和勘验笔录。

2) 调查笔录的制作要点。

① 必须记录调查的时间、地点、调查人、被调查人、在场人及记录人的姓名、工作单位、职务等要素，如图 2-33 所示。

② 询问要直接。

③ 要求被调查人回忆事件的经过，用客观、对话的方式记录，不带有记录人的个人分析或判断。

④ 要问清楚车主与驾驶人的关系，是否职务行为及事故发生过程等重要情节。

⑤ 必要时，采用"明知故问"的方法，由被调查人口中陈述已经掌握的真相。

⑥ 询问结束后，以"以上笔录看过，内容属实"字样结束，并切记要求被调查人亲笔签名。

（2）现场图的绘制 绘图的一般要求如下：

1) 应全面、形象地表现交通事故现场的客观情况。案情简明的交通事故，可力求制图简便，如图 2-34 所示。

2) 绘制现场图需要做到客观、准确、清晰、形象，图栏各项内容填写齐备，数据完整、尺寸准确、标注清楚，用绘图笔或水笔绘制、书写。

3) 交通事故现场图各类图形应按实际方向绘制，如图 2-35 所示。

4) 图线宽度在 0.25~2.0mm 范围内选择。在同一图中，同类图形符号的图线应基本一致。

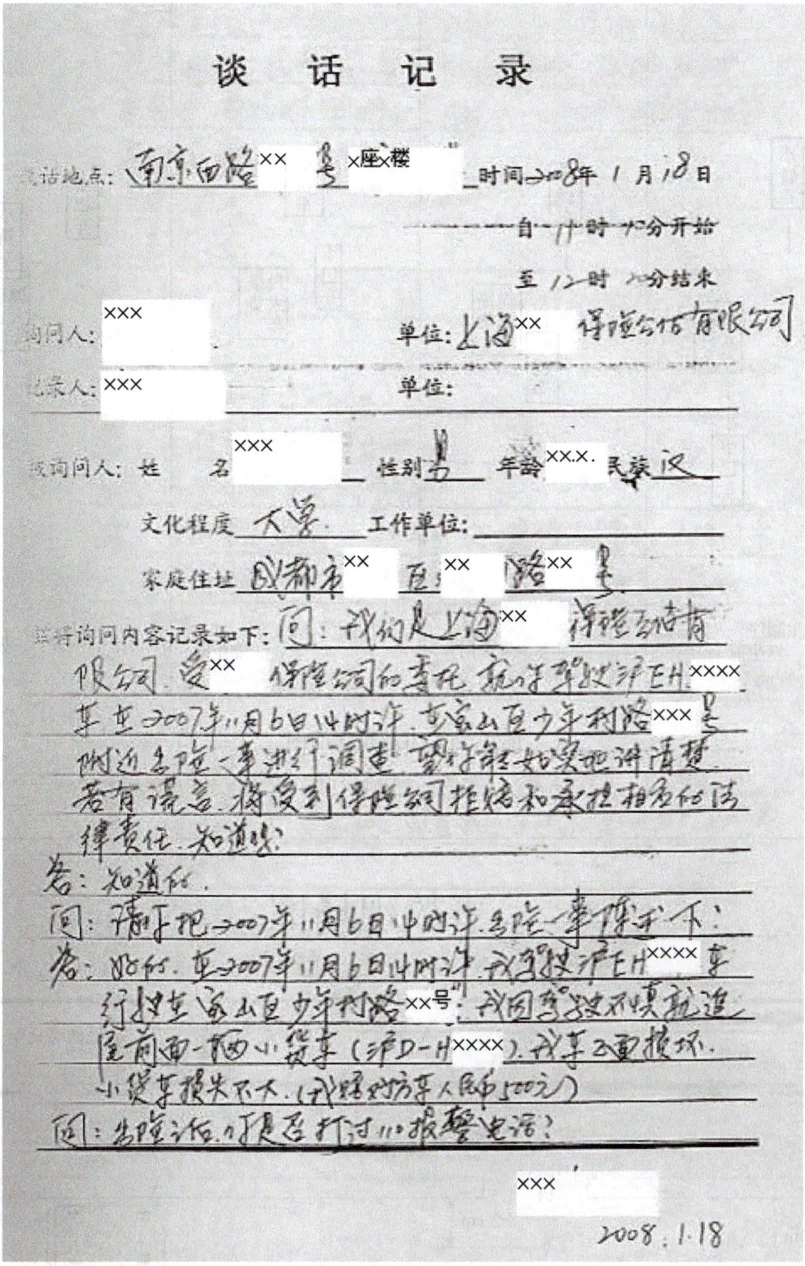

谈 话 记 录

谈话地点：南京西路XX号X座X楼 时间2008年1月18日

自11时40分开始

至12时20分结束

询问人：XXX 单位：上海XX保险公司有限公司

记录人：XXX 单位：

被询问人：姓 名XXX 性别男 年龄XX.X. 民族汉

文化程度大学 工作单位：

家庭住址 成都市XX区XX路XX号

询问内容记录如下：问：我们是上海XX保险公司有限公司，受XX保险公司的委托，就沪EHXXXX车在2007年11月6日14时许，在宝山区少年村路XXX号附近出险一事进行调查，要你能如实地讲清楚，若有谎言，将受到保险公司拒赔和承担相应的法律责任，知道吗？

答：知道的。

问：请你把2007年11月6日中午时许出险一事讲一下：

答：好的。在2007年11月6日14时许，我驾驶沪EHXXXX车行驶在宝山区少年村路XX号，我因驾驶不慎就追尾前面一辆小货车（沪D-HXXXX），我车车头损坏，小货车损失不大，（我赔对方车人民币500元）

问：出险后有否打过110报警电话？

XXX

2008.1.18

图 2-33 谈话记录样式

5）绘制现场图的图形符号应符合《道路交通事故现场图形符号》标准（GB/T 11797—2005）的规定。

6）比例。一般采用 1∶200 的比例，也可根据需要选择其他比例。所用比例应标注在比例栏内。

7）尺寸数据与文字标注。现场数据以图上标注的尺寸数值和文字说明为准。

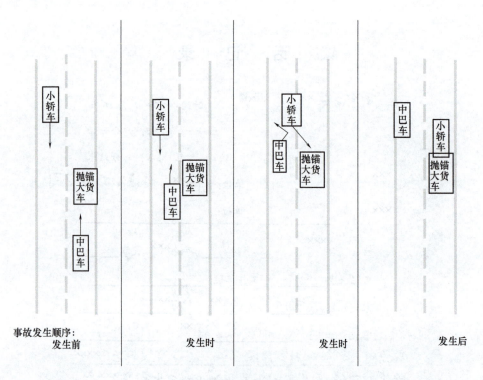

图 2-34 事故现场简图

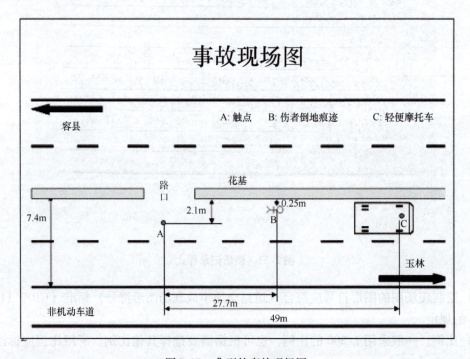

图 2-35 典型的事故现场图

（3）现场查勘报告的填写 根据现场查勘情况，填写《机动车辆理赔现场查勘记录》，包括以下内容。

1）事故现场环境描述。

2）事故当事人状况的观察。

3）事故发生时的状态模拟。

4）报案人或询问人对事故经过的反映记录。

5）出险时车辆的使用性质。

6）对有关单证的审查记录。

7）参与事故处理或调解协商的过程及结果。

8）对事故责任的初步判断。

5. 现场查勘的两个方法

查勘人员在登记汽车零部件的损坏情况时，应该按照顺序进行，以免重复登记损坏了的汽车零部件。

1）由表及里。对于造成损坏的汽车零部件，登记时首先按照"由表及里"的方法进行，先登记外表可以看得见的，再逐一向内展开登记。

2）由前往后。在贯彻由表及里登记方法的同时，为了避免遗漏，还要"由前往后"、"自左至右"进行登记。这样一来，一般不会出现遗漏和重复登记的情况。

6. 现场查勘的一个目标

在对车损现场进行查勘、定损时，应该考虑到一个总体目标：**兼顾到车主、汽车维修厂、保险公司三方面的利益，大家和谐相处，最终有利于保险公司和汽车社会的发展壮大。**

1）有利于车主。保险的查勘、定损和理赔，要使车主的合理索赔要求能够得到满足，及时解除其后顾之忧，达到投保的真正目的，树立保险公司在其心目中的形象。

2）有利于汽车修理厂。最终，受到损伤的汽车需要到汽车修理厂去修复。汽车修理厂的愿望在于能够从保险公司获得维修任务，得到较高的定损估价以及快速的划款。

个别情况下，保险公司不得不对汽车修理厂的某些要求进行折中处理。

3）有利于保险公司。作为保险公司的员工，查勘定损人员最终要维护保险公司的利益。保险公司的利益有眼前利益和长期利益之分。一般来说，两者需要兼顾。

【技能训练】

训练4 现场查勘报告的制作

一、事故概况

事故原因：李××驾驶沪ER79××别克GL8型轿车在公司停车时倒车过程中，因场地限制和选择的车位墙面安装有灭火器，导致后车门挤压灭火器而变形，后车窗玻璃破碎等损失，如图2-36所示。

二、填写现场查勘报告

请学生作为公估公司的定损员，按照标准工作流程为该案进行现场查勘，确定事故责任，收集相关证据，为今后的定损、理赔服务。

查勘结束后填写表2-1的车险理赔现场查勘报告。

图 2-36 事故材料

表 2-1 车险理赔现场查勘报告

被保险人：		保单号码：		赔案编号：	
保险车辆	号牌号码：		是否与底单相符：		车架号码（VIN）： 是否与底单相符：
	厂牌型号：		车辆类型：	是否与底单相符：	检验合格至：
	初次登记年月：		使用性质：	是否与底单相符：	漆色及种类：
	行驶证车主：是否与底单相符：			行驶里程：	燃料种类：

项目二 事故车现场查勘

（续）

被保险人：		保单号码：		赔案编号：		
保险车辆	方向形式：	变速器类型：		驱动形式：	损失程度： □无损失 □部分损失 □全部损失	
	是否改装：	是否具有合法的保险利益：		是否违反装载规定：		
驾驶人	姓名：	证号：	领证时间：	审验合格至：		
	准驾车型：	是否是被保险人允许的驾驶人：□是 □否		是否是约定的驾驶人：□是　□否 □合同未约定　□不详		
	是否酒后：□是　□否　□未确定			其他情况：		
查勘时间	(1) 是否第一现场		(2)		(3)	
查勘地点	(1)		(2)		(3)	
出险时间：			保险时限：	出险地点：		
出险原因：□碰撞　□倾覆　□火灾　□自燃　□外界事物倒塌、坠落　□自然灾害　□其他（　　　）						
事故原因：□疏忽、措施不当　□机械事故　□违法装载　□其他（　　　）						
事故涉及险种：□车辆损失险　□第三者责任险　□附加险（　　　）						
专用车、特种车是否有有效操作证：□有　□无						
营业性客车有无有效的资格证书：□有　□无						
事故车辆的损失痕迹与事故现场的痕迹是否吻合：□是　□否						
事故为：□单方事故　□双方事故　□多方事故						
保险车辆车上人员伤亡情况：□无　□有　伤___人；亡___人						
第三者人员伤亡情况：□无　□有　伤___人；亡___人						
第三者财产损失情况：□无　□有　□车辆损失　号牌号码　　车辆型号　　□非车辆损失（　　　）						
事故经过：						
现场图：						
施救情况：						
现场照片：（共　幅）						
被保险人签字：			查勘员签字：			

47

【项目小结】

1. 查勘前的准备工作

1）查阅抄单，主要看保险期限、承保的险种、保险金额、责任限额和缴费情况。通过查阅抄单，可以在查看前对被保险人的投保情况有初步的了解。

2）阅读报案记录，了解事故情况。

3）携带查勘资料及工具，为查勘工作做好准备。

2. 可通过"车、证、人、路、货、行"六个方面确定车险事故责任

1）查验事故车辆是否属于承保的标的。

2）通过证件查询是否属于保险责任和保险利益范围之内。

3）确定是否为合格驾驶人所造成的事故。

4）确定事故责任是否属于保险责任范围之内。

5）事故是否存在违章载货情况。

6）确定发生事故时，驾驶人是否有违章行车的行为。

3. 取证可以采用的方法

1）向当事人和目击者询问一系列的相关情况。

2）查实事故是否为驾驶人酒后驾驶造成的。

3）仔细观察车辆及周围情况，弄清楚导致事故发生的直接原因。

4）通过各种现象的相互佐证，运用自己的专业知识，分析出眼前事故的真实原因。

5）拍摄如实反映事故现场真实情况的照片。

【复习思考题】

一、选择题

1）下列选项中不是查阅保单的意义的是（　　）。

A. 知道标的车承保的险种　　　　B. 知道标的车保险的期限

C. 知道出险的真实原因　　　　　D. 知道标的车出险的时间、地点

2）查勘时，核对车辆 VIN 码的作用是（　　）。

A. 确保查勘车与承包车是同一辆车　B. 知道车辆的生产年份

C. 知道车辆型号　　　　　　　　　D. 知道标的车是进口的还是国产的

3）下列选项中（　　）不是查勘人员必须携带的。

A. 索赔申请书　　　　　　　　　B. 车辆事故损失确认书

C. 笔记本电脑　　　　　　　　　D. 数码相机

4）查勘时可以通过（　　）核对车辆的类型、型号。

A. 驾驶证　　　B. 行驶证　　　C. 身份证　　　D. 保单

5）下列选项中的（　　）不属于合法改装。

A. 加装尾翼　　　　　　　　　　B. 更改车轮直径宽度

C. 加装保险杠防护　　　　　　　D. 钢制轮辋改成铝合金轮辋

6）下列选项中的（　　）属于驾驶前禁止服用的违禁药物。
A. 感冒药　　　　B. 眼药水　　　　C. 消炎药　　　　D. 麻醉剂

7）下列选项中，（　　）最能够反映出险时车辆的车速。
A. 车损程度　　　　　　　　　　B. 制动痕迹
C. 驾驶人受创程度　　　　　　　D. 被害人受创程度

8）下列中的（　　）不属于保险事故责任免除地。
A. 营业性修理厂　　　　　　　　B. 收费停车场
C. 学校内道路　　　　　　　　　D. 拖车期间

9）下列选项中不属于交通事故中财产损失的是（　　）。
A. 保险车辆车损情况　　　　　　B. 伤者的精神损失费
C. 第三者车损情况　　　　　　　D. 第三者物损

10）关于车辆碰撞点，下列（　　）说法是不正确的。
A. 正面碰撞的第一接触点应该是保险杠
B. 碰撞点应该留有被碰撞物的痕迹
C. 碰撞点的变形往往是最大的
D. 可以从事故车辆的变形分析出碰撞点

二、判断题

1）当拍摄事故现场的全貌时，一般采用方位摄影方式。　　　　　　　　（　　）
2）当需要拍摄事故现场的各种痕迹、物证，以反映其大小、形状、特征时，需要采用细目摄影方式。　　　　　　　　　　　　　　　　　　　　　　　　　　（　　）
3）现场查勘时，可以通过查验汽车的号牌和车架号来确定出险车辆是否属于保险标的。　　　　　　　　　　　　　　　　　　　　　　　　　　　　　　（　　）
4）车损程度最能反映出险时车辆的车速。　　　　　　　　　　　　　　（　　）
5）调查取证时必须由被调查人笔录。　　　　　　　　　　　　　　　　（　　）
6）对车损现场进行查勘、定损时，应该兼顾到车主和保险公司的利益。（　　）
7）B 照驾驶证可以驾驶大客车。　　　　　　　　　　　　　　　　　　（　　）
8）新驾驶人必须由有 5 年以上驾龄的老驾驶人陪同，才能上高速行驶。（　　）
9）只要是曾经做过出租车的，该汽车的使用年限只能有 8 年。　　　　（　　）
10）查勘时，必须要由驾驶人本人或者被保险人填写出险经过。　　　　（　　）

三、简答题

1）交强险的保险责任是什么？
2）什么是车上责任险？
3）何为车险事故的第三者？
4）车损险的除外责任有哪些？
5）试述汽车驾驶证、行驶证各记录有哪些信息？
6）举例说明什么是不合格的驾驶人？
7）事故照片必须能反映哪些真实？
8）调查笔录的制作要点有哪些？

项目三 车身变形的修复与工时核定

【学习目标】

知识目标:
1. 知道汽车车身相关构造的知识。
2. 知道汽车车身各部位损伤和修复的特点。

能力目标:
1. 能够进行汽车翼子板、保险杠、车门、发动机罩等部件的钣金修复。
2. 能够进行汽车各种金属件和塑料件的涂装修复。

【知识准备】

由于车辆发生的道路交通事故多数是因碰撞引起的,所以车身发生变形是最常见的损伤。在因碰撞易变形的车身各部件中,汽车的翼子板处于车辆前侧部,是车身发生碰撞损伤频率较高的部位。

车险查勘员除了在事故现场要仔细观察碰撞痕迹是否符合报案人所述,并对损坏部位进行拍照等工作之外,还需在检验报告中填写车辆的修理方案及说明事项。这就需要对车身各种变形的修复作业与工时了然于胸,以便能对修复的可能性进行正确判断,对于车辆损失进行确定。车辆的损失是由其修复的费用具体反映的,修复的费用通常由两部分组成:材料费和工时费。材料费为必须更换的零配件的购买费用,工时费由修复过程中需要耗费的工作时间定额确定。

一、车身撞击损伤的矫正修复

轿车车身的修复以事故性创伤修复为主,通常采用的方法是收缩整形、皱褶展开、撑拉及垫撬复位等。

1. 收缩整形

为了使变形的部件恢复到原来的形状，需想办法使伸展的部分收缩。收缩整形工艺过程如下：

1）利用焊炬火焰将伸张中心加热至缨红色，但注意不要将板料熔化或烧穿。

2）加热后急速敲击红晕区域的四周，并逐渐向加热点的中心靠拢，迫使金属组织收缩。

3）如果只收缩一处不能达到整形的目的，可采用同样的方法使多点收缩，并伴随每次加热收缩，都进行敲平校正。

4）轻度伸张时，加热后可不需敲击，只用棉纱蘸凉水冷却，或者由其自然冷却。

2. 皱褶展开

车身碰撞可能造成冲压板料产生不规则的皱褶，修理时，若方便可行，可就车用撑拉法解开皱褶，然后敲平；若不方便或不可行，应将车身解体，在车下修理。开褶的要领：首先是将死褶由里边设法撬开，缓解成活褶，然后加热，用锤敲击活褶的最凸脊处，逐渐使其展开，恢复原来的形状。

3. 撑拉复位

图 3-1 所示为常见的撑拉工具与设备。液压撑拉器由液压缸产生的压力将柱塞杆推开，因而能将变形板件撑开。另外还有一种螺旋式撑拉器，丝杠两端分别带有活动挂钩。使用时，如果做撑开整形，可旋转铁管，使两端丝杠同时缩短，一端拉钩固定，另一端拉钩拉动板件伸展。

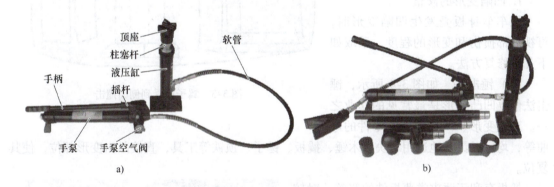

图 3-1 撑拉工具与设备

a）液压千斤顶 b）钣金矫正撑拉组合

目前大多使用移动式或固定式车身矫正机，如图 3-2 所示。

4. 垫撬复位

垫撬复位是根据车辆的变形部位和变形程度，利用有效空间，借助邻近部件支撑，以杠杆原理进行整形修复。

应用此法，车身不需解体，因而保持了原车的安装质量，并提高了工作效率，但使用范围受到限制。越野车后轮胎罩外缘凹陷，可以借助轮胎的支撑作用，在撬杠下放一木块衬垫，将凹陷部分初步撬起，再用锤子、垫铁将折痕和凹凸不平处敲平。

图3-2 移动式车身矫正机

二、两种典型损伤的钣金修复手段

车辆受到撞击后发生变形的情况是有区别的,如图3-3所示,如翼子板受到正面和侧面撞击,可能发生大面积的凹陷,而受到蹭擦则可能造成轻微损伤,其修复方法也是不同的。

1. 凹陷变形的修整

汽车车身板壳发生凹陷变形时,可视局部损伤和变形的程度,采取如下几种修复方法。

(1)锤击法 如图3-4所示,锤击法修复凹凸变形是最常见的作业之一。对于变形、凹瘪和柱类零件的弯曲等,均可以灵活地运用木块、木锤、撬板、锤子、顶铁等工具,直接敲击变形部位,使其复位。

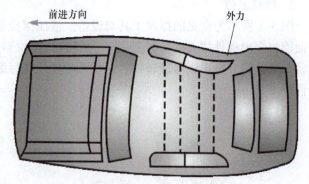

图3-3 翼子板受到侧面撞击

撬板有利于蒙皮类薄板件的修整。对较为薄弱的构件,一定要选用木垫块或选用木锤、橡胶锤等,这样可以避免车身构件因修理而造成二次损伤。

(2)吸引法和手工牵引法 如图3-5所示,使用真空吸盘,于外侧将变形部位吸牢,用手或惯性锤的力量将其牵引复位。还有一种电磁吸盘,也具有同样的功能。

使用手工拨杆将局部凹陷矫正复位。这种方法不仅免去了拆装内围板、车内装饰及车门摇窗机等机件的麻烦,而且还能使损伤

图3-4 锤击法修复凹凸变形

面减少。

（3）惯性锤法　惯性锤在钣金维修中的应用越来越普遍，它与装夹定位装置配合使用，可以修复多种变形和损伤。

（4）钣金整形夹法　钣金整形夹是一种较为先进的汽车钣金修理工具，如图3-6所示。其结构简单，使用方便。在凹陷处背面垫好沙包，用木锤将表面大致敲平后，选择适当的辊轮装于整形夹上，再将整形夹装于汽车的被撞部位，并调整调节螺栓，使辊子之间施以轻微的压力。用整形夹作均匀的反复滚压，以压平凹陷部位，观察被撞部位是否滚压平整，再用手触摸，如仍有不平之处，再继续滚压，直至压平。

图3-5　使用真空吸盘吸引复位

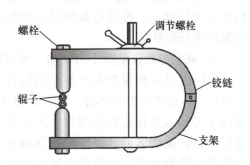

图3-6　钣金整形夹

2. 轻微损伤的修复

修复轻微损伤所使用的工具主要有钣金锤（如锤子、平锤、扁平锤、木锤、尼龙锤和橡胶锤等）、顶铁和修平刀（俗称撬板）等。图3-7所示为各种钣金锤和顶铁。

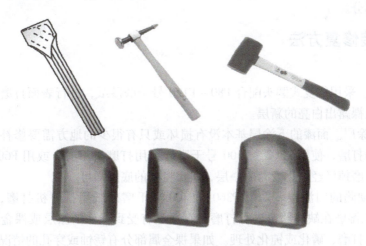

图3-7　各种钣金锤和顶铁

1）顶铁法修复微小缺陷。用手顶铁由钣金内侧向外顶出，使凹陷变浅，而后使用整平锤敲打凹陷周围比原来板面高凸的部分，此时铁锤和手顶铁的距离略远，交互敲打，此为"虚敲"的现象，如图3-8所示。

将变形的范围缩小并使变形量集中，最后再将此残余的少部分凸起部打缩，此为"实敲"，如图3-9所示。

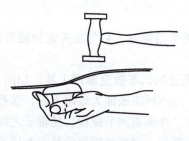

图 3-8 虚敲

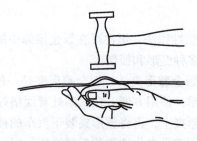

图 3-9 实敲

修理凹陷部位时，必须从外部开始逐渐向中心部位移动，按照与碰撞引起损伤相反的顺序进行修复。

2）修平刀法修复微小的缺陷。所谓修平刀，实际上是一根带弯曲工作面的杠杆。对于难以放入顶铁的弧形凹陷，如图 3-10 所示，将修平刀插入并抵住凹陷部位，用木锤或尼龙锤敲击凹陷的隆起，使变形逐渐减轻。当修平到一定程度时，再改用金属锤对变形作进一步修整。

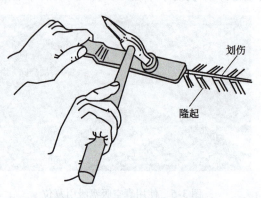

图 3-10 用修平刀法修复缺陷

3）对微小损伤的精加工。精加工作业追求的是表面光滑、平整如初，是对表面的细小凹凸作趋于更加精细的敲平作业。精加工操作应注意选择适合的顶铁，并紧贴于小凹凸的背面，用于平锤或弧面锤轻轻敲击金属表面的微小凹凸及周边部分。

三、涂装修复方法

1. 打磨

1）裸金属。采用往复式磨头配合 P80～P120 号干磨砂纸，进行表面打磨即可，将金属表面打磨到完全裸露出白亮的新层。

2）良好旧涂层。面漆的下涂层基本没有损坏或只有很少的地方需要修补，只要将涂层表面进行适当的打磨，使用 P360～P400 号干磨砂纸用打磨机干磨，或用 P600～P800 号水砂纸手工湿磨，磨掉已经氧化变差的一层，露出良好的底层即可。

3）表面有缺陷的旧涂层。采用 P360～P400 号干磨砂纸用打磨机打磨，或用 P600～P800 号砂纸手工湿磨在缺陷部位进行打磨，直至没有受到损伤的涂层或裸金属。裸露的金属部分必须进行打磨、磷化或钝化处理。如果裸金属部分有锈蚀或穿孔的情况，还要进行除锈或补焊操作。

2. 清洁

用专用金属清洁剂进行清洁处理，将翼子板表面的油渍、蜡渍、锈渍等除去。清洁时两手各持一块干净的清洁布，一块饱蘸金属清洁剂，另一块为干布。一手用蘸有金属清洁剂的布擦拭第一道，另一只手马上用干布将第一道擦拭的湿痕擦干，一道一道地清洁，确保在第一道没有挥发的情况下就马上用干布擦干，这样有利于完全清洁干净。

3. 喷涂

1）底层涂料施工。主要包括底漆层、原子灰填补（见图3-11）、喷涂中涂层等，以加强防腐处理，为喷涂面漆打下良好的基础。

底层涂料施工步骤如下：

① 喷底漆。
② 底漆干燥。
③ 底漆的打磨。
④ 原子灰的刮涂。
⑤ 原子灰的打磨。
⑥ 喷中涂漆。
⑦ 中涂层的打磨。

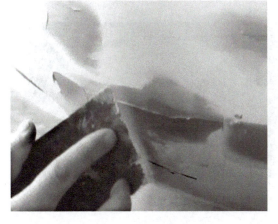

图3-11 原子灰填补

注意底漆的选择：对于钢板，薄喷一层磷化底漆即可；对于铝合金板材，需要喷涂含有铬酸锌的底漆，进行钝化处理；对于镀锌板等底材，直接喷涂隔绝底漆即可。

2）面漆的涂装步骤如下：

① 修补底漆层或中涂层的瑕疵。
② 进行完全打磨。
③ 面漆的调制（调色、添加剂等）。
④ 选择、调整喷枪。
⑤ 在喷漆房内用清洁剂连续清洁两遍翼子板。
⑥ 马上进行喷涂，如图3-12所示。

通常第一层喷涂要采用薄喷，涂膜不要太厚，但必须均匀并保证良好的流平。第二层喷涂得厚一些，以保证足够的膜厚、良好的平整程度和鲜映程度。

3）金属面漆的车辆有的需喷涂双工序面漆，即先喷一层有颜色的面漆，在其上面再喷涂一层无色透明且具有很高光泽度的罩光漆来增加光泽

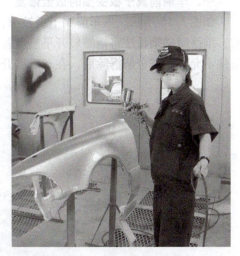

图3-12 给翼子板喷涂面漆

度和保护底下的有色面漆，其效果如图3-13所示。金属面漆中的珍珠漆情况又比较特殊，其中所含的云母颗粒通透性很高，所以遮盖能力极差，在喷涂时需要先喷一层与底色漆颜色相近或相同的色漆以提高遮盖能力，然后喷涂珍珠漆，珍珠漆上再喷涂罩光漆。这种面漆用三道喷涂工序完成。

4）涂膜修整。主要包括清除贴护、修理小范围内的瑕疵和表面抛光（见图3-14）等。

在喷涂完毕之后，静置20min左右的时间，待涂膜稍干燥后即可进行贴护的清除工作，对流挂、个别的涂膜颗粒（脏点）、微小划痕和凹坑等进行打磨平整修理，用抛光的方法使修理部位与其他部位光泽一致，消除修理痕迹。

图 3-13 喷涂罩光漆后的金属面漆效果

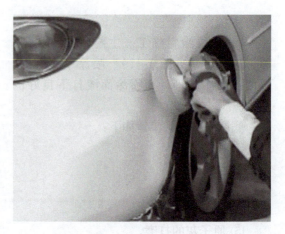

图 3-14 表面抛光

【技能训练】

活动1　汽车翼子板变形的修复与工时

一、车辆前翼子板受损的钣金修复

如图 3-15 所示，该车前翼子板被撞，由于受力很大，出现塌陷（凹坑）和不规则的褶皱，维修时必须设法将褶皱展开平整。若条件允许，可用撑拉法解开褶皱，然后再敲平；若条件不允许，需分解拆除后，在车下展开褶皱进行平整修复。

图 3-15 撞击后的前翼子板

1. 翼子板正面碰撞部分的修复

1) 拆下前照灯圈及灯座等，将垫铁垫于前照灯孔内，使垫铁两端卡住灯孔的弯边。
2) 把钢丝索的一端系在垫铁上，另一端系在墙柱上或某个合适的建筑体上。
3) 如图 3-16 所示，进行倒车拖拉，使皱褶逐渐打开，但个别的小死褶未缓解。
4) 卸下翼子板，在平台上进行修整。说明：用氧乙炔火焰对死褶进行加热，并用撬具撬开，加热一段撬开一段，使其缓解。
5) 如图 3-17 所示，将翼子板凹面向上置于平台上，由里侧敲平活褶，边敲边转动翼子板。

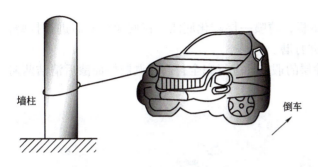

图 3-16　倒车拖拉打开皱褶　　　　　图 3-17　由翼子板里侧敲平活褶

6）将里侧基本敲平的翼子板翻转过来，即凸面向上，如图 3-18 所示，用垫铁垫在里侧，由外向里继续敲击，最终使皱褶完全展开。

2. 翼子板侧面碰撞部分的修复

1）首先用一根木棒从车轮与翼子板的空隙处伸进，用力往外撬，即可将凹坑大体上顶出来，趋于原状。

2）用垫铁在里面顶住向外凸出的较小部分，再用锤子在外表面处敲击凸出的部分。

3）用锤子边敲边移动，同时移动垫铁。

4）翼子板的边缘处应用专用的垫铁在里边垫托，垫铁的边缘要对准弯折线，一手持锤在正面弯折线外缘敲击，如图 3-19 所示。

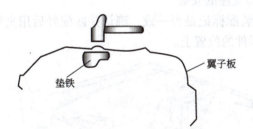　　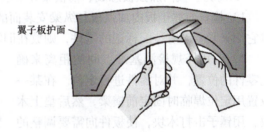

图 3-18　由翼子板外侧敲平活褶　　　　图 3-19　敲击修复翼子板的边缘

5）逐渐移动垫铁，循序渐进，使工件边缘逐渐恢复原形，直到全部平整。

全部平整后，将翼子板装在车上，用锤子和垫铁进行一次全面修整。

二、车辆翼子板的涂装修复与安装

经钣金整平修复翼子板后，即可准备进行表面喷漆工序。

1. 打磨

旧涂层表面有缺陷，采用 P360～P400 号干磨砂纸用打磨机打磨（见图 3-20），或用 P600～P800 号砂纸手工湿磨在缺陷部位进行打磨，直至没有受到损伤的涂层或裸金属。

当打磨到裸金属时不要用湿磨，必须使用干磨砂纸进行干磨。裸露的金属部分有锈蚀，除锈后进行钝化处理。

2. 清洁

用专用金属清洁剂进行清洁处理，将翼子板表面的油渍、蜡渍、锈渍等除去。

3. 喷涂

1）底层涂料施工。该翼子板属于钢板，薄喷一层磷化底漆，待底漆干燥后进行打磨，然后刮涂原子灰并打磨，接着喷中涂漆并打磨。

2）面漆的涂装。修补底漆层和中涂层的瑕疵，进行完全打磨。调制好面漆后清洁两遍翼子板，进行喷涂，如图 3-21 所示。

图 3-20　用打磨机打磨旧涂层

图 3-21　喷涂面漆

3）在喷涂完毕之后，静置 20min 左右的时间，待涂膜稍干燥后清除贴护，并对流挂进行打磨平整修理，抛光消除修理痕迹。

4. 前翼子板内加强板总成、前横梁和散热器支座的安装

1）检查前翼子板内加强板与纵梁安装面的装配标记是否一致，确认并匹配好后用夹钳将它们夹紧。没有装配标记的零件，则放在旧零件的位置上。

2）利用杆规检测基准点间的距离来确定零件的位置，并对零件进行定位。在某一位置用定位焊临时固定前横梁，然后垫上木块，用锤子击打木块，使板件向需要调整的方向移动，调整其长度方向上的位置。

3）如图 3-22 所示，用自定心规检测车辆两侧的新旧内加强板的相对高度，使之一致，然后用千斤顶支撑住新的内加强板，以确保其高度位置不发生变化。

4）如图 3-23 所示，测量纵梁宽度和下对角线长度，仍用千斤顶支撑住新板件，以免高度位置发生变化。

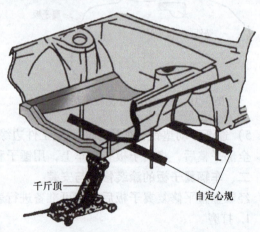

图 3-22　用自定心规检测加强板高度

5）仔细确定前横梁的位置，使其左右两端均匀一致。

6）当纵梁的位置尺寸与尺寸图表中所注尺寸一致后将它固定。悬架横梁也可用夹具来安装。

7）确保内加强板的上部尺寸不发生变化，可通过检查所画标线是否产生了移位来确认。

8）测量翼子板后安装孔与悬架座孔或翼子板前安装孔之间的对角线尺寸（见图 3-23）。

9）测量在宽度方向上悬架座和前翼子板螺栓孔之间的尺寸，然后把它们固定在一起。如果其宽度方向上的尺寸与车身尺寸手册中所标注的尺寸不一致，则需进行微量调整，同时要注意对角线的变化。

10）测量纵梁在宽度方向上的尺寸，将杆规调至适当尺寸，并根据需要调整内加强板。

11）用夹钳较松地固定住上支座，然后用手轻轻拍打使其到位（见图3-24）。

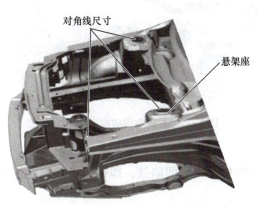

图3-23　测量对角线尺寸　　　　　图3-24　固定散热器支座

12）用夹钳较松地固定住下支座，然后用手轻轻拍打使其到位。

13）测量散热器支座的对角线长度，确保这两个尺寸一致。

临时性安装前翼子板，然后检查它与车门间的位置关系。如果缝隙不合适，则原因可能是内加强板或纵梁高度位置不准确。

14）焊接之前再按上述方法检测一遍，再次验证所有的尺寸。

三、车辆翼子板的修复工时

1）前翼子板的修复工时见表3-1。

表3-1　前翼子板的修复工时　　　　　　　　　　　　　　（单位：工时）

部位	项目								
	拆装调整	更换	钣金修理	调色			修补喷涂	新件喷涂	使用烤漆房
				纯色漆	银粉漆/2层珍珠漆	3层珍珠漆			
前翼子板	0.7	0.7	22~50	1.5	2.8~3.0	4.0~4.2	1.7~2.1	1.5	0.5

2）后翼子板的修复工时见表3-2。

表3-2　后翼子板的修复工时　　　　　　　　　　　　　　（单位：工时）

部位	项目								
	拆装调整	更换	钣金修理	调色			修补喷涂	新件喷涂	使用烤漆房
				纯色漆	银粉漆/2层珍珠漆	3层珍珠漆			
后翼子板	7.2	7.4	20~57	1.5	2.8~3.0	4.0~4.2	2.0~2.9	3.0	0.5

活动2　汽车保险杠损坏的修复与工时

车辆由于追尾事故导致撞击，因会车、变道发生碰撞等情况是最常见的事故场景。在这些碰撞中，汽车的保险杠首当其冲地受到损伤（见图3-25）。

保险杠的材质有塑料、金属等不同的种类，保险杠的损伤由此也各有差别，可能是擦伤、变形，也可能是断裂、脱落等。定损人员应当掌握保险杠的不同损坏类型，了解其修复方法，正确判断修复方法及费用。

图3-25　车辆前围碰撞示例

一、金属材质保险杠前围碰撞的损伤修复

1）将一根粗细适宜的钢丝索的一端系在前保险杠的中央凹陷处，即被撞击部位，另一端系在地桩上。

2）将该车发动（若此车发动机已损坏不能发动，可用其他车辆往后拖），缓缓倒车，如图3-26所示。

3）随着钢丝索的拉紧，被撞弯曲的保险杠便可渐渐伸直。在拖拉的同时，用锤子随时敲击保险杠弯曲部分的四周，以助伸展和定型。

4）大的凹陷被拉平之后，一些小的凹凸不平部分就可以借助锤子与垫铁进行手工平整了，如图3-27所示。

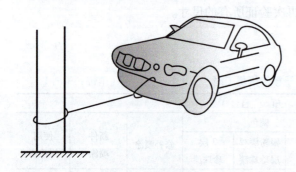

图3-26　倒车拖拉

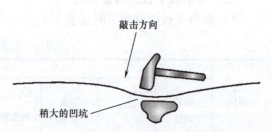

图3-27　用锤子与垫铁手工平整凹坑

5）稍大些的凹坑被顶出后，尚会存在一些小的凸出点，这时，可改用小号锤子与垫铁配合，仍用上述方法进行敲击，便可将稍小的凸出部分敲平，如图3-28a所示。

6）最后将垫铁与锤子分别从里外对准一个点，对尚存的一些凹凸点很小的部分进行敲击、矫平，使整个工件全部平整，达到理想的修复状态，如图3-28b所示。

图3-28　用小号锤子与垫铁手工平整小凸点
a）对小凸点进行敲击　b）对最后的凸点进行敲击

二、金属材质保险杠后围碰撞的损伤修复

轿车后围损伤与变形的主要因素一般来自于后车追尾。图3-29所示为轿车后围损伤示意图，一般情况是将尾灯碰碎或将塑料保险杠剐坏，严重的也就是将护面撞凹陷，后门口变形等。一般来说，此时不必拆卸护面等板件，在车体上便可直接修复，且修复过程不是太复杂。若保险杠被撞击得比较严重，应拆下保险杠进行修复。

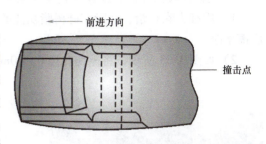

图3-29 轿车后围损伤示意图

1）拆卸保险杠，将其放在工作平台上。

2）将工件的凹坑处朝下，用锤子敲击向上的凸起处，如图3-30a所示，使凸点基本消失。

3）工件虽然没有凸包，但还存在大曲率的弯曲，应继续敲击，如图3-30b所示。

4）采取去皱收缩法工艺，逐个对褶皱进行收缩敲击，使其平整。敲平褶皱后，工件在伸展作用下，势必仍然存在一些向上拱曲的现象，但要比以前轻很多，如图3-30c和图3-30d所示，然后再用火焰与锤子去皱。

若还达不到要求，再重复1~2次去皱操作，直至完全合乎要求。

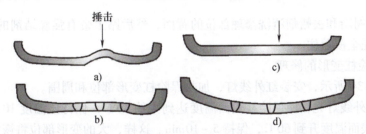

图3-30 保险杠的修复过程
a）第一次捶击 b）第一次去皱 c）第二次捶击 d）第二次去皱

三、塑料材质保险杠损伤的修复

1. 塑料保险杠划痕和裂纹（见图3-31）的修理

1）用水和塑料清洁剂清洗待修部位，对待结合表面进行除蜡、除油脂处理。

2）使用黏结剂之前，应将塑料件加热至20℃左右。

3）将催化剂喷到裂纹一侧，然后在该侧敷好黏结剂。

4）将划痕或裂纹两侧按原来位置对好，迅速压紧，约1min后即可获得良好的粘接效果。

图3-31 破裂的塑料保险杠

2. 塑料保险杠擦伤、撕裂和刺穿（见图3-32）的修理

1）用有去除石蜡、油脂和硅树脂功能的溶剂浸湿在布上彻底清除损伤部位的污物，然后擦干净。

2）如图3-33所示，将擦伤孔边6～10mm宽处用砂轮磨削成斜面，以便于粘接。

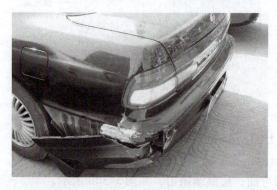

图3-32 撕裂和刺穿的塑料保险杠

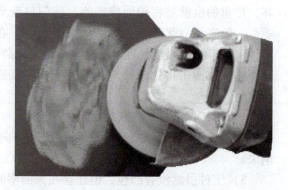

图3-33 用砂轮磨削擦伤部位

3）把修理部位周围的油漆磨掉。

4）对孔边进行火焰处理，改进粘接性能，使用喷灯火焰在斜面处不断移动，使斜面处略呈棕色为止。

5）用去硅树脂和去蜡剂清洗修理部位的背面，然后贴上带有强黏结剂的铝箔和能防潮的胶带，把孔完全覆盖住。

3. 塑料保险杠变形的修理

1）如图3-34所示，安装红外线灯，加热保险杠变形部位和周围。

2）调整红外线灯光，使保险杠表面温度达到大约40℃，保持该温度10～20min，然后将变形部位的表面温度升到60℃，保持5～10min。这样，大的变形部位将恢复到原来状态。

3）如图3-35所示，用手修正其余小的变形。

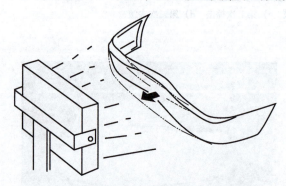

图3-34 用红外线灯加热保险杠变形部位

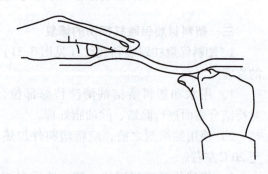

图3-35 用手修正小的变形

4）关掉红外线灯，冷却保险杠。

四、车辆保险杠的涂装修复

1. 金属件的涂装修复方法

保险杠金属件的涂装修复方法与其他金属件的涂装方法一样，可参考相关内容。

2. 塑料件的涂装修复方法

塑料通常分为硬塑料（刚性塑料）和软塑料（半刚性塑料），一般不必喷底漆即可喷面漆。

（1）**软塑料件的涂装修复**

1）用湿布蘸上去蜡、去油脂和除硅清洗剂清洁其表面并擦干。

2）打磨划伤处用填充剂修补过的表面，并清洁。

3）如图3-36所示，施涂原子灰。

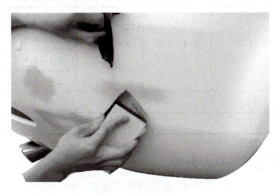

图3-36　施涂原子灰

4）干燥至少1h后打磨整个表面。

5）涂敷面漆。

（2）**硬塑料件的涂装修复**

1）用干净的布蘸上酒精擦洗表面。

2）用去蜡、去油脂清洗剂彻底清洗表面。

3）打磨。

4）用干净布重新擦干净表面。

5）如果有需要填平的接缝和气穴，应在整个表面上涂一层车身填充剂。

6）干燥之后，再打磨、清洁。

7）施涂原子灰。

8）涂敷面漆。

有些特殊的保险杠，如聚丙烯保险杠采用的塑料很硬，应先喷一层专门的底漆（内含聚丙烯），然后才能喷面漆；再如经过染色的黑色尿烷树脂保险杠，由于加入了添加剂，可以防止日晒和雨淋造成的变形，如果对它喷漆，由于添加剂的作用，会使颜色发生变化，故一般不对这种黑色保险杠喷漆。

（3）**塑料保险杠涂装注意事项**

1）树脂做的保险杠有柔性，不能使用普通的中涂底漆，否则保险杠会开裂，一定要加入软化剂或专为保险杠设计的固化剂。

2）塑料件的温度比金属升得慢，因此要均匀干燥涂装整个部位。

3）喷涂的保险杠干燥后不应立即安装，因为涂料干燥后仍相对柔软，应在室温干燥1h后再安装。

五、车辆保险杠的修复工时

1）前保险杠的修复工时见表3-3。

表3-3 前保险杠的修复工时　　　　　　　　　　　　　　　　（单位：工时）

情形	项目						
	钣金修复	调色			修补喷涂		
		纯色漆	银粉漆/2层珍珠漆	3层珍珠漆	纯色漆	银粉漆/2层珍珠漆	3层珍珠漆
用新工件	6.0~14.5	1.5	2.8~3.0	4.0~4.2	2.0~2.7	2.2~2.8	2.4~3.0
变形修补					3.8~4.5	4.1~4.7	4.3~4.8
严重划伤修补					3.1~3.8	3.4~4.0	3.6~4.1
轻微划伤修补					2.9~3.6	3.1~3.7	3.3~3.9
更换	1.3						
使用烤漆房	0.5						

2）后保险杠的修复工时见表3-4。

表3-4 后保险杠的修复工时　　　　　　　　　　　　　　　　（单位：工时）

情形	项目						
	钣金修复	调色			修补喷涂		
		纯色漆	银粉漆/2层珍珠漆	3层珍珠漆	纯色漆	银粉漆/2层珍珠漆	3层珍珠漆
用新工件	5.0~13	1.5	2.8~3.0	4.0~4.2	1.8~2.5	2.0~2.6	2.2~2.8
变形修补					3.6~4.3	3.9~4.5	4.1~4.6
严重划伤修补					2.9~3.6	3.2~3.8	3.4~3.9
轻微划伤修补					2.7~3.3	2.9~3.5	3.1~3.7
更换	0.8						
使用烤漆房	0.5						

　活动3　汽车车门变形的修复与工时

某些车主在转弯时对空间估计不足导致车辆受损；有些车因倒车不慎撞击到其他车辆；还有的在快速行驶时想绕离危险区，蹭刮到侧围；或受到从侧面开来的违章车辆的撞击等。在这些情况中，往往会使处于车辆侧面的车门及周边车身造成变形、拉伤等损伤。

由于车门是汽车车身总成中的可拆卸部件，是由内、外板合成的盒式构件，故其受损伤的轻重程度与情况各有不同，修复也应采取相应的方式。有的可不卸掉内板，在车身上直接修复；有的须卸下车门在工作台上修复；有的不但要卸下车门，还须卸掉内板（内、外板分离）进行修复等。必要时，还要进行车身变形的校正及修复侧围护面。

一、车门碰撞较轻的钣金修复方法

如果碰撞情况较轻（见图3-37），撞击的部位较易修整，可不必将车门总成拆卸下来，而在车身上直接修复，方法如下：

图 3-37　碰撞情况较轻的车门

1. 钻孔拉伸法

钻孔拉伸所用工具如图 3-38 所示。

图 3-38　钻孔拉伸工具

2. 焊接垫圈拉伸法（见图 3-39）

1）小的凹陷——使用手拉拔器拉拔。使用手拉拔器拉拔焊接垫圈，然后以锤子敲击钢板的凸起部位。

2）强度高的钢板的凹陷——使用滑动锤拉拔。利用滑动锤的冲击力拉出焊接的垫圈来修理凹陷，如图 3-40 所示。

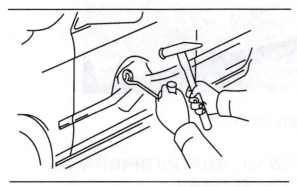

图 3-39　焊接垫圈拉伸法

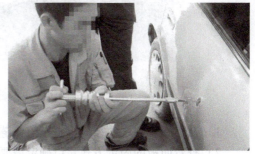

图 3-40　用滑动锤拉出焊接的垫圈

3）大的凹陷——使用拉塔拉拔。将众多的垫圈焊接于钢板上，并且用较大的力量将垫圈一起拉出，如图 3-41 所示。

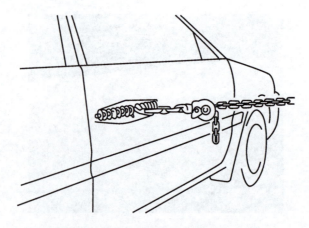

图 3-41 将众多的垫圈焊接于钢板上一起拉出

二、车门碰撞情况较重的钣金修复方法

1. 车门面板的更换

车门受撞击较重时（见图 3-42），往往需要更换车门面板。

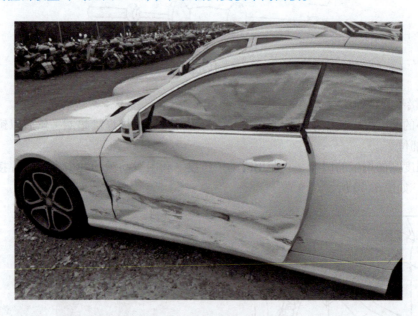

图 3-42 受撞击较重的车门

1) 在拆卸车门之前，应检查车门铰链是否弯曲，观察车门与门洞间的位置关系。
2) 查看面板的固定方式，以确定需要拆卸内部的哪些构件。
3) 拆下车门玻璃，以免在修理车门时玻璃破裂。
4) 拆下车门，放到合适的工作场所。
5) 用氧乙炔焰和钢丝刷除掉面板边缘焊点部位的油漆，然后用钻和焊点剔除工具除掉焊点。

6）在门框上贴上标记条，分别测出面板边缘到标记条下边线的距离 b 和面板边缘到门框的距离 a，如图3-43 所示。

7）用等离子弧切割机或砂轮机把面板与门框之间的钎焊缝剔除。如图3-44 所示，打磨面板边缘的翻边，只需磨掉外缘而使其断开即可，不要打磨到门框上。

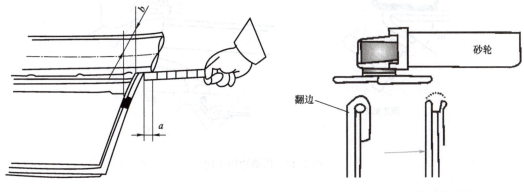

图3-43　测量面板边缘相对距离　　　　图3-44　打磨面板边缘的翻边

8）用锤子和錾子把面板与门框剥离开来。如图3-45 所示，用剪刀沿那些无法钻掉或磨掉的焊点周围把面板剪开。

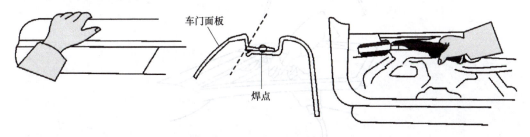

图3-45　剪开面板

9）到面板能自由活动时，拆下面板，检查门框的损坏情况，同时对内部损伤进行修理。

10）准备安装新面板。钻出或冲出塞焊用孔，用砂纸磨去焊接或钎焊部位的油漆。裸露部分应涂上透焊防蚀涂料。

11）有些面板配有隔声板，这些隔声板必须固定到面板上，这时应先用酒精擦净面板，然后用加热灯对面板和隔声板进行加热，最后用黏结剂将它们粘接起来。

12）在新面板背面涂上车身密封胶，在距翻边 10mm 处均匀涂抹，厚度为 3mm。

13）用夹钳将面板安装到门框上，准确地对好位置，对需要钎焊的部位进行钎焊。

14）用锤子和铁砧做翻边，翻边时铁砧上应包上布，以免划伤面板。翻边应分三步进行，注意不要使面板错位，不要出现凸起或折痕，如图3-46 所示。

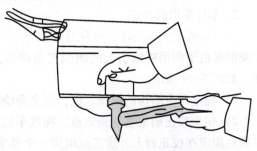

图3-46　用锤子和铁砧做翻边

15）如图3-47所示，翻边到30°后，用翻边钳收尾。收尾也分三步进行，同时要注意不要造成面板变形。

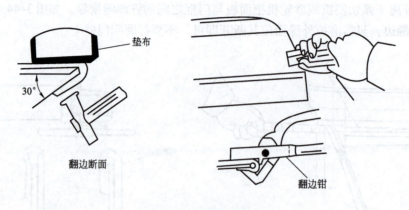

图3-47　用翻边钳收尾

16）如图3-48所示，用点焊或塞焊焊接车门玻璃框，然后再对翻边进行点焊。

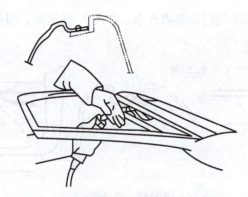

图3-48　用点焊或塞焊焊接车门玻璃框

17）在翻边处涂上接缝密封胶，在焊接和钎缝部位的内侧涂防蚀涂料。

18）在新面板上钻出用于安装嵌条和装饰条的孔。在安装任何零件前，所有的棱边都应修整好。

19）将车门放入门洞内，检查定位状况，为表面修饰做好准备后，把车门装好。

20）调准车门与相邻板件间的位置关系，开关车门，检查转动是否灵活。

2. 车身变形的校正

车门如果受撞击变形，往往累及车身变形，这时就需要对车身进行变形的校正。要校正车身前部由于侧面碰撞引起的侧面弯曲损伤，有必要使用车架校直装置，台式整形系统最好，如图3-49所示。

1）确定车身结构的损伤程度，完全弄清损伤区域。

2）初步校正确定基准固定点，在汽车的未受损伤部分至少需要三个控制点才能使汽车正确地固定在校正台上。这三点组成一个基准面，其他的所有测试都将以该基准面为基准。发生剧烈的侧面碰撞时，需要在车身底部做一些初步修理工作，直到有了三个控制点。

3)修正定位点,检查校正效果,选择出两个牵拉方向,进行牵拉,如图3-50所示。

图3-49 台式整形系统

4)如果车门槛板中心严重碰撞,车底板也会变形,整个车身会扭曲。修理这种类型的损伤,可使用与拉直一根铁丝一样的方法,将车身的两端拉开,再将塌下去的车身侧面向外拉(三向牵拉),如图3-51所示。

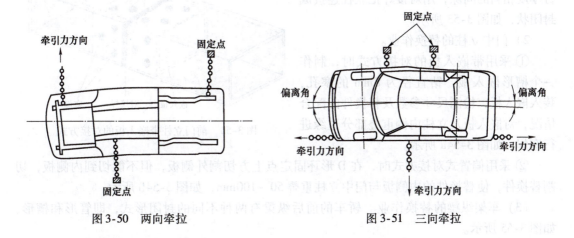

图3-50 两向牵拉　　　　　　　图3-51 三向牵拉

三、车身钣金件替换的作业方法

车身钣金件的结构、位置各不相同,钣金件替换作业存在明显差异。以承载式轿车车身的典型钣金件替换为例,其作业方法如下:

1. 门立柱、车架纵梁的替换作业

(1)钣金件的连接形式　钣金件的连接形式有偏置式对接和搭接两种。偏置式对接主要用于前门立柱、门中立柱及车架前纵梁的连接;搭接常用于车架后纵梁、车厢地板、行李箱地板和门中立柱的连接,如图3-52所示。

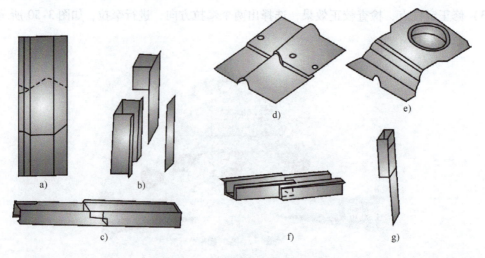

图 3-52 钣金件的各种连接形式

a）前门立柱　b）门中立柱　c）前纵梁　d）车厢地板　e）行李箱地板　f）后纵梁　g）门中立柱

（2）门立柱的替换作业

1）前门立柱的替换作业。通常前门立柱在底部、顶部或底部顶部同时予以加强，切割部位应选在立柱的中部。

当采用带嵌入板的对接方式时，先安装好嵌入板进行塞焊，在两连接截面间留与板材厚度相当的间隙，用对接焊把立柱连接成封闭状，如图 3-53 所示。

2）门中立柱的替换作业。

① 采用带嵌入板的对接方式时，制作一个槽形嵌入板，钻直径为 8mm 的塞孔，装入嵌入板，检测尺寸参数及替换件的配合情况，对嵌入板及立柱内侧重叠部分边缘进行塞焊，如图 3-54a 所示。

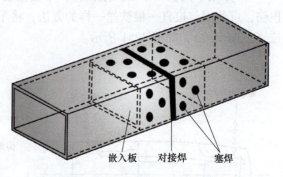

图 3-53 前门立柱带嵌入板的对接方式

② 采用偏置式对接方式时，在 D 形环固定点上方切割外侧板，但不能切到内侧板，切割替换件，使替换件的内侧板与门中立柱重叠 50~100mm，如图 3-54b 所示。

（3）车架纵梁的替换作业　轿车的前后纵梁有两种不同的封闭形式，即管形和槽形，如图 3-55 所示。

管形的纵梁截面大多采用带嵌入物的对接形式，替换方法与前门立柱的带嵌入板的对接方式类似，但要注意切割部位不能选在挤压区（如前悬架的前端、后悬架的后端），也不能选在梁上的孔和加强腹部位。

2. 门槛的替换

根据车型的不同，门槛的结构采用两片、三片甚至四片的结构设计。

替换门槛应采用带嵌入板的对接或搭接方式。对带门中立柱的门槛进行替换，须同时切割门中立柱，如图 3-56 所示。

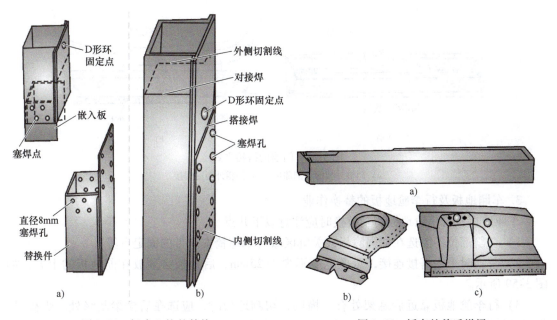

图 3-54 门中立柱的替换
a) 带嵌入板的对接方式 b) 偏置式对接方式

图 3-55 轿车的前后纵梁
a) 管形纵梁 b) 槽形后纵梁 c) 槽形前纵梁

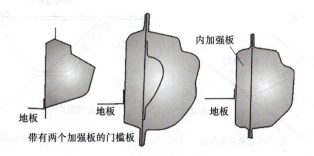

图 3-56 门槛的连接方式

1）带嵌入板对接方式。先直切门槛的横截面。根据门槛的具体结构，沿长度方向把嵌入板切成 2~4 段，去除翻边，将其塞入门槛的内腔，待嵌入板定位后钻塞焊孔，对嵌入板与门槛进行塞焊，如图 3-57 所示。

2）门槛的搭接。这种方法常用于门槛内板未受损，仅需替换外板的场合。先在门立柱周围进行切割，并留出重叠区，重叠宽度约为 25mm（见图 3-58a）。沿翻边焊缝处切割或分离焊点，将门槛外板与门槛分离。定位替换外板，对翻边部位及搭接重叠部位采用塞焊；搭接边缘采用断续焊，每 40mm 的间距焊缝长为 14mm 左右（见图 3-58b）。

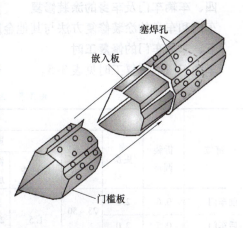

图 3-57 门槛的带嵌入板对接方式

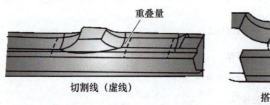 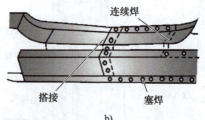

图 3-58 门槛的搭接方式
a）门槛外板的切割部位　b）门槛外板的焊接

3. 车厢地板及行李舱地板的替换作业

车厢地板及行李舱地板切割替换时应注意以下几点。

1）切割部位不能选在加强腹板或关键区域（如座椅安全带的固定点等）。

2）替换时采用搭接连接，重叠宽度不少于25mm，后地板必须放在前地板的上方，如图3-59所示。

3）行李舱地板靠近后悬架处有一横梁，切割地板时，应选在后横梁凸缘处。焊接时，把新地板搭接在横梁上，从上到下进行塞焊，如图3-60所示。

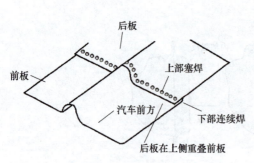 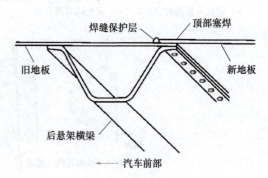

图 3-59　地板的搭接方式　　　　　图 3-60　地板的焊接方式

四、车辆车门及车身的涂装修复

车门和车身的涂装修复方法与其他金属件的涂装方法一样，不再赘述。

五、车辆车门的修复工时

车辆车门的修复工时见表3-5。

表 3-5　车辆车门的修复工时　　　　　　　　　　（单位：工时）

部位	项目								
	拆装调整	更换	钣金修理	调色			修补喷涂	新件喷涂	使用烤漆房
				纯色漆	银粉漆/2层珍珠漆	3层珍珠漆			
前车门	0.6	2.3	23~50	1.5	2.8~3.0	4.0~4.2	1.7~3.1	2.3	0.5
后车门	0.5	2.0					1.6~2.9	2.1	
前柱		7.2	17~43	0.7					

（续）

部位	项目						
	拆装调整	更换	钣金修理	调色			修补喷涂	新件喷涂	使用烤漆房
				纯色漆	银粉漆/2层珍珠漆	3层珍珠漆			
中柱及车门槛板	9.3	17~43					1.0		
车门槛板（与中柱连接）	5.1	6~9	1.5	2.8~3.0	4.0~4.2	1.3~1.7	1.6	0.5
车门槛板（与中柱不连）	3.1	5~6						
车身矫正		40~95						

 活动4 汽车发动机舱盖变形的修复与工时

车辆发动机舱盖损伤的原因大多是由于受到重物从上方意外落下的撞击，或是汽车与其他车辆或固定物体发生正面碰撞，波及发动机舱盖所致，尤其是当车辆与前方大型车辆或者电线杆、消防栓、建筑物等发生撞击时，发动机舱盖的变形极为严重（见图3-61）。

图3-61 汽车与固定物体发生正面碰撞

一、重物从上方落下使发动机舱盖产生损伤的钣金修复方法

可用顶撬法进行修复，步骤如下：
1）当外板出现凹陷时，在内板的相关处，挖出一个或几个孔洞。
2）用撬棍或木棒将其从里面顶出，趋于平整。

3）再用锤子在表面外板上轻轻敲击，直至整平。
4）修平外板后，将内板挖出的孔洞补全。
5）敲平锉修。

二、正面撞击使发动机舱盖损伤（见图3-62）的钣金修复方法

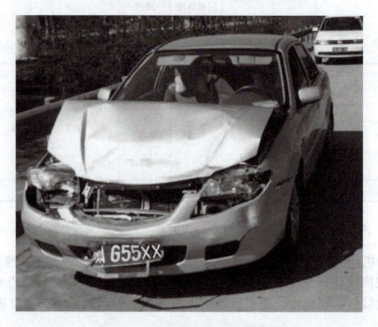

图3-62　发动机舱盖正面撞击损伤

1）拆卸。先用旋具松开两个铰链上的紧固螺钉，便可卸下发动机舱盖总成，再将其放在工作台上，逐一拆掉附件。

2）将内、外板分离。先用专用撬具将外板的包边撬开，使其与内板边缘逐渐分离出一定的角度。

3）平整凹陷部位。将外板表面朝下、里面朝上，放在平台上，用木锤先将塌陷的大坑顶出，如图3-63所示。

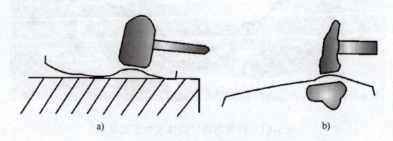

图3-63　平整凹陷
a）用木锤敲击外板里面　b）用铁锤敲击外板表面

4）矫平整个工件。采用错位敲击法对发动机舱盖进行最后修复。左手持垫铁，抵在最低部位，右手持锤敲击附近的凸出部位，如图3-64所示。

5）对工件表面进行光洁处理。整个外板的平整、矫形工作完毕后，由于铁锤与垫铁、撬棍等工具作业留下了凹凸不平的小痕迹，要用车身锉刀进行最后的修复。

6）对内板的修复。由于发动机舱盖的内板位于车身内部，只是起到加强外板刚度的作用，所以对其表面的质量要求较低，故修复起来也容易很多。其修复方法与外板的修复方法相似。

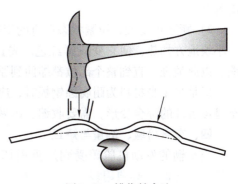

图3-64 错位敲击法

7）内、外板合成。将修复完毕的内板与外板按原来的连接方式合成一体，即用外板的包边重新包住内板的边缘，四角处可用CO_2气体保护焊分段焊几点，以增加牢固度，也可使用辊子式整平机进行此类变形的平整。先选择辊子，工件下面的辊子较工件上的辊子曲率略小，再根据板厚调节轴辊的间隙，然后全面滚压，随时利用样板核对发动机舱盖的曲率。

三、发动机舱盖严重拉伸变形（见图3-65）的钣金修复

发动机舱盖严重拉伸变形，意味着金属发生延伸或紧缩，变薄部分金属的组织被拉长，形成疏松状态（俗称"松"），同时引起相邻金属的相对紧缩；而变厚部分金属的组织被压缩，形成紧的状态（俗称"紧"），同时引起相邻金属的相对松弛。

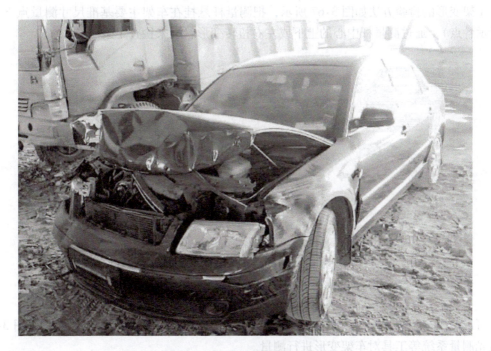

图3-65 严重变形的发动机舱盖

1）薄钢板膨胀、隆起或拉紧、翘曲——以钣金锤和顶铁为主要工具，通过敲击拉紧部位使之放松，或用专用收缩锤和收缩顶铁，于膨胀隆起部位进行类似于敲平的锤

击操作。

2)膨胀程度大、拉紧状态严重的变形——用焊炬收缩,可以对延伸区(即隆起处)的一小块地方加热,使它变成鲜红色。先让延伸区的最高点收缩,然后再让下一个最高点收缩,以此类推,直到整个部位都缩回到原来的位置。

但是当车身材料为耐腐蚀钢板时,应避免使用焊炬收缩,可使用电热收缩法。而多曲面车身覆盖件的综合变形,需要收缩、延展两种作业方式交替进行。

四、车身检验、测量与矫正

当车辆的发动机舱盖受到严重损坏时,车身、车架多数也有损伤。对整体式车身进行检验矫正时,必须用多点固定的方式,至少用到四个控制点,即前横梁、前围板横梁、后车门横梁和后车身横梁,如图3-66所示。

图3-66 整体式车身的多点固定方式

车架变形的检验方法如图3-67所示,把测量杆悬挂在车架主要基准尺寸测量点下(图中所示各点),通过测量杆中心的上下或左右扭转变形状况来检查车架变形。

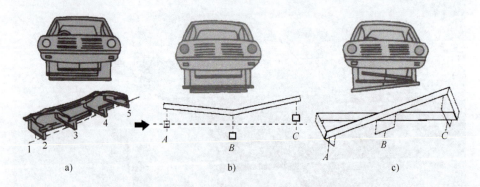

图3-67 车架变形的检验方法
a)车架左右方向变曲的确认及定心规的安装 b)车架上下方向弯曲的确认
c)车架扭曲的确认

可以使用车架自定心规、轨道式测量仪、杆规、车身车架测量矫正系统(见图3-68)或激光测量系统等工具对车架变形进行测量。

在检查前部车身尺寸(见图3-69)时,用杆规测量的最好部位就是悬架和机械部件的固定点,它们对于正确定位非常重要。

测量完毕后,根据具体情况用车身大梁矫正系统等矫正工具(见图3-70)进行矫正修复。

项目三 车身变形的修复与工时核定

图 3-68 车身车架测量矫正系统

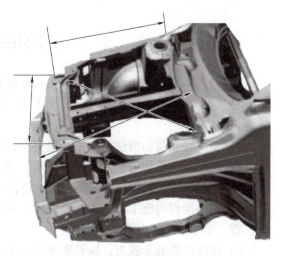

图 3-69 检查前部车身尺寸

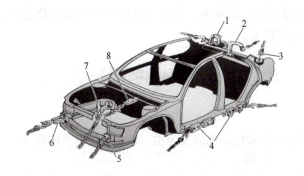

图 3-70 车身大梁矫正工具

1—G 形夹具 2—拉钩 3—拉销 4—承载式车身夹具 5—直角拉钩
6—带槽自紧夹具 7—G 形自紧夹具 8—扁嘴钳夹

五、车辆发动机舱盖的涂装修复

发动机舱盖的涂装修复方法，与其他金属件的涂装方法一样。

六、车辆发动机舱盖的修复工时

车辆发动机舱盖的修复工时见表 3-6。

表 3-6 车辆发动机舱盖的修复工时　　　　　　　　　　（单位：工时）

部位	项目								
	拆装调整	更换	钣金修理	调色			修补喷涂	新件喷涂	使用烤漆房
				纯色漆	银粉漆/2层珍珠漆	3层珍珠漆			
车辆发动机舱盖	0.8	0.8	23~70	1.5	2.8~3.0	4.0~4.2	1.8~3.4	2.0	0.5

77

【项目小结】

1) 轿车车身修复通常采用的方法有收缩整形、皱褶展开、撑拉及垫撬复位等。
2) 汽车车身的几种修复方法有锤击法、吸引法和手工牵引法、惯性锤法、钣金整形夹法等。
3) 修复轻微损伤所使用的工具主要有钣金锤（如锤子、平锤、扁平锤、木锤、尼龙锤和橡胶锤等）、顶铁和修平刀（俗称撬板）等。
4) 车辆涂装修复的步骤分为打磨、清洁和喷涂。
5) 底层涂料的施工步骤为：喷底漆、底漆干燥、底漆的打磨、原子灰的刮涂、原子灰的打磨、喷中涂漆、中涂层的打磨。
6) 面漆的涂装步骤为：修补底漆层或中涂层的瑕疵、进行完全打磨、面漆的调制、选择调整喷枪、连续清洁两遍、喷涂。
7) 车体碰撞较轻可用钻孔拉伸法、焊接垫圈拉伸法等钣金修复方法；碰撞情况较重可更换面板，甚至进行变形校正。

【复习思考题】

一、填空题

1) 轿车车身的修复以事故性创伤修复为主，通常采用的方法有（   ）、（   ）、（   ）及（   ）等。
2) 开褶的要领首先是将死褶由里边设法撬开，缓解成活褶，然后加热，用锤子敲击活褶的（   ）处，逐渐使其展开，恢复原来的形状。
3) 修复轻微损伤所使用的工具主要有（   ）（如锤子、平锤、扁平锤、木锤、尼龙锤和橡胶锤等）、顶铁和（   ）等。
4) 用（   ）对死褶进行加热，并用撬具撬开，可以打开死褶。
5) 打磨裸金属时，要将金属表面打磨到完全裸露出白亮的（   ）。
6) 打磨良好旧涂层时，要将涂层表面进行适当的打磨，露出良好的（   ）。
7) 表面有缺陷的旧涂层如果裸金属部分有锈蚀或穿孔的情况，需要进行（   ）或（   ）。
8) 金属面漆的车辆有的需喷涂双工序面漆，即先喷一层有颜色的（   ），在其上面再喷涂一层无色透明且具有很高光泽度的（   ）来增加光泽度和保护底下的有色面漆。
9) 金属保险杠被撞凹陷可用（   ）方法配合（   ）方法进行平整。
10) 塑料保险杠在修理前需要用水和塑料清洁剂清洗待修部位，对待结合表面进行（   ）和（   ）处理。
11) 图3-71所示方法为用（   ）的冲击力拉出焊接的垫圈来修理凹陷。
12) 需要更换车门面板时，要用（   ）和钢丝刷除掉面板边缘焊点部位的油漆，然后用钻和焊点剔除工具除掉焊点，用（   ）打磨掉焊缝。

13）发动机舱盖产生轻微损伤的修复可使用顶撬法、敲击法或（　　　）式整平机。

14）发动机舱盖膨胀程度大、拉紧状态严重的变形可用（　　　）来进行收缩。

15）对整体式车身进行检验矫正时，必须用多点固定的方式，至少用到四个控制点，在图 3-72 上标注这些控制点。

图 3-71　填空题 11 图

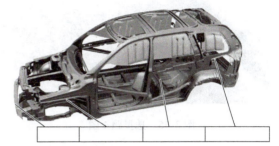

图 3-72　填空题 15 图

二、选择题

1）图 3-73 所示的敲打方法为（　　　）。

　A. 实敲　　　　　　B. 虚敲

2）图 3-74 所示左手使用的工具为（　　　）。

　A. 锤子　　　　　　B. 修平刀　　　　　　C. 顶铁

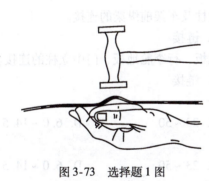

图 3-73　选择题 1 图

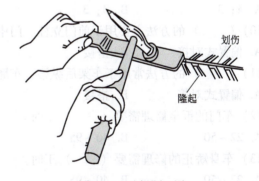

图 3-74　选择题 2 图

3）用打磨机干磨一般使用（　　　）号干磨砂纸，手工湿磨一般用（　　　）号水砂纸。

　A. P260～P300　　　B. P360～P400　　　C. P600～P800

4）图 3-75 所示工序为（　　　）。

　A. 打磨　　　　　　B. 抛光　　　　　　C. 原子灰的刮涂　　　　　　D. 除锈

5）图 3-76 所示工序为（　　　）。

　A. 打磨　　　　　　B. 原子灰的刮涂　　　　　　C. 抛光　　　　　　D. 除锈

6）喷涂修复时使用烤漆房的需要增加（　　　）修复工时。

　A. 4　　　　　　　　B. 3　　　　　　　　C. 1　　　　　　　　D. 0.5

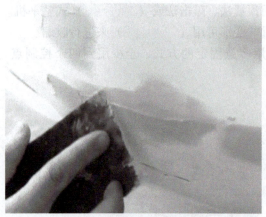

图 3-75 选择题 4 图

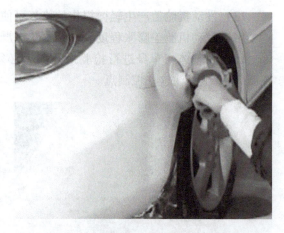

图 3-76 选择题 5 图

7）金属面漆中的珍珠漆在喷涂时需要三道喷涂工序完成：分别为（　　）。
 A. 色漆、珍珠漆、罩光漆　　　　　　　B. 珍珠漆、色漆、罩光漆
 C. 色漆、罩光漆、罩光珍珠漆

8）塑料保险杠在使用黏结剂修理之前，应用红外线灯将塑料件加热至（　　）℃左右。
 A. 20　　　　　B. 40　　　　　C. 60　　　　　D. 80

9）在汽车的未受损伤部分至少需要（　　）个控制点才能使汽车正确地固定在校正台上；选择出（　　）个牵拉方向，进行牵拉。
 A. 4；3　　　　B. 3；3　　　　C. 3；2　　　　D. 2；3

10）（　　）的方法主要用于前门立柱、门中立柱及车架前纵梁的连接。
 A. 偏置式对接　　　B. 搭接　　　C. 链接

11）（　　）的方法常用于车架后纵梁、车厢地板、行李舱地板、门中立柱的连接。
 A. 偏置式对接　　　B. 搭接　　　C. 链接

12）车门的钣金修理需要（　　）工时。
 A. 22～50　　　B. 40～95　　　C. 23～50　　　D. 6.0～14.5

13）车身矫正的修理需要（　　）工时。
 A. 22～50　　　B. 40～95　　　C. 23～50　　　D. 6.0～14.5

14）车辆前翼子板的钣金修理根据不同情况需要（　　）修复工时。
 A. 22～50　　　B. 40～95　　　C. 23～50　　　D. 6.0～14.5

15）前保险杠钣金修复需要（　　）工时。
 A. 22～50　　　B. 40～95　　　C. 23～50　　　D. 6.0～14.5

三、判断题

1）使用整平锤敲打凹陷周围比原来板面高凸的部分，应采用"虚敲"。（　　）

2）用（拖拉）的办法可以使皱褶逐渐打开和缓解。（　　）

3）修理凹陷部位时，必须从中心部位开始逐渐向外部移动，按照与碰撞发生损伤相同的顺序进行修复。（　　）

4）清洁金属时需要一手用蘸有金属清洁剂的布擦拭第一道，另一只手马上用干布将第

一道擦拭的湿痕擦干，一道一道地清洁，这样有利于完全清洁干净。　　　　（　　）

5）面漆通常第一层喷涂要保证足够的膜厚，必须均匀并保证良好的流平。第二层喷涂要采用薄喷，保证良好的平整程度和鲜映程度。　　　　　　　　　　　　　　（　　）

6）通常塑料件不必喷底漆即可喷面漆。　　　　　　　　　　　　　　　（　　）

7）塑料件的温度比金属升得慢，因此要均匀干燥涂装的整个部位。　　　（　　）

8）车门如果碰撞情况较轻，撞击的部位较易修整，可不必将车门总成拆卸下来，而在车身上直接修复。　　　　　　　　　　　　　　　　　　　　　　　　　　（　　）

9）换装的发动机舱盖易出现因边缘弯曲造成的高度差，此时对铰链进行调整即可。
　　　　　　　　　　　　　　　　　　　　　　　　　　　　　　　　（　　）

10）在发动机舱盖前端垫上布团，然后用手掌轻轻压下拱曲部位，使其与翼子板边缘高度一致，可消除发动机罩的变形。　　　　　　　　　　　　　　　　　（　　）

项目四　事故车易损件的修理工时核定和性能检测

【学习目标】

知识目标：
1. 知道汽车玻璃、灯具、安全气囊、冷却系统等易损件的相关构造知识。
2. 知道汽车各种易损件的损伤特点和修复方法。

能力目标：
1. 能够进行汽车各种易损件的简单更换和修复工作。
2. 能够熟练进行汽车各种易损件的报价和工时估算。

【知识准备】

大多数情况下，汽车发生碰撞事故时，汽车玻璃、汽车的前部（包括汽车灯具、冷却系统部件等）、汽车的安全气囊等都是极易损毁的部分。

一、车辆玻璃相关知识

车辆的风窗玻璃在较重的碰撞事故中或者高空坠物事故中损毁是比较常见的，在路上行驶时石子等硬物击伤或击碎汽车风窗玻璃的情况也经常出现；车窗玻璃损伤的概率没有风窗玻璃大，但是在侧面受撞击时也会破损。车用玻璃的结构和质地因车型的不同而有区别，作为查勘员应当熟知其相关知识及修复手段。

1. 风窗玻璃

现代的汽车，不论是轿车、客车或载货汽车，多数采用全景曲面玻璃或称大圆弧风窗玻璃，通常有以下几种类型。

（1）钢化玻璃　钢化玻璃是将平板玻璃由炙热状态骤冷，使表层收缩而对其心部造成挤压预应力，而获得较高强度的玻璃。其承压应力比普通玻璃大，承受的冲击与疲劳强度比普通玻璃高很多，弹性及热稳定性也好，缺点是承受拉应力比普通玻璃小，成形后不能再进行切割。钢化玻璃一旦破碎，整块玻璃就变成大小均匀、周边无尖角的小块，不易伤人，安

项目四 事故车易损件的修理工时核定和性能检测

全性较好。

钢化玻璃的厚度一般为5mm，国外大部分车使用厚度为3mm的钢化玻璃，我国已试制成功了这种钢化玻璃。

（2）区域钢化玻璃 区域钢化玻璃与上述钢化玻璃的最大区别在于破坏后的碎片状态。在距玻璃周边约70mm宽的边缘区碎片颗粒小，数量多，且无尖角锐边。在主视区，即玻璃中部高200mm、长500mm的区域，能形成并保持一定能见度的大碎片，以便车辆能继续行驶一段必要的距离。

（3）夹层玻璃 夹层玻璃又称G/P玻璃，由单层玻璃或多层玻璃板与单层或多层透明塑料膜复合而成。夹层玻璃破碎后，状态与钢化玻璃不同，破裂仅局限于冲击点的周围，呈蛛网状裂纹，冲击点以外部分区域不出现小裂纹，所以不妨碍驾驶人的视线。由于有软性的中间层，破碎的玻璃被粘在塑料胶层上，从而保证安全性，特别是较厚的Pm薄膜，耐穿透能力高，在撞车事故中，司乘人员的头部不会从玻璃中穿出而导致伤亡。夹层玻璃的另一优点是成形后可以裁割修边。鉴于上述优点，夹层玻璃是客车前风窗玻璃最理想的安全玻璃，尤其是大面积全景前风窗玻璃大都采用夹层玻璃。

（4）带天线的玻璃及除霜玻璃 为改善天线的安全性，使操作及维修方便以及消除由天线造成的气流噪声，国外客车在前后风窗玻璃上安装了各种新型天线，以用于车内电视、收音机、电话和导航。早期开发的天线玻璃是在夹层玻璃组合前，在夹层中封入极细的铜丝，现已趋向于用丝网印刷的方法将导电金属粉印在玻璃上，也可作防雾除霜之用。

2. 车窗玻璃相关知识

旋转式车门上装配的侧窗玻璃多为升降式玻璃。升降式玻璃需要与升降器装配在一起，借助升降器调整侧窗玻璃的开度。玻璃的下边缘通过一定方式固定在升降器的玻璃槽内，其余各边则与车门上部窗框内的玻璃导槽装合在一起，调节升降器即可使玻璃随下导槽上下运动，达到调整通风口大小的目的。玻璃与下导槽的装配应足够牢靠，否则容易使玻璃脱出而失去升降功能。比较流行的方法是用双面胶粘带将玻璃有效地固定于导槽中，即使玻璃在导槽中的运动阻力增大时，一般也不会从导槽内脱出而使玻璃损坏。

为了防止玻璃滑动处透风、漏雨，除了在玻璃导槽中镶嵌有一定弹性的密封绒条以限制其前后移动外，在玻璃内、外侧还分别装有弹性极佳的橡胶风雨条。

二、汽车灯具相关知识

汽车上的灯尤其是照明和信号灯多处于车辆的拐角处，容易受到损伤，车险查勘员需要对汽车前照灯类型和修复方法进行判断，从而确定损失。

1. 汽车灯具的功能分类

轿车照明及信号系统包括前照灯、雾灯、停车灯、小灯和尾灯、警告灯和转向灯、制动灯和倒车灯、牌照灯、顶灯和行李舱照明灯以及仪表板照明灯（见图4-1）等。

2. 汽车灯具的结构分类

目前汽车前照灯大致分为三种：卤素前照灯、氙气前照灯（HID）和发光二极管（LED）。目前市场上的卤素灯和LED的价格相对较低，而氙气灯一般都要2000~5000元。

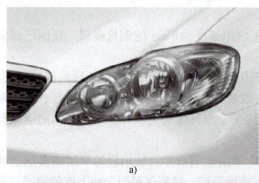
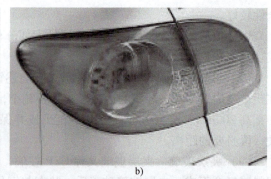

图 4-1　轿车灯具分类

a）前照灯　b）尾灯　c）雾灯　d）高位制动灯

1）卤素灯（见图 4-2）一般发黄，色温较低，大约 3000K。由于使用石英玻璃做灯壳，又常称石英灯。卤素灯价格不高，照明度充分，达到峰值亮度的时间短，在作为汽车远光灯使用时，有其不可替代的优点。但是卤素灯是采用灯丝通电发光，灯丝在长时间高温下易发生熔断，故障率偏高，使用寿命不长。

2）LED 灯（见图 4-3）是一种能够将电能转化为可见光的半导体，它改变了白炽灯钨丝发光与节能灯色粉发光的原理，采用电场发光。LED 灯发蓝光，色温可达到 5000K 以上，寿命长、光效高、无辐射、功耗低。

图 4-2　卤素灯　　　　　　　　　　　　图 4-3　LED 灯

3）氙气灯（见图 4-4）又称 HID，工作时所需的电流仅为 3.5A，亮度是传统卤素灯泡的 3 倍，灯光发白，色温为 4000K 左右，使用寿命比传统卤素灯泡长 10 倍。

项目四 事故车易损件的修理工时核定和性能检测

图4-4 氙气灯

三、安全气囊相关知识

汽车碰撞达到一定程度时,安全气囊会引爆,所以安全气囊是事故车易损件之一。即使安全气囊在碰撞中没有引爆,在碰撞后也须进行认真检修。同时,由于其属于电控元件,遇到水淹等情况时也须进行修理。

当汽车发生撞车事故时,汽车的安全气囊控制系统检测到冲击力(汽车减速度)超过设定值时,气囊模块内的点火器立即接通充气元件中的电雷管电路,向折叠气囊充气,并点燃电雷管内的点火介质,引燃点火药粉和气体发生剂,迅速产生大量热量,使充气剂受热分解并释放出大量氮气充入气囊,气囊便冲开气囊组件上的装饰盖板,在人体与车内构件之间铺垫一个气垫,保护人体。安全气囊有正面气囊、侧面气囊、膝部气囊和气帘等几种,如图4-5所示。

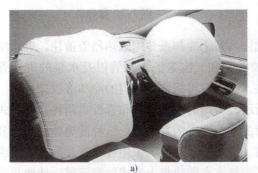

a)   b)

c)

图4-5 汽车气囊的种类
a)正面气囊 b)侧面气囊 c)气帘

四、汽车冷却系统相关知识

如图 4-6 所示为车辆各部位受碰撞的概率，车前方受碰撞的概率是 52%～59%，是较易受损的部位。而车前方除了保险杠、进气格栅之外，散热器和冷却风扇就是最易受损的部件了。

1. 散热器及其附属装置

（1）散热器 散热器又称水箱，如图 4-7，其功用是增大散热面积，加速冷却液的冷却。冷却液经过散热器后，其温度可降低 10～15℃。散热器的主要组成部分为进水室、出水室和散热器芯。

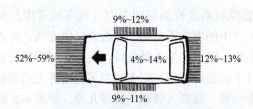

图 4-6 车辆各部位受碰撞的概率　　　　　图 4-7 散热器

散热器进水室顶部有加水口，冷却液由此注入整个冷却系并用散热器盖盖住。进水室和出水室分别装有进水管和出水管，分别用橡胶软管和气缸盖的出水管以及水泵的进水管相连。在散热器出水室的出水管上还有放水开关，必要时可将散热器内的冷却液放掉。

散热器芯的构造形式有多样，如图 4-8 所示。常用的有管片式和管带式两种。管片式散热器芯由许多冷却管和散热片组成，其冷却管的断面大多为扁圆形。这种散热器芯强度和刚度都好，耐高压，但制造工艺较复杂，成本高。管带式散热器芯采用冷却管和散热带沿纵向间隔排列的方式，散热带上的小孔是为了破坏空气流在散热带上形成的附面层，使散热能力提高。这种散热器芯散热能力强，制造工艺简单，成本低，但结构刚度不如管片式大，一般多为轿车发动机采用，近年来在一些中型车辆上也开始采用。

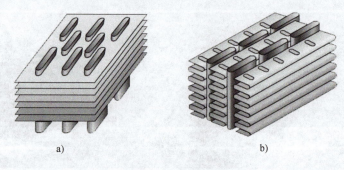

图 4-8 散热器结构
a）管片式　b）管带式

对散热器的要求是必须有足够的散热面积，而且所有材料导热性能要好，因此，散热器一般用铜或铝制成。

（2）散热器盖 目前汽车发动机多采用闭式水冷系，这种冷却系的散热器盖具有空气阀和蒸汽阀，如图 4-9 所示。蒸汽逸出，使冷却系内的压力稍高于大气压力，从而可增高冷却液的沸点。

2. 风扇

风扇的功用是提高通过散热器芯的空气流速，增加散热效果，加速冷却液的冷却。风扇通常安排在散热器后面，并与冷却液泵同轴。当风扇旋转时，对空气产生吸力，使之沿轴向流动。空气流由前向后通过散热器芯，使流经散热器芯的冷却液加速冷却。

轿车多采用由电动机驱动的温控电动风扇，如图 4-10 所示。

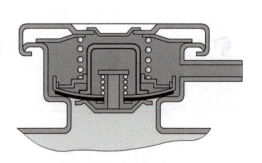

图 4-9 散热器盖

图 4-10 电动风扇

【技能训练】

活动 5　汽车风窗玻璃与车窗玻璃的修理

一、汽车玻璃的拆装更换

大面积损坏的汽车玻璃，应当更换。

1. 升降式汽车玻璃的拆装

1）撬出固定销，拆除升降器摇把。

2）拆除内车门把手罩、上下门饰及防水胶布。

3）降下车门玻璃，直到升降器与玻璃之间的固定螺钉自内嵌板的作业孔中露出为止。

4）用旋具伸入上述作业孔，将升降器与玻璃之间的固定螺钉旋松（此时不要将螺钉拆除）。

5）将导槽滑向一侧，并从锁孔将螺钉拆离导槽，使玻璃脱离升降器。

6）取下门玻璃。

7）拆除车门玻璃升降器的固定螺栓，并从作业孔中将其取出。

门玻璃与升降器的安装与拆卸时的顺序相反。

2. 固定式汽车玻璃的拆装

固定式汽车玻璃在车身上的镶装方式有两种，一种是采用胶粘法将玻璃与车身固定，另一种则是用橡胶条来实现玻璃与车身的固定。

（1）拆装胶粘法镶装的玻璃　先将玻璃周边的装饰条拆下，将一根细高碳钢丝（直径为 0.6mm 左右）由里面沿玻璃穿出，如图 4-11 所示。

如图 4-12 所示，沿玻璃的周边横向拉动钢丝，割断玻璃与胶粘材料之间连接。切割时一定要均匀用力，防止损坏车身上的其他装饰件，并尽可能多地将原来的胶层留下来。

图 4-11　在玻璃周边穿高碳钢丝

如图 4-13 所示，使用玻璃吸盘从车身上拆下玻璃。

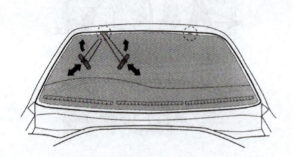

图 4-12　沿玻璃的周边拉动钢丝

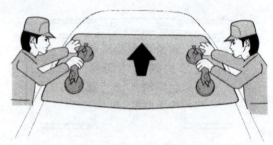

图 4-13　使用玻璃吸盘从车身上拆下玻璃

将玻璃凹面向上放在玻璃支架上，用玻璃吸盘固定，如图 4-14 所示。

用溶剂将玻璃清洗干净，需要再次使用的旧玻璃则应除去上面的胶层。拆去车身上影响玻璃安装的任何障碍物。风窗玻璃装有挡水圈时，使用酒精将玻璃边缘擦拭干净，再用双面胶带将挡水圈粘牢，检查固定卡及联接螺栓是否可靠有效。将风窗玻璃放到窗口上定位，做出准确安装位置的定位标记。

使用高弹性胶粘密封剂（也可使用其他具有同等性能的胶粘材料）分别在车身窗口和玻璃两处施胶。涂胶后的玻璃要按定位标记镶装到车身的窗口，用适当的力量压平、压紧，最后用

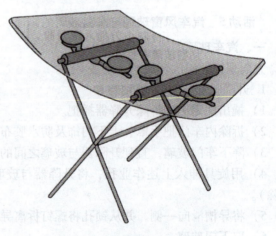

图 4-14　用玻璃吸盘固定玻璃

抹刀刮去溢出的胶粘剂，保持 24h，待胶粘剂硬化后，进行水密封试验。如有渗漏时，可使用上述胶粘剂或其他玻璃密封胶进一步加以密封。

（2）拆装橡胶条法镶装的玻璃　用螺钉旋具或类似工具将风窗玻璃装饰条、刮水臂、

后视镜等拆下，拆卸橡胶条。如果橡胶条还需要重复使用，在外侧用扁口螺钉旋具沿橡胶条周围将其与凸缘分开，在车内用螺钉旋具沿车身窗口凸缘将橡胶条拨开，连同玻璃一起拆下。如果橡胶条不准备继续使用，可直接用刀具沿玻璃边缘将橡胶条割断，然后由车内将玻璃轻轻推出、取下，橡胶条随即也可拆下。

清理凸缘槽内的灰尘杂物后，将橡胶条安装在玻璃上，并沿橡胶条的凸缘槽内埋入预先准备好的尼龙软线。在橡胶条凸缘槽和车身窗口的边缘上涂抹肥皂水，以便于安装。

在车外用手掌压住橡胶条的同时，于车内玻璃下部的中间部位起，牵拉镶装玻璃用的尼龙作业线，风窗玻璃随之被镶装在车身的窗口上。在镶装的过程中，可用手掌从外部压合紧密。

确认安装合格后，沿密封条周围贴上胶带纸，以防止涂胶过程中或密封胶挤出后弄脏玻璃和车身油漆。

最后在橡胶条、玻璃和车身三者之间涂施玻璃密封剂。

二、汽车玻璃的修补

如果风窗玻璃的裂痕不大，可以考虑修补。经过修补后，玻璃的强度不会受太大的影响，一般可达到原玻璃强度的90%左右，对行车安全不会造成影响。

轻微玻璃裂痕的修补方法是在施工前要把玻璃进行简单的平整，然后把裂痕或弹痕内的空气用专业的设备抽出，以免在玻璃内形成气泡，接下来把树脂胶注射到裂痕或弹痕的缝隙中。由于这种树脂胶只有在紫外线的照射下才能迅速凝固，所以注射完后，必须用紫外线灯进行烘干，最后用打光剂进行打磨抛光，经过修复后，一般会完好如初。

三、汽车风窗玻璃及相关配件的参考价格

1）表4-1给出了丰田汽车常见型号的风窗玻璃及相关配件的参考价格。

表4-1　丰田汽车常见型号风窗玻璃及相关配件的参考价格

车　　型	配件名称	参考价格/元
丰田卡罗拉ST191	前风窗玻璃	2019.00
	后风窗玻璃	2206.00
	前风窗玻璃饰条	580.00
	后风窗玻璃饰条	580.00
丰田佳美98款	前风窗玻璃	2480.00
	后风窗玻璃	2480.00
	前风窗玻璃饰条	650.00
	后风窗玻璃饰条	750.00
丰田皇冠2.8	前风窗玻璃	2300.00
	后风窗玻璃	2277.00
	前风窗玻璃饰条	480.00
	后风窗玻璃饰条	120.00
丰田皇冠3.0	前风窗玻璃	2340.00
	后风窗玻璃	2610.00
	前风窗玻璃饰条	850.00
	后风窗玻璃饰条	225.00

2）表4-2给出了大众汽车常见型号的风窗玻璃及相关配件的参考价格。

表4-2 大众汽车常见型号风窗玻璃及相关配件的参考价格

车型	配件名称	参考价格/元
普通桑塔纳	前风窗玻璃	300.00
	后风窗玻璃	380.00
	后风窗玻璃密封条	120.00
	可加热的后风窗玻璃	320.00
桑塔纳2000型	前风窗玻璃	850.00
	后风窗玻璃	680.00
	前风窗玻璃封条	110.00
	后风窗玻璃封条	70.00

3）表4-3给出了通用汽车常见型号的风窗玻璃及相关配件的参考价格。

表4-3 通用汽车常见型号风窗玻璃及相关配件的参考价格

车型	配件名称	参考价格/元
别克	后风窗玻璃	1587.00
	后风窗玻璃压条	206.00
	前风窗玻璃及压条	3200.00
	前风窗玻璃（进口原厂）	9500.00
	前风窗玻璃	2500.00
别克（赛欧）	前风窗玻璃	1310.00

四、车辆玻璃的修复工时

汽车玻璃的参考修复工时见表4-4。

表4-4 汽车玻璃的修复工时　　　　　　　　　　　（单位：工时）

| 车型 | 项目 | | | | | | |
	换前风窗玻璃	换后风窗玻璃	换驾驶人侧门玻璃	换乘客门玻璃	玻璃贴太阳膜	换门玻璃升降器	检修门玻璃升降器
普通轿车	16	14	10	8	3/块	5	6
中级轿车	30	16	12	10	4/块	7	10
高级轿车	38	30	16	14	4/块	10	18

典型案例：某车停放在路边，被旁边楼房落下的物体砸中（见图4-15），导致前风窗玻璃破碎，一侧后视镜也被砸坏。因该车风窗玻璃破碎严重，需要更换，同时一侧后视镜也需修理更换。

1. 风窗玻璃的更换修复

（1）拆卸风窗玻璃　拆卸车内后视镜后，拆卸前风窗玻璃周围的密封条。如图4-16所示，用玻璃密封剂拆卸工具切开前风窗玻璃周围的密封剂。

图4-15　风窗玻璃破碎的车辆

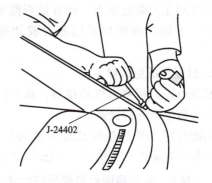
图4-16　切开前风窗玻璃周围的密封剂

从车上拆卸前风窗玻璃后，用刀片清除风窗玻璃上和玻璃框上的黏合胶，如图4-17所示。

（2）安装风窗玻璃　如图4-18所示，将新密封条安装到前风窗玻璃上。

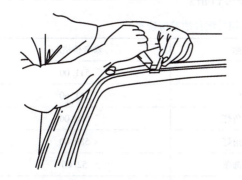
图4-17　用刀片清除风窗玻璃上和玻璃框上的黏合胶

图4-18　将新密封条安装到前风窗玻璃上

将胶带粘在新密封条和前风窗玻璃上，以固定密封条。如图4-19所示，将黏合胶底剂涂在前风窗玻璃框和前风窗玻璃周围。

如图4-20所示，将玻璃黏合剂涂在前风窗玻璃框上，将风窗玻璃装入玻璃框。

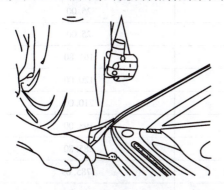
图4-19　将黏合胶底剂涂在前风窗玻璃框和前风窗玻璃周围

图4-20　将玻璃黏合剂涂在前风窗玻璃框上

将胶带贴在密封条、风窗玻璃和风窗玻璃框上,固定风窗玻璃。让黏合胶干燥24h后,拆卸胶带。

将水倒在风窗玻璃上,检查是否漏水。如果漏水,干燥风窗玻璃并用黏合胶堵塞泄漏部位。

2. 后视镜的更换修复

断开电控后视镜电气插接器,从车门上拆卸螺栓和整个车外后视镜。

用螺钉将车外后视镜总成安装到车门上,连接电控后视镜电气插接器,如图4-21所示。

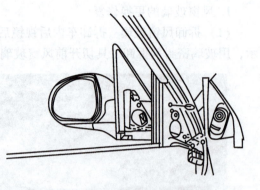

图4-21　用螺钉安装车外后视镜总成

活动6　汽车照明灯与信号灯的修理

一、汽车灯具及相关配件的参考价格

1. 大众汽车灯具及相关配件的参考价格

表4-5列出了大众汽车灯具及相关配件的参考价格。

表4-5　大众汽车灯具及相关配件的参考价格

车　型	配件名称	参考价格/元
桑塔纳2000	左前照灯	511.00
	右前照灯	511.60
	左前照灯连角灯	580.00
	右前照灯连角灯	580.00
	左右前照灯饰条	52.00
	左前照灯饰条	20.00
	右前照灯饰条	20.00
	左前照灯下饰条	45.00
	右前照灯下饰条	45.00
	左前照灯饰眉	25.00
	右前照灯饰眉	25.00
	前照灯开关	161.80
	左外侧尾灯	120.00
	右内侧尾灯	210.00
	右外侧尾灯	198.00
	尾灯线束	285.80
	尾灯线束(电喷)	1785.09
	尾灯座(内侧)	74.59
	尾灯座(外侧)	85.59

（续）

车　型	配件名称	参考价格/元
桑塔纳 2000	尾灯罩	120.00
	尾灯底座	86.00
	牌照灯	8.00
普通桑塔纳	牌照灯	15.00

2. 丰田汽车灯具及相关配件的参考价格

表 4-6 列出了丰田汽车灯具及相关配件的参考价格。

表 4-6　丰田汽车灯具及相关配件的参考价格

车　型	配件名称	参考价格/元
丰田佳美	左前照灯	1893.00
	右前照灯	1148.40
	前照灯密封条	62.39
	左前照灯底座	396.00
	右前照灯底座	162.00
丰田佳美 2.0	前照灯	1300.00
丰田卡罗拉	前照灯	1265.00
	左前照灯	735.00
	右前照灯	735.00
丰田卡罗拉 ST191	前照灯上饰条	150.00
	前照灯下饰条	150.00
	尾灯总成	463.00
	牌照灯	304.00
丰田皇冠 2.8	前照灯总成	980.00
	牌照灯	210.00
	前照灯上饰条	55.00
	尾灯总成	818.00
丰田皇冠 3.0	前照灯总成	1400.00
	牌照灯	240.00
	尾灯总成	1350.00
丰田佳美 98 款	尾灯总成	380.00
	牌照灯	420.00
	尾灯（直）	350.00
	前照灯总成	1180.00
丰田海狮 RH31	牌照灯带锁	320.00

3. 通用汽车灯具及相关配件的参考价格

表 4-7 列出了通用汽车灯具及相关配件的参考价格。

表4-7 通用汽车灯具及相关配件的参考价格

车　　型	配件名称	参考价格/元
别克（赛欧）	前照灯总成	461.00
别克	左前照灯总成	1293.00
	右前照灯总成	1293.00
	右尾灯总成	1310.00
	尾灯上饰条	432.00
别克君威	中央尾灯	710.00
	尾灯总成	435.00
雪佛兰子弹头1993年款	后牌照灯	160.00
别克世纪	前照灯	1750.00
别克（赛欧）	左尾灯总成	217.00

二、车辆灯具的修复工时

汽车灯具修复的参考工时见表4-8。

表4-8 汽车灯具修复的参考工时　　　　　　　　　（单位：工时）

项　　目	普通轿车	中级轿车	高级轿车
检修灯光	5	7	10
换前照灯总成	3	4	6
换前照灯泡或泡罩玻璃	2	3	4
调前照灯光束	2	2	3
换前小灯总成	2	2	3
换小灯灯泡或灯罩玻璃	2	3	4
换尾灯	2	3	4
换倒车灯	2	3	4
换后牌照灯	2	3	4
换门灯	2	3	4
换顶灯	2	3	4

典型案例： 某车转弯时不慎与前方车辆碰撞，撞坏一侧前照灯（见图4-22），前方车辆后灯及牌照灯也有损坏。鉴于两车灯具的损坏程度，需要更换该车前照灯总成，前方车辆需要更换后灯和牌照灯。

1. 更换前照灯

断开蓄电池负极电缆，如图 4-23 所示，拆卸前照灯安装螺栓和螺母。断开电气插接器，拆卸转向信号灯灯泡，然后拆卸前照灯总成。

图 4-22 前照灯损坏的车辆

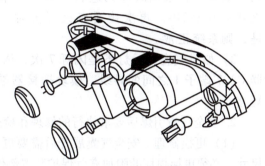

图 4-23 更换前照灯

更换前照灯灯泡后，连接前照灯灯泡电气插接器，安装转向信号灯灯泡，连接电气插接器，安装前照灯总成，最后连接蓄电池负极电缆。

2. 更换后组合灯

断开蓄电池负极电缆，拆卸螺母和灯总成，更换灯泡，安装灯总成螺母，最后连接蓄电池负极电缆，如图 4-24 所示。

3. 更换牌照灯

断开蓄电池负极电缆，拆卸螺钉，拆卸灯总成，从灯罩上拆卸灯口后，拆卸灯泡，如图 4-25 所示。安装新灯泡，将灯口装入灯罩，安装灯总成，最后连接蓄电池负极电缆。

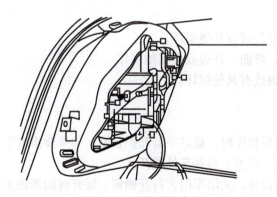

图 4-24 更换后组合灯

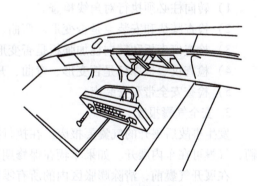

图 4-25 更换牌照灯

活动 7 安全气囊的修理

一、事故后安全气囊的检修

1. 安全气囊未引爆的检修

碰撞事故发生后安全气囊并不一定引爆，此时需要判断气囊是否存在故障。以别克凯越轿车为例，其检修步骤如下：

1）接通点火开关，观察气囊指示灯是否闪烁 7 次，如果是，则系统正常。

2）如果气囊指示灯不是闪烁 7 次，将点火开关拧到"LOCK"（锁定）位置并拔出钥匙，将故障诊断仪连接到数据链插头上（DLC），看故障诊断仪是否显示故障码。如果是，根据故障码进行修理后，清除附加充气保护装置故障码，然后关闭点火开关至少 30s。再次接通点火开关时，观察安全气囊指示灯是否闪烁 7 次，如果是，则系统正常。

3）如果气囊指示灯不是闪烁 7 次，依次检查车内熔断丝盒中的熔断丝 F24 和插接器 C207 端子 1 之间的导线、模块插接器端子 5 与插接器 C207 端子 1 之间的导线是否短路。

2. 安全气囊引爆后要求执行的修理和检查

（1）更换修理　安全气囊展开后需要更换传感和诊断模块、充气器模块并检查转向柱尺寸，必须更换损坏的附加充气保护装置部件。如果附加充气保护装置部件安装点损坏，必须修理或更换。

需要注意的是，传感和诊断模块、螺旋弹簧或其他安全气囊的模块都是禁止维修的，这些零件一旦损坏就必须更换；同一车型车辆上的附加充气保护装置零件也禁止互换使用，但不包括从授权经销商处购买的改制的部件。

如果车辆内部浸入了大量水，如通过水深的路面、被水淹没或其他原因，必须更换传感和诊断模块以及插接器，并在点火开关关闭时，检查传感和诊断模块周围的部位，包括地毯。如果检测到严重浸泡或以往浸泡的迹象，必须把水除干，并修理水导致的损坏，而且在修理前，必须解除附加保护装置（SRS）。

（2）检查　当正面碰撞导致安全气囊展开时，必须更换所有附加充气保护装置部件，包括传感和诊断模块、气囊模块、附加充气保护装置导线和螺旋弹簧等，同时必须执行以下检查。

1）转向柱必须执行对角线检查。

2）检查膝垫和安装点是否变形、弯曲、开裂或有其他损坏。

3）检查仪表板和转向柱加强板是否变形、弯曲、开裂或有其他损坏。

4）检查仪表板撑杆是否变形、弯曲、开裂或有其他损坏。

5）检查安全带和安装点。

3. 安全气囊报废

发生事故后展开的气囊要报废。在执行报废程序时，戴好手套和护目镜。如果要报废车辆，气囊可在车内展开。如果车辆在保修期内，应拆下后在车外展开。

在展开气囊前，清除膨胀区内的所有零散物体，关闭车门，打开侧窗，展开时的现场工作人员至少要离开车辆前方 10m。气囊模块展开后冷却 30min 后再取出。

二、安全气囊及相关配件的参考价格

1. 通用汽车安全气囊及相关配件的参考价格

表 4-9 列出了通用汽车安全气囊及相关配件的参考价格。

2. 大众汽车安全气囊及相关配件的参考价格

表 4-10 列出了大众汽车安全气囊及相关配件的参考价格。

项目四 事故车易损件的修理工时核定和性能检测

表 4-9 通用汽车安全气囊及相关配件的参考价格

车 型	配 件 名 称	参考价格/元
别克	主气囊	5552.00
	副气囊	6314.00
	气囊传感器	2206.00
	气囊线圈	1370.00
	气囊仪表台	4791.00
	气囊配件	2260.00
别克(赛欧)	主气囊	2276.00
	副气囊	6584.00
	气囊传感器	1317.00

表 4-10 大众汽车安全气囊及相关配件的参考价格

车 型	配 件 名 称	参考价格/元
桑塔纳 2000 时代超人	转向盘气囊	9000.00
	转向盘气囊传感器	900.00

3. 丰田汽车安全气囊及相关配件的参考价格

表 4-11 列出了丰田汽车安全气囊及相关配件的参考价格。

表 4-11 丰田汽车安全气囊及相关配件的参考价格

车 型	配 件 名 称	参考价格/元
丰田佳美 V300	主副气囊	5410.00
	气囊电脑板	5200.00
	气囊传感器(主、副)	3300.00
丰田佳美 98 款	气囊	4500.00
	气囊传感器	1100.00
丰田皇冠 3.0	气囊	4700.00
	气囊传感器	2001.00

三、车辆气囊的修复工时

车辆气囊修复的参考工时见表 4-12。

表 4-12 车辆气囊修复的参考工时　　　　　　　　(单位：工时)

	部 位	气 囊
项目	更换前排气囊总成	3
	更换气帘总成	3
	更换前气囊传感器总成	1
	更换侧气囊传感器总成	1
	更换中央气囊传感器总成	1

97

典型案例： 某车行驶至不好的路面，遇一大石块，躲闪不及右前车轮碾到石块发生剧烈颠簸，驾驶座气囊打开并挡住视线，致使操作失误向右撞至路边路沿，右前轮胎爆裂，副气囊也随即引爆。该车驾驶人气囊和乘客气囊全部引爆，如图4-26所示，需要进行更换。

1. 更换驾驶人气囊模块

1）断开蓄电池负极电缆。如果气囊未断开，必须在传感和诊断模块电源断开1min后，才能开始维修。如果气囊断开，可以立即维修，不必等候。如果在维修期间未临时解除附加充气保护装置，可导致意外展开、伤人和不必要的修理。

2）拆卸两个驾驶人气囊模块安装螺栓并报废，如图4-27所示。

图4-26 全部引爆的气囊

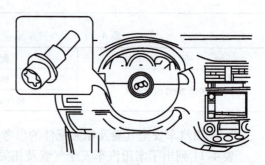

图4-27 拆卸气囊模块安装螺栓

3）从驾驶人气囊模块上拆卸插接器。

4）拆卸驾驶人气囊模块，小心轻放，务必顶面朝上。这样，如果模块意外展开，气囊就有足够的膨胀空间。如果没有膨胀空间，模块会突然推向人或物体，导致伤人或损坏车辆。

5）拆卸转向盘。

6）拆卸转向柱上、下盖螺钉，并拆卸转向柱盖。

7）拆卸驾驶人侧膝垫或仪表板下盖。

8）从下转向柱上断开驾驶人气囊、喇叭和插接器。

9）拆卸螺钉（见图4-28）并报废。

10）从转向轴上拆卸螺旋弹簧，如图4-29所示。

11）按与拆卸相反的顺序进行安装。

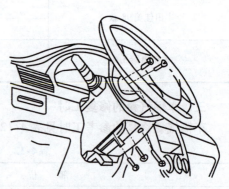

图4-28 拆卸螺钉

12）螺旋弹簧的定位。如果螺旋弹簧定位不当，转向盘就可能在转弯时打不到底，使转弯能力受到限制，会导致撞车，还可导致附加充气保护装置不能工作，阻止碰撞时气囊的展开。上述两种情况都可能伤人。

将转向盘旋转到正前方向，沿顺时针方向将螺旋弹簧凸起拧到锁定位置（不要用力过猛）。然后，在转向盘处于正前位置时，再沿逆时针方向拧凸起约三圈，至中间位置。正确

项目四　事故车易损件的修理工时核定和性能检测

对准螺旋弹簧部件上的标记,如图4-30所示。

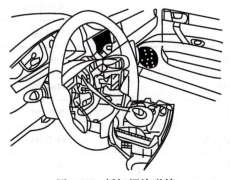

图4-29　拆卸螺旋弹簧

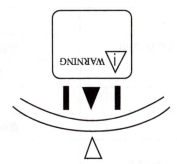

图4-30　将转向盘对准螺旋弹簧部件上的标记

2. 更换乘客气囊模块

断开蓄电池负极电缆,拆卸杂物箱,断开乘客气囊黄色插接器,从气囊支架上拆卸安装螺栓,以拆下乘客气囊模块。

按与拆卸相反的顺序进行安装。

 活动8　汽车散热器与风扇的修理

一、汽车散热器及相关配件的参考价格

1. 丰田汽车散热器及相关配件的参考价格

表4-13列出了丰田汽车散热器及相关配件的参考价格。

表4-13　丰田汽车散热器及相关配件的参考价格

车　型	配件名称	参考价格/元
丰田佳美	散热器	3688.80
	散热器风扇电动机	1130.40
	散热器支架	154.80
	散热器支架(上)	667.20
	散热器支架(中)	129.59
丰田佳美	散热器支架(下)	525.60
	散热器风扇罩	464.39
丰田佳美98款	散热器	3400.00
	散热器电子扇总成	2100.00
丰田卡罗拉	散热器	2330.00
	副散热器	329.00

99

（续）

车 型	配件名称	参考价格/元
丰田卡罗拉 ST191	散热器	2900.00
	散热器电子扇总成	1369.00
	散热器框架	1480.00
丰田皇冠 2.8	散热器	2650.00
	散热器电子扇总成	1800.00
丰田皇冠 3.0	散热器	3340.00
	散热器电子扇总成	1446.00

2. 大众汽车散热器及相关配件的参考价格

表 4-14 列出了大众汽车散热器及相关配件的参考价格。

表 4-14　大众汽车散热器及相关配件的参考价格

车 型	配件名称	参考价格/元
桑塔纳 2000	发动机散热器	510.00
	散热器电子风扇	440.00
	散热器框架	538.20
	散热器框架下部	94.00
	散热器上水管	60.00
	散热器下水管	50.00

3. 通用汽车散热器及相关配件的参考价格

表 4-15 列出了通用汽车散热器及相关配件的参考价格。

表 4-15　通用汽车散热器及相关配件的参考价格

车 型	配件名称	参考价格/元
别克	散热器	1453.00
	散热器补水罐	350.00
别克世纪	散热器	2850.00
	散热器上水管	185.00
	散热器下水管	240.00
别克（赛欧）	散热器	902.00

二、车辆散热器的修复工时

汽车散热器修复的通用工时见表 4-16。

项目四 事故车易损件的修理工时核定和性能检测

表4-16 汽车散热器修复的通用工时　　　　　　　　（单位：工时）

部位		散热器
项目	更换散热器	5
	更换风扇	3
	检修冷却风扇电动机	8
	拆装修整散热器面罩	16
	取换水管	4
	拆装上下水盒	4
	梳散热片	8
	捅洗水垢	3
	修散热器盖	6
	修回水管	2
	清洗散热器外部	2
	散热器测试	2

典型案例：某车在一次碰撞事故中，汽车前保险杠和进气格栅有明显损坏，同时冷却风扇和散热器也受到撞击和挤压，有变形损坏，如图4-31所示。该车冷却风扇变形，散热器也凹陷变形，需要进行更换检修。

1. 更换冷却风扇

（1）拆卸冷却风扇　断开蓄电池负极电缆，断开冷却风扇电气插接器，拆卸风扇罩安装螺栓，向上提出风扇罩总成，并从车上拆卸风扇罩总成，如图4-32所示。

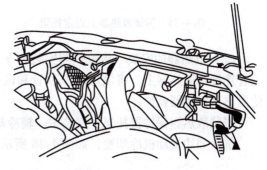

图4-31　冷却系统变形损坏的车辆　　　　图4-32　拆卸风扇罩总成

拆卸风扇毂中心的螺母，如图4-33所示，以从风扇罩上拆卸风扇叶片。检查风扇叶片已弯曲损坏，准备更换新的风扇总成。翻转风扇罩总成。

拆卸风扇电动机固定螺钉，如图4-34所示，从风扇罩上拆卸风扇电动机。

（2）安装冷却风扇　将风扇电动机安装到风扇罩上，用固定螺钉将电动机固定到风扇罩上，翻转风扇罩总成。

将风扇安装到风扇罩上，并装好风扇毂中心的螺母。

将风扇罩总成安装到散热器上，用安装螺栓将风扇罩固定在散热器顶部，连接冷却风扇电气插接器，连接蓄电池负极电缆。

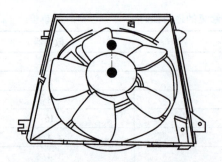

图 4-33 拆卸风扇毂中心螺母

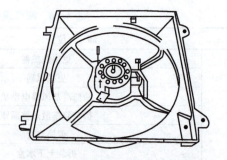

图 4-34 拆卸风扇电动机固定螺钉

2. 更换散热器

(1) 拆卸散热器　断开蓄电池负极电缆,放出发动机冷却液,拆卸主、辅冷却风扇,拆卸散热器上固定螺栓和固定托架,如图 4-35 所示。

拆卸散热器上的软管,如图 4-36 所示,从车上拆下散热器。

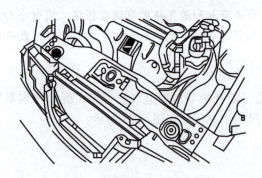

图 4-35 拆卸散热器上固定托架

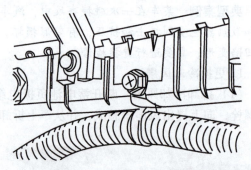

图 4-36 拆卸散热器软管

(2) 散热器的安装　将散热器安装在车上,使散热器底柱进入橡胶减振器,将缓冲罐软管连接到散热器上。将散热器上软管和散热器下软管连接到散热器上,如图 4-37 所示,使散热器保持器就位。

安装散热器保持器托架,安装主、辅冷却风扇。

重新加注发动机冷却液,如图 4-38 所示。

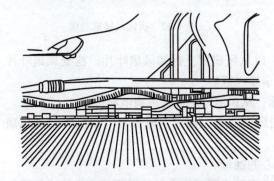

图 4-37 连接散热器上、下软管到散热器上

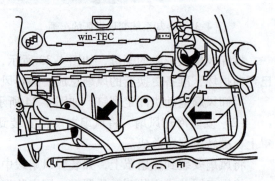

图 4-38 重新加注发动机冷却液

将冷却液面加至缓冲罐外侧的 MAX（最高）标记，如图 4-39 所示，连接蓄电池负极电缆。

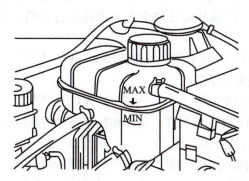

图 4-39　冷却液面加至缓冲罐外侧的 MAX 标记

【项目小结】

1）汽车风窗玻璃与车窗玻璃、汽车照明灯与信号灯、汽车安全气囊、汽车散热器与风扇都属于在车辆碰撞事故中比较常见的容易受到损毁的部件或总成。

2）升降式汽车玻璃与固定式汽车玻璃的拆装方法不同。固定式汽车玻璃在车身上的镶装方式有两种：一种是采用胶粘法将玻璃与车身固定，另一种则是用橡胶条来实现玻璃与车身的固定。

3）目前汽车前照灯大致分为三种：卤素前照灯、氙气前照灯（HID）和发光二极管（LED）。目前市场上的卤素灯和 LED 的价格相对较低，而氙气灯价格较高。

4）碰撞事故发生后安全气囊并不一定引爆。

5）安全气囊展开后需要更换传感和诊断模块、充气器模块并检查转向柱尺寸；必须更换损坏的附加充气保护装置部件。如果附加充气保护装置部件安装点损坏，必须修理或更换。

6）安全气囊传感和诊断模块、螺旋弹簧或其他气囊模块都是禁止维修的，这些零件一旦损坏就必须更换；同一车型车辆上的附加充气保护装置零件也禁止互换使用，但不包括从授权经销商处购买的改制的部件。

7）车前方受碰撞的概率是 52%～59%，是较易受损的部位。散热器和冷却风扇是最易受损的部件之一。

【复习思考题】

一、填空题

1）汽车风窗玻璃通常有（　　　　）玻璃、（　　　　）玻璃和夹层玻璃几种类型。

2）夹层玻璃破裂仅局限于冲击点的周围，呈（　　　　）状裂纹。

3）固定式汽车玻璃在车身上的镶装方式有两种：一种是采用（　　　　）法将玻璃与车身固定；另一种则是用（　　　　）来实现玻璃与车身的固定。

4）拆装胶粘法镶装的玻璃可使用直径为 0.6mm 左右的（　　　），由里面沿玻璃穿出后沿玻璃的周边横向拉动钢丝，割断玻璃与胶粘材料之间的连接。

5）拆装（　　　）法镶装的玻璃应在车内用螺钉旋具沿车身窗口凸缘将橡胶条拨开，连同玻璃一起拆下。

6）安装好风窗玻璃后，应将水倒在风窗玻璃上，检验是否漏水。如果漏水，干燥风窗玻璃并用（　　　）堵塞泄漏部位。

7）轿车照明及信号系统包括（　　　）、雾灯、停车灯、小灯和尾灯、警告灯和（　　　）、制动灯和倒车灯、牌照灯、顶灯和行李箱照明灯、仪表板照明灯等。

8）目前汽车前照灯大致分为三种：（　　）前照灯、（　　）前照灯和（　　）。目前市场上的卤素灯和 LED 的价格相对较低，而氙气灯价格较高。

9）普通轿车检修灯光需（　　　）工时；换前照灯总成需（　　　）工时。

10）安全汽车气囊有（　　　）、侧面气囊、膝部气囊、（　　　）等几个部位。

11）事故气囊要展开报废。在执行报废程序时，戴好（　　　）和（　　　）。

12）如果要报废车辆，气囊可在车内展开。如果车辆在（　　　）期内，应拆下后在车外展开。

13）在展开气囊前，清除膨胀区内的所有零散物体，关闭车门，打开侧窗，展开时的现场工作人员至少要离开车辆前方（　　　）m。

14）更换车辆前排气囊总成需（　　　）工时。

二、选择题

1）丰田卡罗拉汽车的前风窗玻璃参考价格在（　　）元左右；桑塔纳 2000 型汽车的前风窗玻璃参考价格在（　　）元左右；别克汽车的前风窗玻璃参考价格在（　　）元左右。

  A. 800；2000；2500   B. 2000；2500；800
  C. 2000；800；2500   D. 2500；2000；800

2）全车玻璃贴膜需要（　　）工时。

  A. 3～4   B. 5～15   C. 16～30

3）图 4-40 所示动作为（　　）。

  A. 将玻璃黏合剂涂在玻璃框上   B. 割去玻璃黏合剂
  C. 修补玻璃

图 4-40　选择题 3 图

4）中级轿车更换一块风窗玻璃需要（　　）工时。
A. 3～4　　　　　　B. 5～15　　　　　　C. 16～30
5）图4-41所示的汽车灯为（　　）。
A. 警告灯　　　　　B. 雾灯　　　　　　C. 示宽灯　　　　　D. 高位制动灯
6）图4-42所示的汽车灯为（　　）。
A. 警告灯　　　　　B. 雾灯　　　　　　C. 示宽灯　　　　　D. 高位制动灯

图4-41　选择题5图

图4-42　选择题6图

7）卤素灯一般发黄，故障率（　　），使用寿命（　　）。
A. 极高；很短　　　B. 偏高；不长　　　C. 较低；长　　　　D. 较低；不长
8）LED灯寿命（　　）、光效（　　）、无辐射、功耗低。
A. 短；低　　　　　B. 短；高　　　　　C. 长；低　　　　　D. 长；高
9）氙气灯亮度是传统卤素灯泡的3倍，灯光发（　　），使用寿命比传统卤素灯泡长10倍。
A. 白　　　　　　　B. 黄　　　　　　　C. 蓝
10）桑塔纳2000轿车前照灯的参考价格为（　　）元左右；丰田卡罗拉轿车前照灯的参考价格为（　　）元左右；别克轿车前照灯的参考价格为（　　）元左右。
A. 500；700；1300　B. 500；1300；700　C. 1300；700；500
11）图4-43所示为（　　）气囊。
A. 驾驶人正面　　　B. 副驾驶正面　　　C. 侧面　　　　　　D. 膝部
12）图4-44所示为（　　）。
A. 驾驶人正面气囊　B. 侧面气囊　　　　C. 气帘

图4-43　选择题11图

图4-44　选择题12图

13）别克汽车主气囊的参考价格为（　　）元左右；桑塔纳2000时代超人汽车主气囊的参考价格为（　　）元左右；丰田皇冠汽车主气囊的参考价格为4700元左右。

A. 9000；5500　　　　　　　　　　B. 5500；9000

14）丰田佳美汽车散热器的参考价格为（　　）元左右；桑塔纳2000型轿车散热器的参考价格为（　　）元左右；别克汽车散热器的参考价格为（　　）元左右。

A. 3500；1500；500　　　　　　　B. 500；1500；3500

C. 3500；500；1500　　　　　　　D. 1500；3500；500

15）更换车辆散热器约需（　　）工时，进行散热器测试约需（　　）工时。

A. 5；2　　　　B. 2；5　　　　C. 10；5　　　　D. 5；10

三、判断题

1）夹层玻璃的优点之一是成形后可以裁割修边。（　　）

2）碰撞事故发生后气囊并不一定引爆，此时气囊可以不必更换。（　　）

3）安全气囊引爆后需要更换充气器模块，传感和诊断模块经诊断无故障则无须更换。（　　）

4）安全气囊爆出后的检修作业中还包括检查转向柱尺寸。（　　）

5）安全气囊引爆事故后损坏的附加充气保护装置部件必须更换。（　　）

6）安全气囊螺旋弹簧损坏可以通过维修恢复性能。（　　）

7）同一车型车辆上的附加充气保护装置零件禁止互换使用，但不包括从授权经销商处购买的改制的部件。（　　）

8）如果车辆通过水深的路面，内部浸入了大量水，必须更换传感和诊断模块和插接器。（　　）

9）螺旋弹簧定位不当，并不影响附加充气保护装置的工作，碰撞时气囊会正常展开。（　　）

10）更换灯具等电器元件都须先断开蓄电池负极电缆。（　　）

项目五　汽车零配件的询价

【学习目标】

知识目标：
1. 知道如何识别汽车配件。
2. 知道车辆配件目录的内容和作用。

能力目标：
1. 能够快速、准确地掌握车辆识别代号（VIN）的作用和编码方法。
2. 能够准确地识别车辆，然后再根据车辆识别信息查询准确的配件目录，找到所需的配件编号、价格、工时等信息。
3. 能运用车辆识别代号（VIN）查询车辆配件的目录，找到所需的配件编号、价格、工时等信息。

【知识准备】

一、汽车配件类型

一辆汽车的组成零件数以万计，零件的分类方法又多种多样。
1) 按零件的材质可分为金属零件和非金属零件。
2) 按零件的使用情况可分为易损零件和非易损零件。
3) 按零件的供货渠道可分为原厂件（俗称 OEM 件）和副厂件。

① 原厂件（OEM Parts 或 Genuine Parts）。又称配套件，是指为汽车制造厂家配套的装车件。

② 副厂件（Replacement Parts 或 Non-OEM Parts）。又称非配套件，是指专业零配件生产厂家制造的零件。一般副厂件的品质也是有保障的，但价格往往比原厂件便宜很多。

一般来说，配件的来源渠道不同，价格可能会相差较大，当然质量也会有差别。一般对于保险公司的人员来说，配件提供的种类有3种：4S店的价格，市场价格及副厂价，一般副厂价极少提供。

4）按零件的新旧可分为新件和二手件（如拆车件、翻新件等）。

5）按用途分为维修零件、附件和油液。

二、车辆唯一性的识别

1. 车辆基本知识

车辆基本知识包括对汽车品牌、制造厂家、年款、车型、车身形式、车辆配置、驱动形式、生产方式（进口、散件组装等）、车型参数等与车辆相关信息的专业化描述。

"厂家"简称"厂"，也就是英文表述中的"make"，即制造商、生产商，但它并不代表具体的某个装配工厂（plant）。例如"上海通用汽车有限公司"，就是一个制造商（make），它拥有两个装配工厂（plant），其中一个设在上海，另一个设在烟台。

"品牌"。经过全球汽车工业资源的重新整合，并基于生产商车辆营销策略的需要，一个制造商往往拥有多个品牌。如福特公司就拥有福特、林肯、水星、马自达、沃尔沃和捷豹等品牌。基于历史的原因和经营上的考虑，这些品牌也作为单独的制造商（make）出现。奥迪作为大众公司的子公司，往往以独立的"厂"的形式出现，VIN编码也与大众公司有所不同。

"车型"简称"型"，指的是具体的"车型（model）"。就拿上海大众来说，它拥有桑塔纳、帕萨特和波罗等车型。

"年款"又称"型年"，不一定是本车辆生产制造的年份，但一般与车辆装配的批次、时段相差不超过一年。通过它能检索车辆的具体配置信息和装备零部件的详细情况，所以它是车辆识别中十分重要的依据，也是进行汽车召回的时间段的基本界定标准之一。

在实际应用过程中，将以上品牌、厂家、型号、年份以及关键的配置信息编排在一组由17位数字或字母组成的编码中，就构成了车辆的身份代号-VIN（Vehicle Identification Number）——车辆识别代号。

（1）车辆识别代号（VIN）技术相关术语

1）车身形式。指根据车辆的一般结构或外形（诸如车门和车窗数量），运载货物的特征以及车顶形式的特点区别车辆。这也是最常用的车辆分类方法，如常见的轿车车身形式有两门轿车、四门轿车、五门溜背式轿车等，如图5-1所示。

2）发动机形式。指动力装置的特征，如燃料类型、气缸数量、排量和静制动功率等。装在轿车或多用途载客车上的发动机，都按规定标明了发动机专业制造厂、型号及生产编号，最常见的是按照发动机的排列及缸数进行分类有W型8缸、W型12缸、V型6缸、V型8缸、V型12缸等。

3）车系。车系是制造商对同一型号内，在诸如车身、底盘或驾驶室类型等结构上有一定共同点的车辆所给予的命名。如上海大众的桑塔纳和桑塔纳2000就属于同一个车系，即"桑塔纳"。

4）品牌。品牌是制造厂对一类车辆所给予的名称。如别克、奥迪等。

5）型号。型号是制造厂对具有同类型、品牌、种类、系列及车身形式的车辆所给予的名称。如别克的"赛欧"、"GL8"等就是具体的车辆型号。

6）系列。系列是制造厂用来表示如标价、尺寸或重量标志等小分类的名称，主要用于

图 5-1 常见的轿车车身形式
a）两门敞篷轿车　b）两门轿车　c）四门轿车　d）五门溜背式轿车

商业目的。

7）车型年份。表明某个单独的车型的制造年份，只要实际周期不超过两个立法年份，可以不考虑车辆的实际生产年。

8）制造工厂。标贴 VIN 的工厂，一般是指装配工厂（Plant）。

（2）VIN 的组成及含义

1）VIN 的组成。17 位的 VIN 按照其各自代表的含义划分成三个部分，分别是世界制造厂识别代号（WMI）、车辆说明部分（VDS）和车辆指示部分（VIS）。

2）VIN 各字符的含义。以下以美国 VIN 规则（我国现行标准与其相同）为例对 VIN 各位字符的含义作详细说明。

① ② ③ ④ ⑤ ⑥

① 1~3 位（WMI）：世界制造厂识别代号用来标识车辆制造厂的唯一性。

② 4~8 位（VDS）：用来说明车辆的一般特征。若其中的一位或几位字符未被制造厂采用，应在这些位置上填空选定的字母或数字占位。

③ 第 9 位：校验位，按标准通过加权计算得到。

④ 第 10 位：车型年份，见表 5-1（一般标识为车辆的出厂年份，是识别车辆的重要标识）。

表 5-1　车型年份代码表

年份	代码	年份	代码	年份	代码	年份	代码	年份	代码	年份	代码	年份	代码
1981	B	1986	G	1991	M	1996	T	2001	1	2006	6	2011	B
1982	C	1987	H	1992	N	1997	V	2002	2	2007	7	2012	C
1983	D	1988	J	1993	P	1998	W	2003	3	2008	8	2013	D
1984	E	1989	K	1994	R	1999	X	2004	4	2009	9	2014	E
1985	F	1990	L	1995	S	2000	Y	2005	5	2010	A	2015	F

⑤ 第 11 位：车辆装配厂。

⑥ 12～17 位：顺序号。

(3) VIN 示例

1) 以神龙富康轿车（见表 5-2）为例，了解 VIN 编码的规则。

表 5-2　神龙富康轿车的 VIN 编码

VIN 码	WMI			VDS						VIS						
代码	L	D	C	1	3	1	D	2	0	1	0	0	2	0	8	0	8
所在位数	1	2	3	4	5	6	7	8	9	10	11	12	13	14	15	16	17

① 第 1～3 位是世界制造厂识别代码，LDC 代表神龙汽车制造有限公司。

② 第 4～5 位车型代码是 13，代表神龙·富康 ZX1.4i 型轿车。

③ 第 6 位车身形式代码 1 是两厢五门车。

④ 第 7 位发动机形式代码 D 是 TU3JP/K 带三元催化器。

⑤ 第 8 位变速器形式代码 2 表示五档 MA 变速器。

⑥ 第 9 位为校验位（为 0～9 中任何一数字或字母 X）。

⑦ 第 10 位年份代码 1 表示 2001 年。

⑧ 第 11 位为装配厂代码（目前不存在多家装配厂，用"0"占位）。

⑨ 第 12～17 位为车辆制造顺序号。

解读 整个 VIN 码，其含义就是 2001 年神龙富康公司生产的神龙富康 ZX1.4i 型轿车，该车配备 TU3JP/K 发动机（带三元催化器）和五档手动变速器，出厂编号为 020808。

2) 大众车系 VIN 示例。在其他国家和地区，例如欧洲、日本的各大厂商使用的 VIN 编码规则与美国存在较大的差异，因此在车辆识别过程中需要区别对待。表 5-3 是德国大众欧款车的 VIN 编码规则示例。

表 5-3　德国大众欧款车的 VIN 编码规则

VIN	WMI			VDS						VIS						
代码	W	A	U	Z	Z	Z	4	D	0	2	N	0	0	6	2	3	5
所在位数	1	2	3	4	5	6	7	8	9	10	11	12	13	14	15	16	17

① 第 1～3 位为世界制造厂识别代号（WMI），WAU：奥迪汽车公司（WVW：德国大众汽车公司（轿车）；WV2：德国大众汽车公司（MPV））。

② 第 4～6 位为占位代码，始终为"ZZZ"。

③ 第 7～8 位为车型系列代码，4D：Audi A8（11：kafer、Reexport（墨西哥）；15：Cabriolet、Golf；16：Jetta/Golf；17：Rabbit；32、33：Passat；43：Audi100/200/5000；53：Scircco；81、85：Audi80/4000/Coupe；86：Polo/Derby）。

④ 第 9 位早期为占位代码，始终为"Z"，后用作校验代码。

⑤ 第 10 位为年份代码。

⑥ 第 11 位为装配厂代码（A：Ingoistadt；B：布鲁塞尔；E：Emden；G：奥地利；H：Hanover；K：Osnabrueck；M：Mexico；N：Neckarsulm；W：Wolfsburg；Y：西班牙）。

⑦ 第 12～17 位为车辆制造顺序号。

3) 世界制造厂识别代号（WMI）。WMI 是美国汽车工程师学会（SAE）根据地理区域分配给全球各个车辆制造厂的识别代号，由三位字符组成，包含了以下信息。

第一位字符表示地理区域，如非洲、亚洲、欧洲、大洋洲、北美洲和南美洲。

第二位字符表示一个国家，由美国汽车工程师协会（SAE）负责分配国家代码。

第三位字符表示制造厂，由各国的授权机构负责分配代码。若制造厂的年产量少于500辆，这一位就是数字9。

美国的 WMI 前两位区段为 1A～10、4A～40、5A～50，中国的 WMI 前两位区段为 LA～L0，它规定了所有在中国境内生产的汽车产品的 WMI 编号必须在该区段内，表5-4 是国内常见汽车制造厂家的 WMI 编号。

表 5-4　国内常见汽车制造厂家的 WMI 编号

WMI 编号	厂家名称	WMI 编号	厂家名称	WMI 编号	厂家名称
LSV	上海大众	LFV	一汽大众	LDC	神龙富康
LEN	北京吉普	LHG	广州本田	LHB	北汽福田
LKD	哈飞汽车	LS5	长安汽车	LSG	上海通用

2. VIN 及其他车辆识别技术的特征

（1）车型标牌（包含 VIN）的位置　ISO 标准规定：除挂车和摩托车外，标牌应固定在门铰链柱、门锁柱或与门锁柱接合的门边之一的柱子上，接近于驾驶人座位的位置。如果没有这样的位置可利用，则固定在仪表板的左侧。如果那里也不能利用，则固定在车门内侧靠近驾驶人座位的位置。如果上述位置都不能利用，需要向相关主管机构申请。另外，标牌的位置应当是除了外面的车门外，不移动车辆的任何零件就可以容易读出的。

在实际应用中，各国规定的固定位置也存在一定的差异。美国规定识别代号编码应安装在仪表板左侧，在车外透过风窗玻璃可以清楚地看到而便于检查；而 EU（欧盟）就规定识别代号编码应安装在汽车右侧的底盘车架上或标写在厂家铭牌上。为防止车辆被盗窃后的拆件交易，美国 NHTSA 还规定：轿车、MPV 及轻型卡车的主要零部件（如发动机、变速器、保险杠、翼子板等）上必须标记车辆的 VIN（车辆识别代号）。

每辆车的车辆识别代号应在车辆部件上（玻璃除外），该部件除修理以外是不可拆的；车辆识别代号也可表示在永久性地固定在上述车辆部件上的一块标牌上，此标牌不损坏则不能拆掉。如果制造厂愿意，允许在一辆车上同时采取以上两种表示方法。VIN 码（车辆识别代号）的常见参考位置如图 5-2 所示。

（2）发动机号的位置　发动机号是发动机生产厂在生产过程中打上去的，包含了发动机型号、序列号等基本信息。发动机号一般都在气缸上，当然也不排除在其他部位的可能，图 5-3 所示为发动机号常见位置。

三、配件目录

配件目录通常由汽车制造厂家的生产设计部门编写，一般会定时向售后维修站（常称 4S 店）发布。根据配件目录能够非常准确地确定配件的名称、编码、适用车型等相关信息。

1. 配件目录的内容

配件目录一般根据原厂的生产设计资料编制，是配件流通中的技术标准。常见的配件目录有书本、胶片、电子（以软盘、光盘等为存储介质）三种形式。随着互联网技术的发展，

图 5-2 VIN 码的常见位置

a) 最常见的通用位置——仪表板左侧 b) 别克 GL8 车上横梁上的 VIN 码 c) 标致 307 车右前悬架上的 VIN
d) 别克 GLX 车悬架上支架上的 VIN e) SAAB 9000 车行李舱中的 VIN
f) 捷达 CIX 车翼子板内板上的铭牌

网络电子目录也逐渐得到了广泛的应用。

可以按配件名称、配件编号查询配件目录,通过选择具体厂家,查询准确的配件信息和配件商信息。如输入"保",选择"一汽大众",就可查询出一汽大众所有车型中配件名称带"保"字的所有配件;也可按年、厂、型查询,选择车辆出厂年份、生产厂家以及具体

项目五　汽车零配件的询价

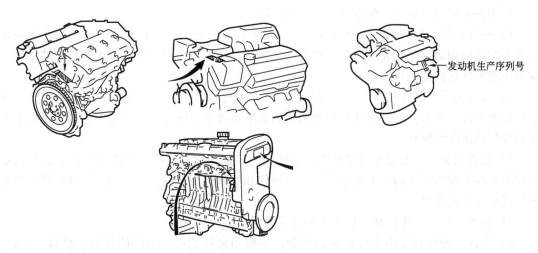

图 5-3　发动机号常见位置

的车型，通过配件目录树查找准确的配件信息和配件商信息；还可按经销商查询，选择指定地域、经营指定车型配件的配件经销商，通过配件目录树查找准确的配件信息。典型的配件目录如图 5-4 所示。

序号	车型	编号	名称	数量	备注
1	RZH114L	11011-75010	曲轴垫片	1	
2	RZH114L	11704-75010	曲轴轴承总成		8908-9308
		11704-75020			9308-
3	RZH114L	11071-75010-01	2号曲轴轴承	3	8908-9308
	RZH114L	11071-75010-02		3	*
	RZH114L	11071-75010-03		3	*
4	RZH114L	11701-75010-01	1号曲轴轴承	2	
	RZH114L	11701-75010-02		2	
	RZH114L	11701-75010-03		2	
3	RZH114L	11701-75020	2号曲轴轴承	3	9308-
	RZH114L	11071-75020-01		3	
	RZH114L	11071-75020-02		3	
	RZH114L	11071-75020-03		3	
4	RZH114L	11701-75020-01	1号曲轴轴承	2	9308-
	RZH114L	11701-75020-02		2	
	RZH114L	11701-75020-03		2	
5	RZH114L 标准	13011-75020	活塞环	1	8908-
	RZH114L 增大0.5	13013-75020		1	8908-
6	RZH114L	13041-75010-01	轴瓦轴承标记1	4	
		13041-75010-02	轴瓦轴承标记2	4	
		13041-75010-03	轴瓦轴承标记3	4	
7	RZH114L	13101-75030	活塞总成	4	

图 5-4　典型的配件目录示例

113

从图 5-4 中可以看出，配件目录主要包含以下内容。

1）配件插图。配件插图是配件目录的主要组成部分之一，一般采用轴测图来表现系统中各零配件的相对位置和装配关系。按照国家标准，在配件插图中标有图中序号，使用时要特别注意零件之间的包含关系。

2）配件编号。配件的唯一准确的编号，贯穿配件设计、生产、采购、销售、维修、及售后服务等各个环节。它是配件订货和销售的最准确要素，所有的配件订单和销售单据上必须清楚标示出配件编号。

3）配件名称。主要是在设计和生产中使用的名称，它只是根据配件的特点，结合约定俗成的标准为配件赋予的一个文字符号，但指代和区分能力较弱，一般用于配件经销中作描述性说明和补充手段。

4）数量。给出该零件在一辆车上的使用数量。

5）备注。配件目录中十分重要的部分，一般用来补充说明配件的参数、材料、颜色、适用年款、车型以及其他配置信息等。如"螺栓，M12-1.75X70，1991—1992，六缸机""缸体，铝合金，适用于 1995 年 6 月以后的 1.6L 电喷发动机"。

备注信息提供了配件适用范围的准确描述。

6）其他。在配件目录中，一般都附有厂家对该配件目录适用范围、使用方法的详细说明，请在使用之前仔细阅读。

2. 配件编号的规律

汽车设计、生产是一项由许多部门和人员参与的极其复杂的系统工程，因此在配件的设计、生产中必须遵循统一的标准和规范。国内外各大汽车厂商都制定了适合自己的汽车配件编号体系。

普遍使用的配件编号结构形式如图 5-5 所示。

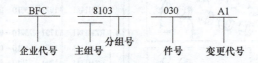

图 5-5 配件编号结构形式示例

1）企业代号。如：南京跃进标记为 NJ，在公开出版的配件目录中一般不出现该代号。

2）结构区分号。用来区别同一类配件的不同结构、参数特征的代号。它标记在主组号和分组号，分组号和件号，或件号和变更代号之间，一般零件无此代号。

3）主组号、分组号。国产汽车配件编号的主组号和分组号的大致应用情况见表 5-5。

4）变更代号。用来表示零件设计更新的代号。

根据以上规则，从图 5-5 的示例可以解读为，该零件是 BFC 厂使用的空调系统的零件，为第一次改型件，改型代号为 A1。

部分国内合资企业生产的汽车的配件编号体系沿用了国外原厂家的配件编号体系，与国产汽车有较大的差异，但其编号思想基本上是一致的。如国内德国大众的合资厂（如上海大众、一汽大众）均沿用了原德国大众的配件编号规则，如图 5-6 所示。

项目五 汽车零配件的询价

表 5-5 国产汽车配件编号的主组号和分组号的应用情况

主组号	主组名称	包含的分组号	主组号	主组名称	包含的分组号
10	发动机	1000~1022	50	驾驶室	5000~5012
11	供给系统	1100~1128	51	地板	5100~5112
12	排气系统	1200~1207	52	风窗	5200~5207
13	冷却系统	1300~1313	53	前围	5300~5310
15	自动变速器	1500~1504	54	侧围	5400~5410
16	离合器	1600~1607	56	后围	5600~5612
17	变速器	1700~1706	57	顶盖	5700~5712
18	分动器	1800~1804	60	车篷及侧围	6000~6005
19	副变速器	1900~1902	61	前侧车门	6100~6110
20	差速器	2000~2004	62	后侧车门	6200~6210
21	汽车电驱动装置	2100~2105	63	后车门	6300~6311
22	传动轴	2200~2241	64	驾驶人车门	6400~6408
23	前桥	2300~2311	66	安全门	6600~6608
24	后桥	2400~2410	68	驾驶人座	6800~6807
25	中桥	2500~2512	69	前座	6900~6908
27	支承连接装置	2700~2731	70	后座	7000~7007
28	车架	2800~2810	71	乘客单人座	7100~7107
29	汽车悬架	2900~2960	72	乘客双人座	7200~7207
30	前轴	3000~3003	73	乘客三人座	7300~7307
31	车轮及轮毂	3100~3106	74	乘客多人座	7400~7407
32	承载轴	3200~3202	75	折合座	7500~7507
33	后轴	3300~3303	78	隔板墙	7800~7807
34	转向器	3400~3413	79	无线通信设备	7900~7910
35	制动系统	3500~3550	81	空气调节设备	8100~8112
36	电子设备	3600	82	附件	8200~8219
37	电气设备	3700~3774	84	车前钣金零件	8400~8405
38	仪器设备	3800~3871	85	货箱	8500~8515
39	随车工具及附件	3900~3921	86	货箱倾卸机构	8600~8616
42	特种设备	4200~4240	45	绞盘	4500~4509

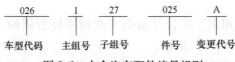

图 5-6 大众汽车配件编号规则

随着汽车的多样化,汽车配件的规律越来越复杂,一般都是通过查询了解配件编号。

四、运用配件目录检索配件信息

由于采用的存储介质不同，配件目录的编排方式也有一定的差异，因此不同形式的配件目录的检索方式也各不相同。

1. 书本型配件目录的检索方法

结合沈阳金杯《海狮系列轻型客车配件目录》，介绍书本型配件目录的检索方法。

1）选择合适的配件目录版本。根据所要查找的配件适用的年份、车型、配置，尽量选择原厂出版的满足以上要求的最新的配件目录，以保证检索结果的时效性和准确性。如要查沈阳金杯海狮车的零件，应选择1998 年出版的沈阳金杯《海狮系列轻型客车配件目录》，如图 5-7 所示。

图 5-7　海狮系列轻型客车配件目录

2）通读配件目录的前言和相关说明，了解配件目录的内容、编排格式以及使用方法，如图 5-8 所示。

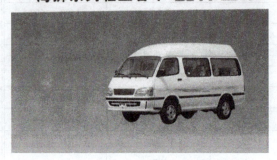

编制说明

本零配件目录包括了 RZH114L、SY6480A、SY6480A1 轻型客车的零配件总和。编制顺序按 RZH114L、SY6480A、SY6480A1 排列，其中 RZH114L 轻型客车的基本状态为装用 IRZ 发动机其结构区分号为 03，RZH114L 豪华型的专用件其编号在 RZH114L 后加-H 或在备注中写明豪华型专用，结构区分号为 06；SY6480A 轻型客车的基本状态为装用 491Q 发动机，其结构区分号为 01；SY6080A1 的基本状态为装用 491Q 发动机，其结构区分号为 14。SY6480 轻型客车基本型，结构区分号为 00。

本零配件目录采用图文并茂方式编制，我们按各部件供货状态和将供货状态的总成分解的零件在图中给出序号，凭此序号在表中可查得该总成和零件的编号、名称、数量；由总成分解的零件编号均为配套厂家提供。

通用件是列于同一表中，其编号与基本型的编号相同，即*******-00。专用件分别列出，SY6480 轻型客车专用件的编号为*******-01、RZH114L 轻型客车专用件的编号为*******-03、RZH114L 豪华型专用件的编号为*******-06、以上车型未国产化零部件编号采用日本件编号，车身件除外，SY6480A1 轻型客车专用件编号为********-14，对于结构相似外型略有差异的零部件，均列于同一表中，并有"*"标志。

本零配件目录编制的零配件编号均为最新资料，以后如有更改，恕不另作通知。

版权所有　不得翻印　违者必究

沈阳金杯客车制造有限公司
一九九八年六月

图 5-8　沈阳金杯海狮系列轻型客车配件目录编制说明

3）结合汽车配件专业知识，在目录索引中查找零件所属的主组和分组，如图 5-9 所示，并获得对应的页码（或图号）信息。

4）在指定页码中，对照零件插图，确认所查零件的图中序号，对照零件一览表就能查到该零件的所有相关信息，如图 5-10 和图 5-11 所示。

项目五 汽车零配件的询价

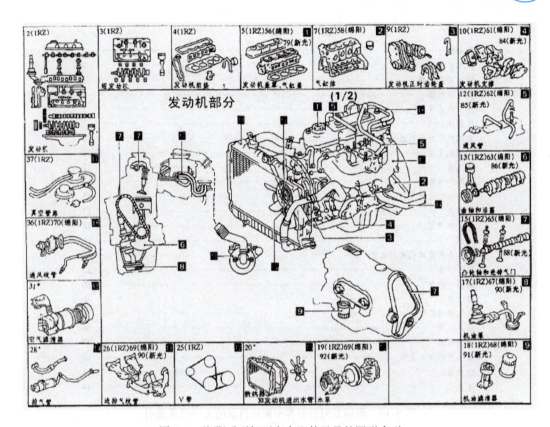

图 5-9 海狮系列轻型客车配件目录的图形索引

2. 微缩胶片配件目录的检索

微缩胶片也是一种常见的配件目录存储介质,由于需要使用专门的微缩胶片阅读机来阅读,而且使用和保存要求条件较多,因此在汽车配件营销行业应用并不广泛。

缩微胶片配件目录中包含索引和目录正文两部分。

1) 正文部分由插图和零件一览表组成,按厂家的主组和分组的分类情况有机地组合,依次排列。

2) 索引部分是查询零件的向导,包含内容指南、标记和缩略语一览表、零件编号变更一览表、插图索引、图号索引、零件编号索引、零件名称索引、目录包含的车型和特征,VIN(或车架号)一览表等信息。

内容指南是对配件目录的总体说明。

3. 电子配件目录的检索

电子配件目录具有信息承载量大、查询简单、更新方便和成本低的特点,因此在配件服务领域获得了广泛的应用。

各大厂商根据本身的需要开发了相应的配件服务系统,其结构和功能之间有较大的差异,但实际内容是一致的,都包含了所有车辆配件的相关信息。另外,第三方的数据公司也提供了大量的汽车配件电子目录,比较知名的有 Mitchell、Alldata、Motor 等公司的产品。

1) Mitchell 公司的产品 Partspoint 系统电子配件目录的查询方法如图 5-12 所示。

目 录

发动机	1
1RZ发动机本体	2
短发动机总成	3
发动机组垫	4
发动机盖罩、气缸盖	5
气缸体	7
发动机正时齿轮盖	9
发动机支撑	10
通风管	12
曲轴和活塞	13
凸轮轴和进排气门	15
机油泵	17
机油滤清器	18
水泵	19
散热器和发动机进出水管*	20
V传动带	25
进排气歧管	26
排气管*	28
空气滤清器*	31
通风歧管	36
真空管路	37
点火线圈和火花塞	40
分电器	41
发电机	44

图 5-10　海狮系列轻型客车配件目录的文字目录索引

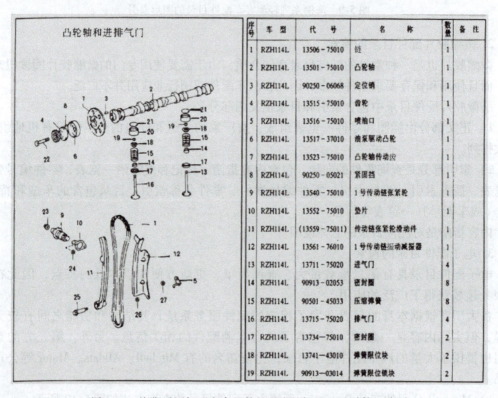

图 5-11　海狮系列轻型客车配件目录中的插图以及零件一览图

项目五 汽车零配件的询价

图 5-12　Mitchell 公司出品的 Partspoint

① 依次选定所需检索的年、厂、型、子车型、车身形式、系列，如图 5-13 所示，即可进入配件目录（见图 5-14）。如果无法确定年、厂、型等信息，可以利用系统提供的 VIN 解码功能获得。

② 根据零件所属的主组和分组，结合零件插图，找到指定的零件，如图 5-15 所示。

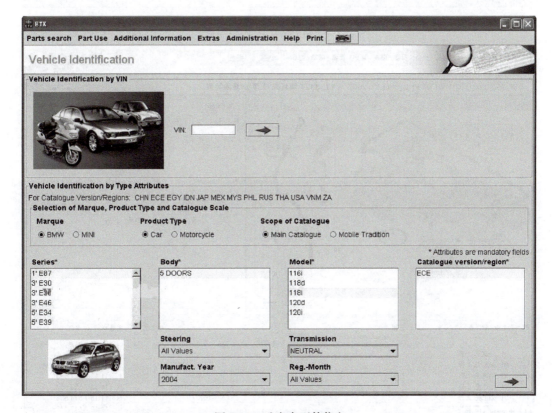

图 5-13　选定车型等信息

119

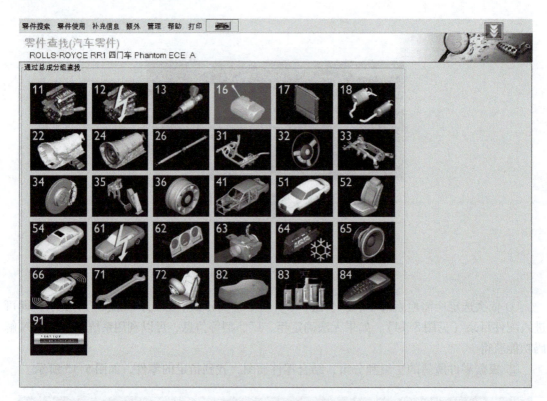

图 5-14 配件目录

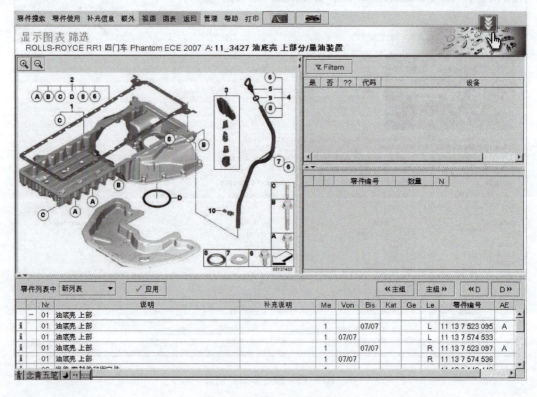

图 5-15 零件、图形一览

③ 通过零件号查询配件的功能，如图5-16所示。

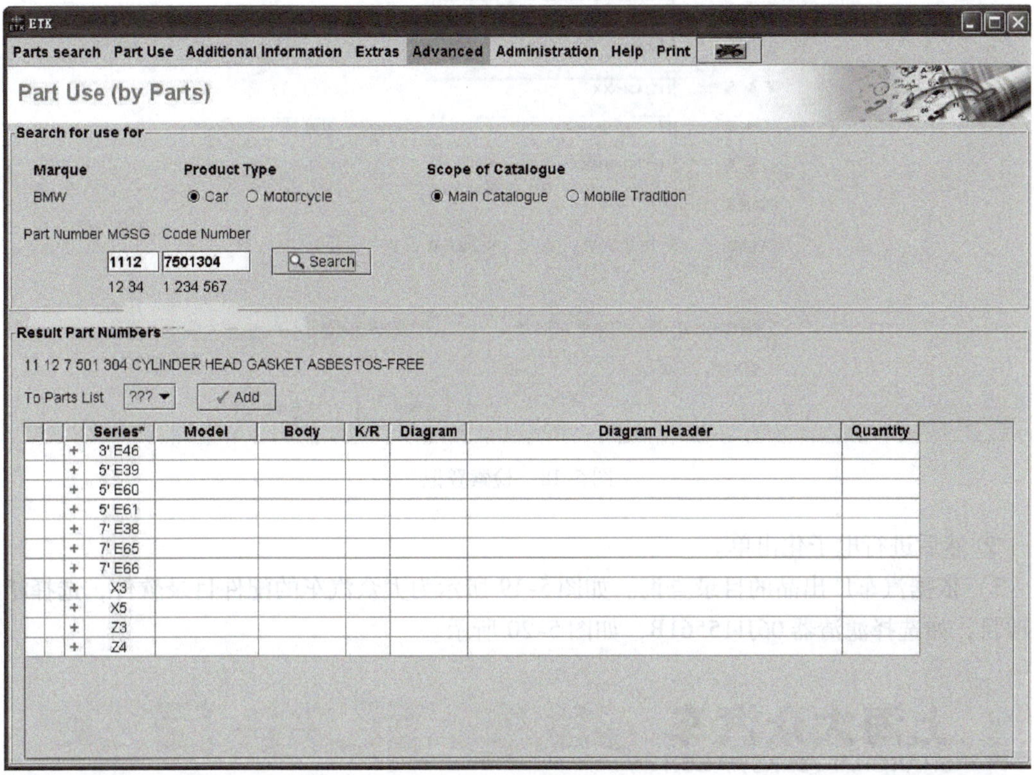

图5-16 查询配件的功能

2) 用PEDS系统查询的方法。它是北京中车检开发的产品，汇集了中国人保十几家省、市分公司，400多个分支机构和车管部门的业务数据，被国家权威技术部门鉴定为我国第一个保险事故车辆定损理赔软件产品。

它可以迅速查询到汽车零配件的名称、编号、图形和价格等信息，为专业理赔人员核实车辆损失提供了科学的依据，并可在系统中查到与损坏部件相关的损伤情况，以便得出正确的赔偿金额。它有多种查询方式和制单打印功能，形成了一套使车主、保险公司和维修厂家均能认同的解决方案，无疑是车险理赔人员的一个帮手。

① 首先进行案例登记，查出该车型的各项信息，如图5-17所示。

依次选定所需检索的年、厂、型、子车型、车身形式和系列，如图5-18所示，即可进入配件目录。

根据零件所属的主组和分组，结合零件插图，找到指定的零件。

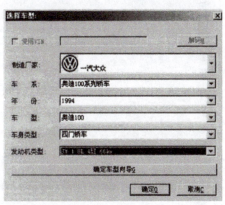

图5-17 选择车型

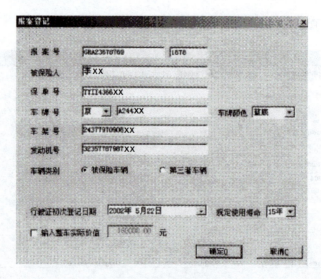

图 5-18　检索登记

② 然后进行电子化出单。

3）依据汽车厂出品的目录查询。如图 5-19 所示为大众汽车的配件目录软件，选择相应的项目，如选择滤清器 06J115561B，如图 5-20 所示。

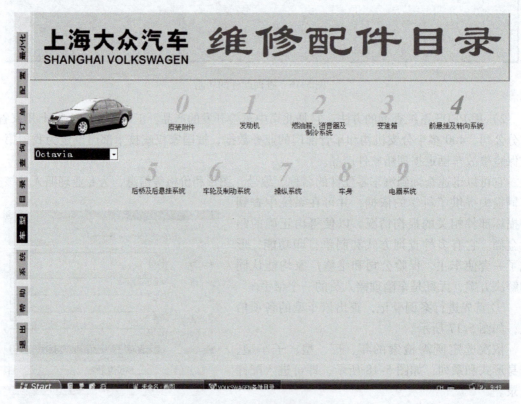

图 5-19　汽车维修配件目录

根据配件上的编号查出相应的项目，如图 5-21 所示。

项目五 汽车零配件的询价

图 5-20 滤清器配件

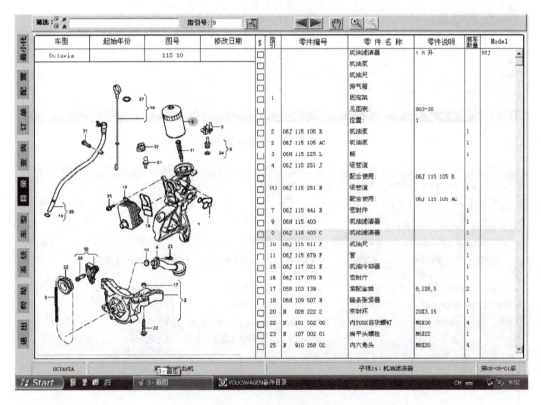

图 5-21 查询配件目录

单击相应的编号,得到相应的配件厂的价格,如图 5-22 所示。

【技能训练】

 活动 9 用精友理赔系统查询配件价格和修理工时

工作任务:查询桑塔纳 SVW7180 1.8 电喷型车的前保险杠的材料费和修理工时费(4S 店价)。
1)输入定损车的厂牌和品牌,如图 5-23 所示。

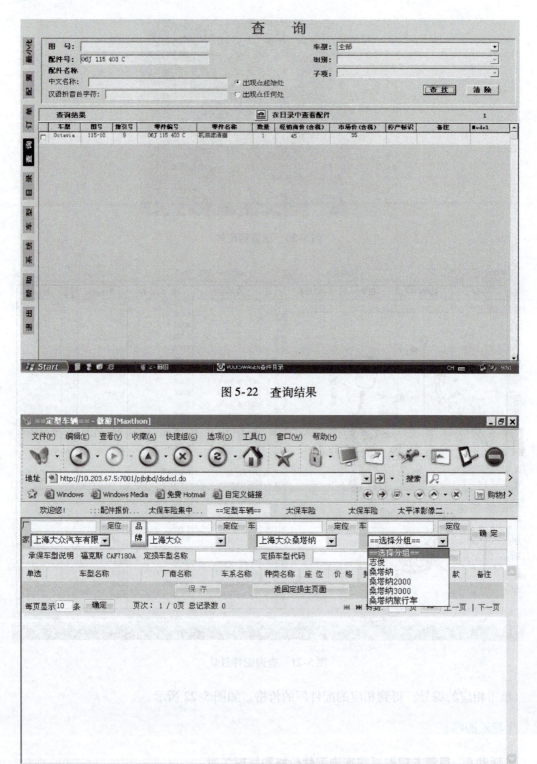

图 5-22　查询结果

图 5-23　输入定损车的厂牌和品牌

2）选择车型——"桑塔纳 SVW7180 1.8 电喷"，如图 5-24 所示。

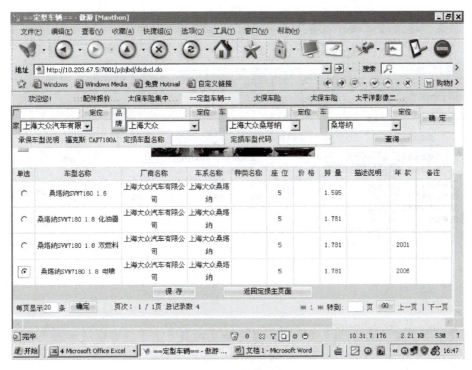

图 5-24　选择车型

3）选择价格方案——"4S 店"，如图 5-25 所示。

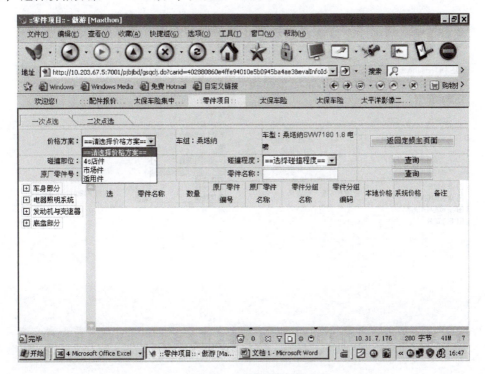

图 5-25　选择价格方案

4）选择碰撞部位——"正前方"，如图5-26所示。

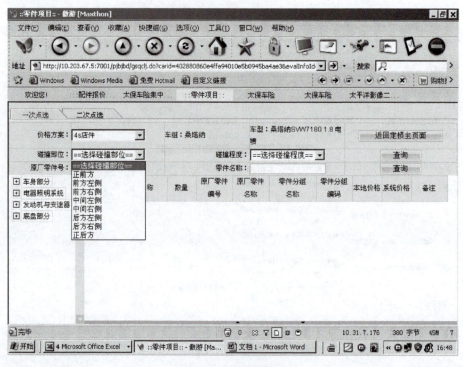

图5-26　选择碰撞部位

5）选择碰撞程度——"轻度碰撞"，如图5-27所示。

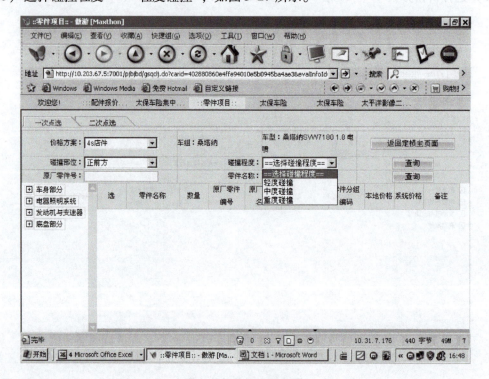

图5-27　选择碰撞程度

项目五 汽车零配件的询价

6）选择要查询的零件——"车身部分，前保险杠"，原厂零件编号是330807217B2BC，如图5-28所示。

图5-28 选择要查询的零件

7）单击"操作"按钮，显示桑塔纳SVW7180 1.8电喷型车的前保险杠的4S店查勘报价是200元整，如图5-29所示。

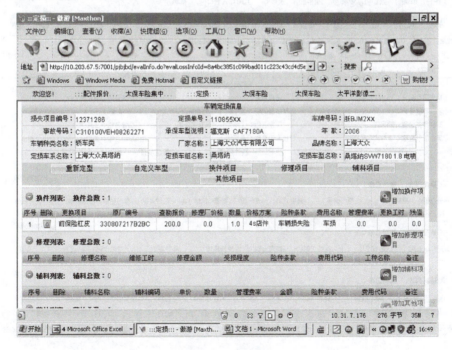

图5-29 显示报价

127

8）继续查询保险杠拆卸的工时，得到修理编码为C001100，如图5-30所示。

9）单击"操作"按钮，得到前保险杠的修理工时金额为100元，如图5-31所示。

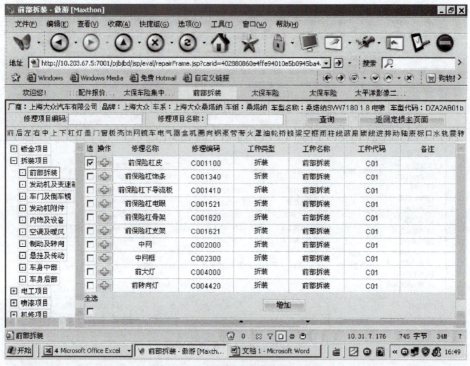

图5-30 查询保险杠拆卸的工时

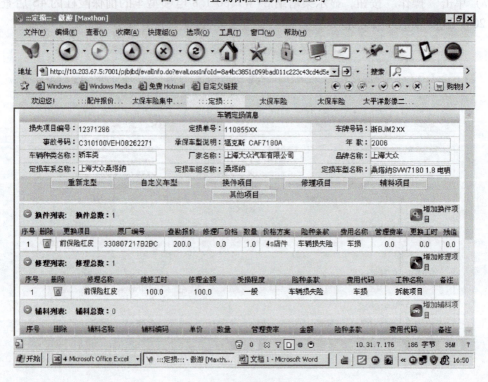

图5-31 显示修理工时金额

10)按"计算"按钮,得到"桑塔纳 SVW7180 1.8 电喷型车的前保险杠的 4S 店的材料和修理总价是 300 元整",如图 5-32 所示。

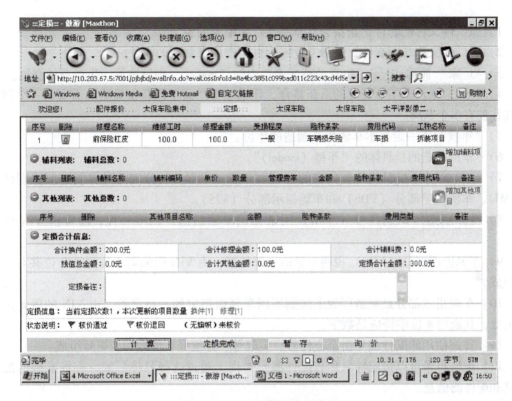

图 5-32　显示材料和修理总价

训练 5　车辆信息查询

1)阅读图 5-33 所示图片资料(某车辆 VIN 或机动车行驶证信息)。

2)运用所学知识,判断该汽车的品牌、制造厂家、年款、车型、车身形式、车辆配置、驱动形式、生产方式(进口、散件组装等)、车型参数等相关车辆信息。

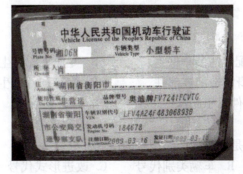

图 5-33　图片资料

【项目小结】

1) 原厂件又称配套件，是指为汽车制造厂家配套的装车件。
2) 副厂件又称非配套件，是指专业零配件生产厂家制造的零件。
3) "厂家"简称"厂"，也就是英文表述中的"make"，即制造商、生产商的意思。
4) 经过全球汽车工业资源的重新整合，并基于生产商车辆营销策略的需要，一个制造商往往拥有多个品牌。
5) "年款"不一定是本车辆生产制造的年份。
6) "车型"指的是具体的"车型（model）"。
7) 17位的VIN按照其各自代表的含义划分成三个部分，分别是世界制造厂识别代号（WMI）、车辆说明部分（VDS）和车辆指示部分（VIS）。
8) 世界制造厂识别代号（WMI）用来标识车辆制造厂的唯一性，通常占VIN的前三位。
9) 车辆说明部分（VDS）说明车辆的一般特性，由VIN码的第4位到第9位共6位字符组成。
10) 车辆指示部分是制造厂为了区别不同车辆而指定的一组字符，由VIN的后8位字符组成，其最后4位字符应是数字。
11) 普遍使用的配件编号由企业代号、主组号、分组号、件号和变更号组成。
12) 配件目录可以按配件名称和配件编号查询，通过选择具体厂家，查询准确的配件信息和配件商信息。
13) 配件的唯一准确的编号，贯穿配件设计、生产、采购、销售、维修及售后服务等各个环节。
14) 美国规定识别代号编码应安装在仪表板左侧，在车外透过风窗玻璃可以清楚地看到而便于检查；而EU（欧盟）就规定识别代号编码应安装在汽车右侧的底盘车架上或标写在厂家铭牌上。为防止车辆盗窃后的拆件交易，美国NHTSA还规定：轿车、MPV及轻型卡车的主要零部件（如发动机、变速器、保险杠、翼子板等）上必须标记车辆的VIN（车辆识别代号）。

【复习思考题】

一、选择题

1) 原厂件是指（　　）。
A. 为汽车制造厂家配套的装车件　　B. 专业零配件生产厂家制造的零件
C. 汽车制造厂家本身制造的零部件　　D. 汽车配件厂生产的零部件

2) 以下（　　）零件属于底盘件。
A. 除霜玻璃　　B. 传动轴　　C. 前刮水器　　D. 前风窗玻璃

3) 以下（　　）不是汽车的产品型号的组成部分。
A. 企业名称代号　　B. 车辆类别代号　　C. 改进形式代号　　D. 产品序号

4) 以下汽车发动机的布置形式中，（　　）是不正确的。

A. W 形　　　　B. V 形　　　　C. L 形　　　　D. X 形

5) 以下（　　）是车辆的品牌。

A. 奥迪　　　　B. 大众　　　　C. 通用　　　　D. 上汽

6) 一般 VIN 码中第（　　）位是出厂年份。

A. 8　　　　　B. 9　　　　　C. 10　　　　　D. 11

7) VIN 码中上海大众的制造厂识别代号是（　　）。

A. LSV　　　　B. LFV　　　　C. LDC　　　　D. LSG

8) 目前进行配件查询的主要方法是（　　）。

A. 缩微胶片　　B. 产品说明书　　C. 互联网　　　D. 电话查询

9) 标贴 VIN 的工厂，一般就是指（　　）。

A. 装配工厂（Plant）　　　　　　B. 制造厂（make）
C. 该汽车的销售公司　　　　　　D. 指整个集团

10) VIN 码 1GNDM15Z8RB122003 代表的汽车生产国是（　　）。

A. 中国　　　　B. 美国　　　　C. 日本　　　　D. 德国

二、判断题

1) 17 位 VIN 第 10 位代表的是年份。（　　）
2) 目前汽车上发动机的布置形式最常见的是 M 形式。（　　）
3) 别克的凯越和君威是同一个车系。（　　）
4) MPV 是多用途运动型轿车。（　　）
5) WAU 是德国大众汽车公司的标识代码。（　　）
6) 零配件的目录查询是以零配件的名称为主要索引的。（　　）
7) 配件的代号主要是由组号、企业代号、件号、变更代号组成的。（　　）
8) OEM 指的是副厂件。（　　）
9) 原厂件与副厂件现在的价格差不多。（　　）
10) 捷豹是福特汽车公司的品牌。（　　）

三、简答题

1) 一般汽车的 VIN 由哪几部分组成？
2) 国内常见汽车制造厂家的 WMI 编号有哪些？
3) 根据图 5-34 所示的 VIN，查询该车的品牌、类型、年份、发动机和变速器的型号。
4) 配件目录有哪些检索方法？
5) 根据图 5-35 所示的 VIN，利用相关软件查询该车风窗玻璃的零件号和价格。

图 5-34　简答题 3 图

图 5-35　简答题 5 图

项目六　单方事故无人伤事故的查勘与定损

【学习目标】

知识目标：

1. 知道乘用车非结构件车身的构造。
2. 知道金属件和非金属件的修理方法。
3. 知道汽车配件的分类和编码规则。
4. 知道简单事故的修理工艺。

能力目标：

1. 能识别真假配件，会运用各种方法查询配件的价格。
2. 能正确选择事故车的损坏情况和修理方法。
3. 能对 3000 元以下的单方事故进行损失评估。

【知识准备】

一、汽车单方事故的分析

汽车的单方事故包括路上和路外事故两种：路上事故是汽车和路上的停放车辆、施工作业机械发生碰撞及路上翻车等；路外事故有汽车驶离车道冲向边沟或坠落，汽车撞向防护栏、电线杆或分隔带等。

单方事故不是遭遇事件，而是单车的判断失误过失。在绝大多数情况下，汽车单方事故是因驾驶人对车辆的控制失效而引起的。

汽车与路上的停放车辆或工作物的碰撞，是由于驾驶人的错觉，对路上的静止物认知过迟而造成的追尾现象，而汽车的路外单方事故多是由于操作失误造成的。最有代表性的操作失误如下：

1）紧急制动时，左、右轮制动效果相差过大，使汽车驶向路外。
2）紧急转弯时，由于离心力作用，车向外滑，外侧车轮抵住路缘石或掉进边沟引起翻倾。

3）为了回避障碍物，急转动转向盘，如果汽车速度过高，也易使车辆驶出路外或翻倾。

4）高速行驶的汽车受横向阵风的作用偏离期望轨迹，为了修正侧偏，过度打转向盘，也易使车辆驶出路外或翻倾。

5）机件失灵等。

1. 汽车的侧滑

汽车的侧滑是引起路外事故的主要原因。制动时，车轮之所以会产生侧向的滑移，是因为作用在车轮上的制动力达到了附着力，致使车轮失去了承受侧向力的能力。因此，当汽车的某一轴抱死时，只要该轴受到侧向力的作用，即使侧向力很小，该轴也会首先开始侧滑，这时汽车的运动情况与首先抱死的车轮的车轴在汽车上的位置有关。

2. 汽车与固定物碰撞

汽车与电线杆等固定物碰撞时，由于车体承受冲击载荷的面积较小，故在相同的碰撞速度下，与正面碰撞相比，其变形量（凹损部深度）较大。一般来说，汽车与电线杆等固定物碰撞时的变形量要比汽车与汽车正面碰撞时的变形量大1.6倍。

在汽车与固定物的碰撞中，汽车前部变形后很快就触及刚性较高的发动机。在触及发动机后，有时发动机的后移及车体的变形并不与碰撞速度的增加成比例。

另外，同样撞击到固定物，由于固定物的固定方向不同，发动机和固定物所吸收的能量也有差异。如果碰撞后，电线杆的基础差而位移较大时，即使是同样的碰撞速度，汽车的变形量也较小。当汽车和电线杆碰撞点偏离汽车的重心时，则会引起车辆的回转运动，轮胎与路面的摩擦和车体与周围物体的二次碰撞均要吸收能量，这样也会使车体的变形减小。

3. 路外坠车

汽车从悬崖上坠落时，最初是按抛物轨迹在空中以自由落体形式运行，然后着陆或落水，再滑移一段距离消耗能量，待地面的摩擦功将汽车的动能消耗掉后，最终停止。

二、汽车单方事故的碰撞损失评估

1. 单方事故常损件的换修原则

在损失评估中，受损零件的修与换是困扰汽车评估人员的一个难题，同时也是汽车评估人员必须掌握的一项技术，也是衡量汽车评估人员水平的一个重要标志。在保证汽车修理质量的前提下，用最小的成本，完成受损部位的修复是评估人员评估受损汽车的原则。单方事故碰撞中的常损件有车身覆盖钣金件、塑料件及电器件等。

（1）非结构钣金件的换修原则　非结构钣金件又称覆盖钣金件。承载式车身的覆盖钣金件通常包括可拆卸的前翼子板、车门、发动机舱盖、行李舱盖和不可拆卸的后翼子板、车顶等。

1）可拆卸件的换修原则。

①前翼子板的换修原则。

A. 损伤程度没有达到必须将其从车上拆下来才能修复时，如整体形状还在，只是中部的局部凹陷，一般不考虑更换。

B. 损伤程度达到必须将其从车上拆下来才能修复，并且前翼子板的材料价格低廉、供应流畅，材料价格达到或接近整形修复工费时，应考虑更换。

C. 如果每米长度超过 3 个折曲、破裂变形，或已无基准形状，应考虑更换（一般来说，当每米折曲、破裂变形超过 3 个时，整形和热处理后很难恢复其尺寸）。

D. 如果每米长度不足 3 个折曲、破裂变形，且基准形状还在，应考虑整形修复。

E. 如果修复工费明显小于更换费用，应考虑以修理为主。

② 车门的换修原则。

A. 如果车门门框产生塑性变形，一般来说是无法修复的，应考虑以更换为主。

B. 许多汽车的车门面板是可以作为单独零件供应的（如奥迪 100 车型），面板的损坏可以单独更换，不必更换门壳总成。

C. 其他情况的换修原则同前翼子板的换修原则。

③ 发动机舱盖和行李舱盖的换修原则。绝大多数汽车的发动机舱盖和行李舱盖是用两个冲压成形的冷轧钢板经翻边胶粘制成的。

A. 判断碰撞损伤变形的发动机舱盖或行李舱盖是否要将两层分开进行修理，如果不需将两层分开，则不应考虑更换。

B. 需要将两层分开整形修理，应首先考虑工费加辅料与其价值的关系，如果工费加辅料接近或超过其价值，则不应考虑修理。反之，应考虑整形修复。

C. 其他情况的换修原则同车门的换修原则。

2）不可拆卸件的换修原则。碰撞损伤的汽车中最常见的不可拆卸件就是三厢车的后翼子板。由于更换时需从车身上将其切割下来，而国内绝大多数汽车修理厂在切割和焊接时，满足不了制造厂提出的工艺要求，从而造成车身结构新的修理损伤。所以，在国内现有的修理行业设备和工艺水平下，后翼子板只要有修理的可能性就应采取修理的方法进行修复，而不应像前翼子板一样存在值不值得修理的问题。

（2）树脂（塑料）件的换修原则　塑料是以树脂为主要成分，在一定温度和压力下塑造成一定形状，并在常温下能保持既定形状的高分子有机材料。

随着汽车工业的发展，汽车车身各种零部件越来越多地使用各种塑料制成，特别是车身前端，包括保险杠、格栅、挡泥板、防碎石板、仪表工作台和仪表板等。如图 6-1 和图 6-2 所示为现代汽车常用的塑料件部位图。

由于塑料比钢板轻得多，已成为各汽车制造商减轻自重、节省燃油的重要手段。而且塑料具有高的强度和质量比，因此质量减小并不意味着强度降低。用塑料做车身已不再是想象，所以掌握塑料件的更换与修理方法变得越来越重要。

塑料在汽车上的推广和运用，产生了修理碰伤的新方案。许多损坏的汽车零件可以经济地修理而用不着更换，特别是不必从车上拆下零件。划痕、擦伤、撕裂和刺穿都可修理。此外，由于某些零件更换不一定有现货供应，修理往往可以迅速地进行，从而缩短了修理工期。

1）塑料的种类。目前汽车上应用的塑料按其物理化学性能可分为以下几种。

① 热塑性塑料。这种塑料可以重复地加热软化，而其化学成分并不发生变化。受热后它就变软或熔化，冷却后即变硬，可用塑料焊机焊接。

② 热固性塑料。这种塑料在加热和使用催化剂或紫外光的情况下发生化学变化，硬化

后永久保持形状，即使重复加热或使用催化剂也不会变形，所以不能用塑料焊机焊接。

　　一般说来，热固性塑料的修理方法是使用化学黏结剂黏合，而热塑性塑料的修理方法是焊接。

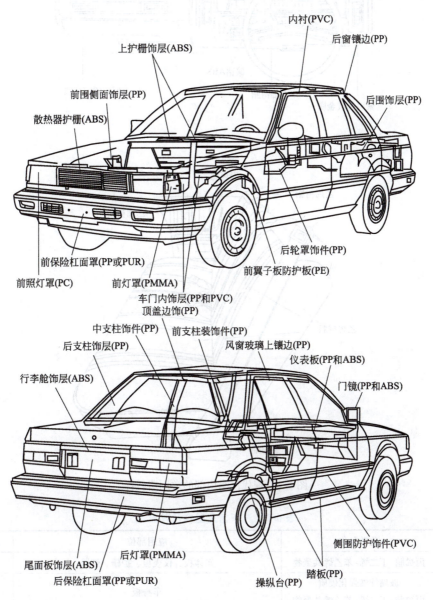

图6-1　汽车外部的常用塑料件

　　不同车型、不同部位所用的塑料不尽相同，即使是同一年款汽车的同一部件也有可能使用不同的塑料。这通常是因为汽车制造厂商更换了配件供应商，或者是改变了设计或生产工艺。

　　表6-1为汽车常用塑料及其应用，列出了它们的国际标准代号、正式化学名称、应用部位及理化属性。

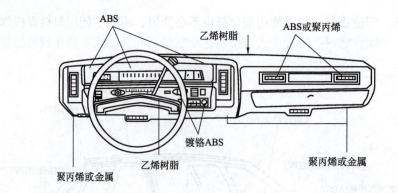
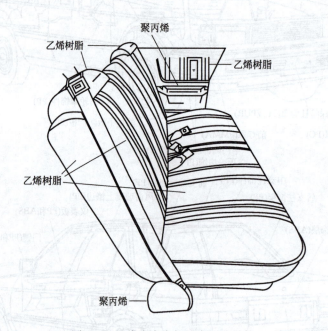

图 6-2 现代汽车内部的常用塑料件

表 6-1 汽车常用塑料及其应用

国标代号	化学名称	应用部位	理化属性
ABS	丙烯腈-丁二烯-苯乙烯共聚物	车体板、仪表板、护栅、灯罩	热塑性
ABS/MAT	玻璃纤维强化硬质 丙烯腈-丁二烯-苯乙烯共聚物	车身板	热固性
EP	环氧树脂	玻璃钢车身板	热固性
EPDM	乙烯-丙烯-二烯共聚物	保险杠防撞条、车身板	热固性
PA	聚酰胺	外部装饰板	热固性
PC	聚碳酸酯	前照灯罩、仪表罩	热塑性
PMMA	聚甲基丙烯酸甲酯	灯罩（有色透光部分）	热塑性
PPO	聚苯撑氧	镀铬件、护栅、灯框、仪表框、装饰件	热固性

(续)

国标代号	化学名称	应用部位	理化属性
PE	聚乙烯	内防护板、内装饰板、窗帘框架、阻流板	热塑性
PP	聚丙烯	保险杠、前围板、内饰件、防砾石板、风扇护罩、仪表台	热塑性
PS	聚苯乙烯	韧性添加剂	热塑性
PUR	聚氨基甲酸乙酯	保险杠、车体板、垫板	热固性
PVC	聚氯乙烯	内衬板、软质垫板	热塑性
RIM	反应注模聚氨基甲酸乙酯	保险杠	热固性
RRIM	强化反应注模聚氨基甲酸乙酯	车身外板	热固性
SAN	苯乙烯-苯烯腈	内装饰板	热固性
TPR	热塑橡胶	窗帘框架	热塑性
TPUR	热塑性聚氨基甲酸乙酯	保险杠、防砾石板、垫板、软质仪表板	热塑性
UP	聚酯	玻璃钢车身板	热固性

2）塑料的鉴别。对于不明塑料，有以下几种鉴别方法。

① 一种方法就是查看压在塑料件上的国际标准代号，即 ISO 代码。现在正规的汽车零配件生产厂商都使用这种代码。只是要查看塑料零件的 ISO 代码，通常要将零件从车上拆下后，从零件的内表面才能看到所标的 ISO 代码。

② 另一种方法是查阅车身维修手册，手册中一般都标出了每个塑件所用的材料。由于汽车生产厂商经常会更改塑料零件的供应商及工艺，使用车身维修手册时应查阅相应的版本。

③ 假定它是一种具有可焊性的热塑性塑料，在该零件的隐蔽部位或损伤处进行试焊，如图 6-3 所示。

可试用几根焊条，直到其中的一种能够焊合为止。如果有一种焊条能与之焊合，那么未知的塑料为热塑性塑料，材质为与能焊合那种焊条理化性能相同或相近的材料。反之为热固性塑料。大多数塑料焊接设备供应商能够提供 6 种左右的塑料焊条，不同的焊条颜色不一样，材质也不一样。

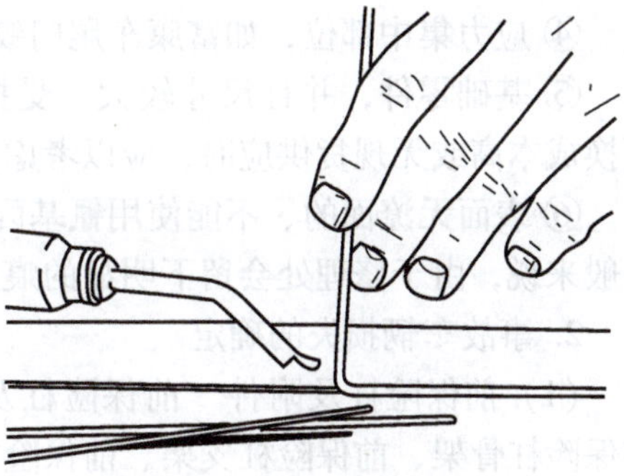

3）塑料件的修理方法。根据塑料的理化属性，塑料分为热塑性塑料和热固性塑料，相应的修理方法分为塑料焊接法和化学粘接法。

图 6-3 塑料件的试焊

① 塑料焊接法。塑料焊接与金属焊接相似，这两种焊接都要使用热源和焊条；焊接方法也基本相同，包括碰焊、填焊和搭焊；接头的类型也大致相同，而且强度的评定方法也相似。然而，由于两种材料在物理特性上的差异，这两种材料焊接时又有明显的差异。能熟练焊接金属的技工，不一定会焊接塑料。

焊接塑料时，材料在热量和压力的适当结合下熔融在一起。采用常用的手工焊接方法时，这种结合是靠用一只手向焊条施加压力，同时用焊炬的热气把焊条和基体材料加热并保持适当的"扇展动作"来实现的，如图 6-4 所示。要获得良好的焊接质量，须保持压力、温度的稳定和平衡。压力过大会使焊缝扩大，而温度过高会使塑料烧焦、熔化和变形。

② 塑料粘接法。粘接法优于焊接主要在于并非所有塑料都能焊接，只有热塑性塑料可以焊接。然而，热塑性塑料和热固性塑料都可以采用粘接法修理。

粘接修理法主要有双组分组合粘接法（俗称双管胶或 AB 胶）和氰基丙烯酸酯（CAS）（俗称瞬间胶）粘接法两种。

双组分组合粘接法以聚酯环氧树脂或氨基甲酸乙酯作为基体树脂，与固化剂组合使用。

氰基丙烯酸酯粘接法。氰基丙烯酸酯俗称超级胶。对于大多数塑料件的修理来说，并不推荐使用氰基丙烯酸酯，由于它经不起日晒雨淋，不能保证修理件耐用。在强度和弹性相同的情况下，使用氰基丙烯酸来修复比其他方法速度快。

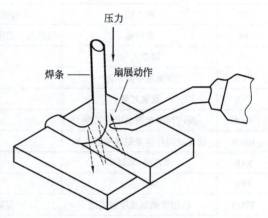

图 6-4 适当的加热与加压才能获得良好的塑料焊接质量

一般说来，双组分组合粘接法与氰基丙烯酸酯粘接法的主要区别在于，双组分组合粘接法的粘接处韧性较好，而氰基丙烯酸酯粘接法粘接处的韧性较差，不适合有韧性要求的材料。氰基丙烯酸酯粘接法的优点是速度快，使用方便。

4）塑料件的换修原则。塑料件修与换的原则应从以下几个方面来考虑。

① 对于燃油箱及要求严格的安全结构件，必须考虑更换。

② 整体破碎应以考虑更换为主。

③ 价值较低、更换方便的零件应以考虑更换为主。

④ 应力集中部位，如富康车尾门铰链、撑杆锁机处，应考虑更换为主。

⑤ 基础零件，并且尺寸较大，受损以划痕、撕裂、擦伤或穿孔为主，零件拆装麻烦、更换成本高或无现货供应时，应以考虑修理为主。

⑥ 表面无潦面的、不能使用氰基丙烯酸酯粘接法修理且表面美光要求较高的塑料零件，一般来说，由于修理处会留下明显的痕迹，应考虑更换。

2. 事故车辆损失的确定

（1）前保险杠及附件　前保险杠及附件由前保险杠、前保险杠饰条、前保险杠内衬、前保险杠骨架、前保险杠支架、前保险杠灯等组成，如图 6-5 所示。

1）现代轿车的保险杠绝大多数用塑料制成，对于用热塑性塑料制成、价格又非常昂贵的保险杠，并且是表面喷漆的，破损处不多，可用塑料焊机焊接。

2）保险杠饰条破损后基本以换为主。

3）保险杠使用内衬多为中高档轿车，常为泡沫制成，一般可重复使用。

4）现代轿车的保险杠骨架多数用金属制成，使用较多的是用冷轧板冲压成形，少数高档轿车采用铝合金制成。对于铁质保险杠骨架，轻度碰撞常采用钣金修理的方法修复。价值较低的中度以上的碰撞常采用更换的方法修复。铝合金的保险杠骨架修复难度较大，中度以上的碰撞多以更换修复为主。

项目六 单方事故无人伤事故的查勘与定损

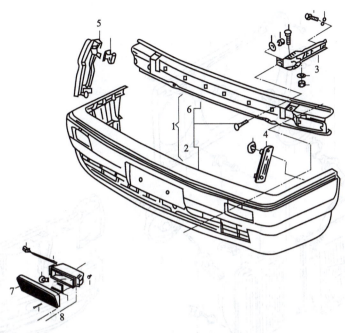

图 6-5 前保险杠分解图
1—前保险杠总成 2—前保险杠 3—前保险杠支架 4—前保险杠公卡子
5—前保险杠母卡子 6—前保险杠骨架 7—信号灯罩 8—信号灯总成

5)保险杠支架多为铁质,一般价格较低,轻度碰撞常采用钣金修复,中度以上的碰撞多为更换修复。

6)保险杠灯多为转向信号灯和雾灯,表面破损后多采用更换修复。对于价格较高的雾灯,且损坏为少数支撑部位的,常用焊接和粘接修理的方法修复。

(2)前护栅及附件 前护栅及附件由前护栅饰条和前护栅铭牌等组成,如图6-6所示。前护栅及附件的破损多数以更换修复为主。

(3)前照灯及角灯 前照灯及角灯由前照灯和前角灯等组成,如图6-7所示。

现代汽车灯具表面多为聚碳酸酯(PC)或玻璃制成,支撑有反光部位常用丙烯腈-丁二烯-苯乙烯共聚物(ABS)制成。其常见的损坏为调节螺钉损坏,只需更换调节螺钉,重新校光即可。ABS塑料属热塑性塑料,可用塑料焊焊接。灯具表面用玻璃制成的,如果破损,且有玻璃灯片供应时,可考虑更换玻璃灯片。对于价格较昂贵的前照灯,并且只是支撑部位局部破损时,可采取塑料焊焊接的方法修复。

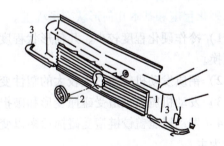

图 6-6 前护栅分解图
1—前护栅 2—前护栅铭牌 3—前照灯下饰条

(4)散热器框架 散热器框架又称前裙,如图6-8所示。现代轿车的散热器框架在承载式车身中属于结构件,多为高强度钢板制成。

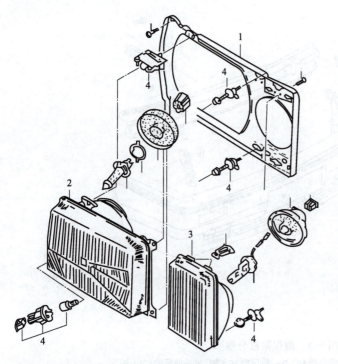

图 6-7 前照灯分解图
1—前照灯总成 2—前照灯 3—雾灯 4—灯光调节螺钉

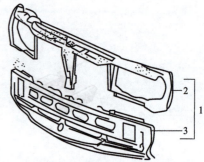

图 6-8 散热器框架分解图
1—散热器框架总成 2—散热器框架上部 3—散热器框架下部

由于散热器框架结构形状复杂，轻度的变形通常可以用钣金修复，而中度以上的变形往往不易钣金修复，高强度低合金钢更是不能用钣金修复，只能更换。

（5）发动机舱盖及附件 发动机舱盖、铰链及附件等如图 6-9 所示。

轿车发动机舱盖绝大多数采用冷轧钢板冲压而成，少数高档轿车采用铝板冲压而成。冷轧钢板在遭受撞击后常见的损伤有变形和破损。铁质发动机舱盖是否需更换主要依据变形的冷作硬化程度和基本几何形状变形程度。

1）冷作硬化程度较少、几何形状程度较好的发动机舱盖常采用钣金修理法修复，反之则更换。

2）铝质发动机舱盖产生较大的塑性变形通常就需更换。

3）发动机舱盖锁遭受碰撞变形和破损多以更换为主。

4）发动机舱盖铰链遭受碰撞后多以变形为主，由于铰链的刚度要求较高，变形后多以更换为主。

5）发动机舱盖撑杆常有铁质撑杆和液压撑杆两种。铁质撑杆基本上都可以通过校正修复，液压撑杆撞击变形后多以更换修复为主。

6）发动机舱盖拉线在轻度碰撞后一般不会损坏，碰撞严重会造成折断，折断后应更换。

（6）前翼子板及附件 前翼子板及附件如图 6-10 所示。
前翼子板遭受撞击后的修理方法与发动机舱盖基本相同。

前翼子板的附件包括饰条和砾石板等。饰条损伤后多以更换为主，即使饰条未遭受撞击，也常因钣金整形翼子板需拆卸饰条，许多汽车的饰条拆下后就必须更换。砾石板因价格较低，撞击破损后一般做更换处理。

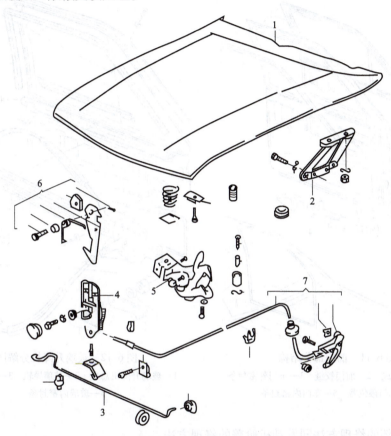

图6-9　发动机舱盖及附件分解图
1—发动机盖　2—铰链　3—撑杆　4—锁下半部　5—锁上半部　6—安全钩
7—发动机舱盖开启机构

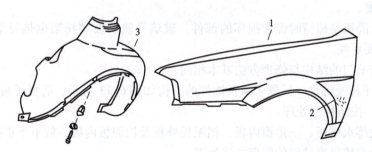

图6-10　前翼子板及附件分解图
1—前翼子板　2—前翼子板饰条　3—砾石板

（7）车门及饰件　以前门为例，其结构如图6-11和图6-12所示。

1）车门防蹭饰条碰撞变形应更换。

2）由于门变形需将门防蹭饰条拆下整形，多数防蹭饰条为自干胶式，拆下后重新粘贴时不牢固，用其他胶粘贴影响美观，应考虑更换。

3）门框产生塑性变形后，一般不好整修，应考虑更换。

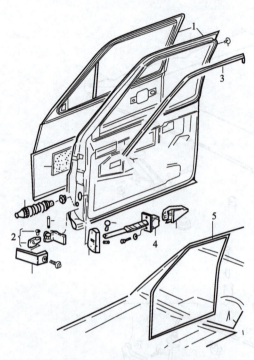

图 6-11 前门部分结构
1—前门壳总成 2—前门铰链 3—车门外密封条
4—车门限位器 5—车门内密封条

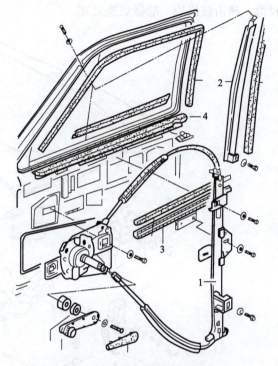

图 6-12 玻璃升降机分解图
1—玻璃升降机总成 2—玻璃导轨 3—玻璃托架
4—玻璃内密封条

4）门下部的修理方法同发动机舱盖的修理方法。

5）门锁及锁芯在严重撞击后会产生损坏，一般以更换为主。

6）后视镜镜体破损以更换为主。对于镜片破损，有些高档轿车的镜片可单独供应，通过更换镜片修复。

7）玻璃升降机是碰撞时经常损坏的部件，玻璃导轨、玻璃托架也是经常损坏的部件，变形后一般都要更换。

8）后门与前门的结构与修理方法基本相同。

（8）后翼子板及饰件 后翼子板及饰件的结构如图 6-13 所示。后翼子板与前翼子板不同，为结构件，按结构件处理。

1）行李舱落水槽板、三角窗内板、挡泥板外板及挡泥板内板一般不予更换。

2）后三角窗按风窗玻璃的修理方法处理。

3）后悬架座按结构件处理。

（9）行李舱盖及附件 行李舱盖及附件如图 6-14 所示。

1）行李舱盖按发动机舱盖附件的修理方法处理。

2）后轮罩内饰、左侧内饰板、右侧内饰板碰撞一般不会损坏。

3）后围按发动机舱盖的修理方法处理。

4）铭牌损伤后以更换修复为主。

5）尾灯按前照灯的修复方法处理。

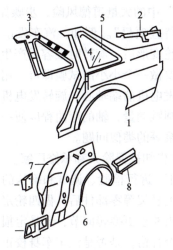

图 6-13 后翼子板的结构图
1—后翼子板 2—行李舱落水槽板 3—三角窗内板 4—三角玻璃 5—三角玻璃密封条 6—挡泥板外板 7—挡泥板内板 8—压条

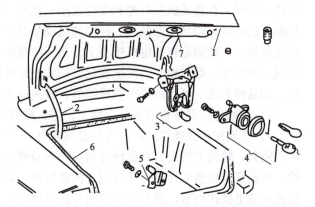

图 6-14 行李舱盖及附件分解图
1—行李舱盖 2—行李舱盖铰链 3—行李舱盖锁机 4—行李舱盖锁芯 5—行李舱盖锁扣 6—行李舱密封条 7—牌照灯

6）后保险杠与前保险杠的处理方法相同。

3. 修理方案的确定

（1）需更换零件的确定 一般，需要更换的零部件归纳为以下四种。

1）无法修复的零部件。如灯具损毁严重，玻璃破碎等。

2）工艺上不可修复使用的零部件。工艺上不可修复使用的零部件主要有胶贴的各种饰条，如胶贴的风窗玻璃饰条、胶贴的门饰条、翼子板饰条等。这往往在汽车保险损失评估中产生争议。专业汽车评估人员时常要向保险人说明这一点。

3）安全上不可修复使用的零部件。安全上不可修复使用的零部件是指那些对汽车安全起重要作用的零部件，如行驶系统中的车桥、悬架，转向系统中的所有零部件，如方向横拉杆的弯曲变形等，还有制动系统中的所有零部件。这些零部件在受到明显的机械性损伤后，从安全的角度出发，基本上都不允许再使用。

4）无修复价值的零部件。无修复价值的零部件是指从经济上讲无修复价值，即那些修复价值接近或超过原价值的零部件。

（2）拆装项目的确定 有些零部件或总成并没有损伤，但是更换、修复、检验其他部件时，需要拆下该零部件或总成后重新装回。

拆装项目的确定要求汽车评估人员对被评估汽车的结构非常清楚，对汽车修理工艺了如指掌。在对被评估汽车的拆装项目确定有疑问时，可查阅相关的维修手册和零部件目录。

（3）待查项目的确定 在车险查勘定损工作中，经常会遇到一些零件，用肉眼和经验一时无法判断其是否受损，是否达到需要更换的程度，甚至在车辆未修复前，单独某零件用仪器都无法检测（除制造厂外）。例如转向节、悬架臂和副梁等，这些零件在定损工作中时常被列为"待查项目"。这些"待查项目"在车辆修理完工后大都成了更换项目。"待查项目"到底有多少确实需要更换？又确实更换了多少？这里到底有多少道德风险？这些问题始终困扰保险公司和保险公估公司的理赔定损人员。

采用如下的措施，在一定程度上能够减少"待查项目"中的大量道德风险，步骤如下：

1）认真检验车辆上可能受损的零部件，尽量减少"待查项目"。例如，汽车发电机在受碰撞后经常会造成散热叶轮和带轮变形。散热叶轮和带轮变形后，旋转时很容易产生发电机轴弯的错觉，轴到底弯没弯、径向圆跳动量是多少，只要做一个小小的试验即可。用一根细金属丝，一端固定在发电机机身上，另一端弯曲后指向发电机前端轴心，旋转发电机，注意观察金属丝一端与轴心的间隙变化，即发电机轴的径向圆跳动量，轴的弯曲程度便一目了然。用这种方法，可以解决空调压缩机、转向助力泵和水泵等的类似问题。

2）在确定需要待查的零件上做上记号，拍照备查，并告知被保险人和承修厂家。

3）车辆初步修理后，定损人员必须参与对"待查项目"进行检验、调试和确认的全过程。例如，转向节待查，汽车经过初步的车身修理，安装上悬架等零部件后，做四轮定位检验。四轮定位检验不合格，并且超过调整极限，修理厂提出要求更换转向节，于是定损人员也就同意更换转向节。至于更换转向节后四轮定位检验是否合格，是否是汽车车身校正不到位等其他原因造成四轮定位检验不合格，理赔定损人员往往不再深究。

4）"待查项目"确实损坏需要更换，定损人员必须将做有记号的"待查项目"零件从汽车修理厂带回。

用上述方法解决"待查项目"问题，汽车修理厂也无法获得额外利益，遵循了财产保险的补偿原则，最大限度地杜绝了"待查项目"中的道德风险。

4. 修理工时费的确定

汽车修理工时包括更换、拆装项目工时，修理项目工时和辅助作业工时。工时费的确定是根据损失项目的确定而确定的，可以从评估基准地的《汽车维修工时定额与收费标准》中查到相应的工时数量或工时费标准。

（1）更换、拆装项目工时费的确定　汽车修理中更换项目与拆装项目的工时绝大多数相似，有时是相同的，所以通常将更换与拆装作为同类工时处理。

汽车碰撞损失的更换、拆装项目工时的确定可以从评估基准地的《汽车维修工时定额与收费标准》中查找，然而在我国，绝大多数地区没有相应的工时定额与收费标准。通常可以先查阅生产厂有无相应的工时定额，如果有，再根据当地的工时单价计算相应的工时费。在我国，汽车生产厂几乎没有一家在卖车时向汽车购买者明确告知碰撞损失后的修理费用。发生事故后，汽车所有者与生产厂的售后服务站和保险公司往往因价格差异较大而产生矛盾，部分进口乘用车可以从《MITCHELL碰撞估价指南》中查到各项目的换件和拆装工时。

（2）修理项目工时费的确定　零件修理工时数的确定比更换工时的确定要复杂得多，其原因主要有以下几点。

1）一般说来，零件的价格决定着零件修理工时的上限。同样一个名称的零件，对于不同的汽车，其价格差距甚远，从而造成同样一个名称的零件修理工时差距非常之大。例如同是发动机盖，零件价格从300~10 000元不等，从而造成其修理工时从2~100工时不等。

2）由于地域的差异，同样一个零件在甲地的市场价格是100元，而在乙地的市场价格是200元。同样的损失程度，在乙地被认为应该修理，而甲地则认为已不值得修理，所以同样这个零件在甲地的修理工时范围可能是1~2工时，而在乙地的修理工时范围可能是1~4工时。

3）由于修理工艺的差异，如碰撞致车门轻微凹陷，如果修理厂无拉拔设备，校正车门就必须拆下车门内饰板，这样车门的校正工时差距就会很大。又如桑塔纳普通型的发动机缸盖因碰撞经常造成发电机支架处断裂，按正常的修理工艺是可以采取氩弧焊工艺焊接的，但是实际评估时会发现当地根本就没有氩弧焊设备，送到有氩弧焊设备的地方加工，往往因时间、运费等原因又无法现实。

由于上述原因，造成汽车零件的修理工时定额的制定相当困难，美国 MITCHELL 国际公司在《MITCHELL 碰撞估价指南》中对修理工时的描述也未做出明确的规定。汽车评估人员应根据自己的理论知识和实践经验，结合评估基准时点的实际情况与当地的《汽车维修工时定额与收费标准》，较准确地确定修理工时，同时呼吁汽车制造商编制本企业生产的汽车的碰撞估价指南。

（3）辅助工时的确定　在汽车修理作业中除包括更换件工时、拆装件工时和修理工时外，还应包括辅助作业工时，通常包括以下内容。

1）把汽车安放到修理设备上并进行故障诊断。
2）用推拉、切割等方式拆卸撞坏的零部件。
3）相关零部件的矫正与调整。
4）去除内漆层、沥青、油脂及类似物质。
5）修理生锈或腐蚀的零部件。
6）松动锈死或卡死的零部件。
7）检查悬架系统和转向系统的定位。
8）拆去打碎的玻璃。
9）更换防腐蚀材料。
10）修理作业中当温度超过60℃时，拆装主要的微机模块。
11）拆卸及装回车轮和轮毂罩。

上述各项虽然每项工时不大，但对于较大的碰撞事故，各作业项累计通常是不能忽视的一项重要工作。

最后必须注意：将各类工时累加时，各损失项目在修理过程中有重叠作业时，必须考虑将劳动时间减少。

5. 涂装费用的确定

汽车修理喷漆的收费标准在全国各地不尽相同，有按每平方米多少元算，有按每幅多少元算，但是基本上都是按面积乘以漆种单价作为计价基础。

（1）面积的计算方法　以每平方米为计价单位，不足 $1m^2$ 按 $1m^2$ 计价；第 $2m^2$ 按 $0.9m^2$ 计算；第 $3m^2$ 按 $0.8m^2$ 计算；第 $4m^2$ 按 $0.7m^2$ 计算；第 $5m^2$ 按 $0.6m^2$ 计算；第 $6m^2$ 以后，每 m^2 按 $0.5m^2$ 计算。

（2）漆种单价的确定

1）确定漆种。根据汽车修复中使用的面漆的价格差异，可以将汽车面漆分为五类。
① 硝基喷漆。
② 单涂层烤漆（常为色漆）。
③ 双涂层烤漆（常为银粉漆或珠光漆）。
④ 变色烤漆。

⑤ 环保水漆。

现场用蘸有硝基漆稀释剂（香蕉水）的白布摩擦漆膜，观察漆膜的溶解程度，如果漆膜溶解，并在白布上留下印迹，则是喷漆，反之为瓷漆。如果是瓷漆再用砂纸在损伤部位的漆面轻轻打磨几下，鉴别是否漆了透明漆层。如果砂纸磨出白灰，就是透明漆层；如果砂纸磨出颜色，就是单级有色漆层。最后借光线的变化，用肉眼看一看颜色有无变化，如果有变化为变色漆。通过上述方法，可以对汽车面漆加以区分。

2）确定漆种的单价。市场上所能购买的面漆大多为进口和合资品牌。世界主要汽车面漆的生产厂家，如美国的杜邦和PPG、英国的ICI、荷兰的新劲等，每升单价都不一样，估价时常采用市场公众都能够接受的价格。

我们知道，每平方米的喷漆费用中有材料费和工时费。在经济相对发达的地区，材料费较低而工时费较高；在经济相对落后的地区，材料费较高而工时费较低。结合起来，每平方米喷漆费用的差别不大，一般收费参考价见表6-2。

表6-2 汽车喷漆收费参考 （单位：元）

漆 种	轿 车					客 车	
	微型	普通	中级	中高级	高级	普通	豪华
硝基喷漆 M2	—	—	—	—	—	100	—
单涂层烤漆 M2	200	250	300	400	500	200	300
双涂层烤漆 M2	300	350	400	500	600	—	400
变色烤漆 M2	—	—	600	700	800	—	—

（3）汽车塑料件喷漆 由于塑料与金属薄板的物理性能不同，其喷漆方法与金属薄板表面喷漆有一些差异。由于漆对塑料有很好的附着性，多数硬塑料不需要使用塑料底漆，而柔性材料由于易膨胀、收缩和弯曲，应在漆层的底层喷涂塑料底漆，并在面层漆中加入柔软剂，否则会产生开裂和起皮现象。所以，柔性塑料喷漆的成本会略有增加，可考虑增加6%～10%的费用。

【技能训练】

活动10 单方事故无人伤事故的查勘

工作任务：

某保险公司查勘定损员接调度中心通知，受理报案号为902860003010700×××单方无人伤事故的查勘工作，要求其在2h内赶到，对标的车进行查勘，确定保险责任，核定事故损失，按要求撰写并上传查勘报告。

查勘过程：

1. 查阅报案记录

由图6-15所示的报案记录可知：

（1）保单信息 保单号：20209003703010××××××；被保险人：刘某；车牌号：沪A-Z××××；保险期限：2007-05-30至2008-05-29。

（2）报案和出险情况

报案时间：2008-04-18 16：52：07，非现场报案；

项目六 单方事故无人伤事故的查勘与定损

图 6-15 报案记录

出险时间：2008-04-18　10：15：00；

报案人：张某，手机133××××××××；

驾驶人：张某某。

（3）事故情况

出险地点：长宁区新渔路靠近剑川路；

出险经过：撞石头墩子，本车车头损坏，无物损；

（4）现车位置　闵行区××路××汽修厂。

2. 事故调查

根据图 6-16 所示的案件信息得知：

1）查勘时间：2008-4-23　7：00。

2）查勘地点：闵行区××路××汽修厂。

3）出险时驾驶人：张某是张某某的弟弟，已证实是张某向张某某借车。

4）事故原因：张某于 2008 年 4 月 18 日 10 点 15 分左右驾驶沪 A-Z×××× 车途经新渔路、剑川路口，因躲避行人，车速过快，撞到路边的石墩，造成本车头部损坏。

5）事故证明：长宁区北新泾派出所出具事故证明，如图 6-17 所示。

3. 查勘结论与处理

1）查勘结论：事故真实，属保险责任。

2）处理：由张某某填写机动车辆保险索赔申请书，如图 6-18 所示。

4. 事故损失的确认

（1）需要更换的零件清单和照片

1）前保险杠和支架，如图 6-19 所示。

2）前保险杠内衬。

147

案件基本信息			
案件号：9028600030108××××××	保单号：20209003703010××××××		被保险人：刘××
车牌号码：沪AZ××××	车架号码：LSGWK52W31S119×××		发动机号：L4610116149
车型：别克SGM7300GS	17位编码：LSGWK52W31S119×××		客户标识 客户(Y)
保单号：20209003703010××××××	是否指定驾驶员：是	保单驾驶员信息	出险情况：已出险5次，赔付率141% 查看
车辆初次登记日期：2001-02-01	报案驾驶员：张×		出险驾驶员：张× 男
行驶证发证日期：			
准驾车型：	驾驶证号：		出险驾驶员属地：
出险时间：2008-04-18 10:15:00	出险地点：上海长宁区新渔路靠近剑川路		出险经过：别克SGM7300GS轿车 撞石头墩子 无物损。车头。查勘等电。
驾照号码：	是否有人伤：否		违章类型：
紧急程度：□立等	事故类型：单方肇事无人伤事故		报案时间：2008-04-18 16:52:07
其他致害方强制三者信息		查看	
查勘员：××× -×× 汽修	查勘地点：其他		查勘记录：一般案件 ▼ 查看
	是否直赔：未知		接车时间：2008-04-23 07:00:00
是否有交通事故责任书 否 是否属于道路交通事故 否 交通事故责任书编号			
车损绝对免赔率：0% 商业险三者绝对免赔率：0% 商业险加扣免赔率：0% 商业险责任系数：100%			
委托类型：□查勘 □核损 □立案 □缮制 □核赔 □结案 □支付 □垫/支付			
查勘意见： 车物查勘状态：已通过核损 人伤查勘状态：			

车损	损失方	车牌号	车主	修理价格	核损意见	核价意见	查勘点意见	打印定损单
	被保人	沪AZ×××××		13200	已修正	价格已修正	补充信息	
物损	赔付险别		修理价格		定损中心意见	查勘点意见		打印物损清单
人伤	赔付险别		总报价			伤亡人数		

图 6-16　案件基本信息

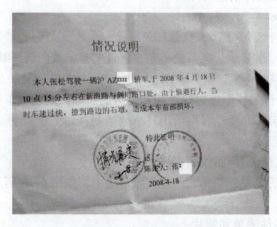

图 6-17　事故情况证明

项目六 单方事故无人伤事故的查勘与定损

3）中网、中网支架及徽标，如图 6-20 所示。

4）前照灯和前雾灯。

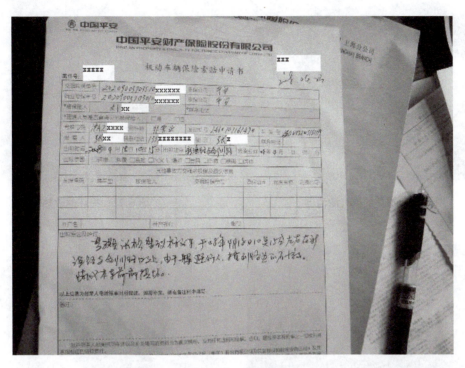

图 6-18 机动车辆保险索赔申请书

图 6-19 前保险杠和支架的损坏情况

图 6-20 中网部位的损坏情况

5）空气滤清器，如图 6-21 所示。

6）散热器，如图 6-22 所示。

7）发动机舱盖锁总成和拉索，如图 6-23 所示。

8）前下摆臂，如图 6-24 所示。

9）元宝梁。

图 6-21　损坏的空气滤清器

图 6-22　损坏的散热器

图 6-23　损坏的发动机舱盖锁总成和拉索

图 6-24　损坏的前下摆臂

10）发动机角垫。

11）空调管和空调液，如图 6-25 所示。

（2）询价

查勘点（修理厂）报价（见图 6-26），总值 10 501 元。

（3）核损

1）损失分析。撞上电线杆下的石墩后，保险杠已经下落位移，后驾驶人继续拖行，导致右侧雾灯及保险杠损坏，属于扩大损失。应剔除右侧雾灯材料，保险杠按 50% 核损。

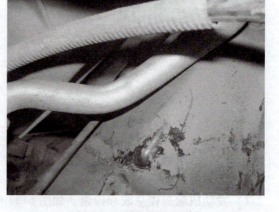

图 6-25　破损的空调管

2）核价分析。经核查确认徽标可以修复；中网支架核价调整为 224 元；空调管仅损坏干燥瓶至蒸发箱一段，调整为 224 元，其余基本一致。

3）核损总值：10 349 元。

（4）修理工时费的确定

1）修理厂认定的修理项目和工时费如图 6-27 所示，残值预算为 109 元。

图 6-26　修理厂的报价　　　图 6-27　修理厂认定的修理项目和工时费

2）定损意见：修理的项目符合实际情况。

① 冷凝器拆装工时费：200 元。

② 吊装发动机、左前悬架拆装工时费：800 元。

③ 修复工时费：250 元。

④ 钣金工时费（发动机舱盖整形，左前翼子板、前围、左前翼子板加强件整形）：750 元。

⑤ 油漆工时费（前保险杠、发动机舱盖、左前翼子板）：700 元；油漆材料费：900 元。

⑥ 空调补液：150 元。

⑦ 前下摆臂和副车架残值较高，有修复价值故核损残值为 649 元。

核损总计：13 200 元。

5. 查勘报告

秉持公平、公正、客观的原则，经过严格的调查、认证和评估，对标的车沪 AZ××××的损失情况核定如图 6-28 所示。

1）事故情况。

2）需要更换的材料及价值如图 6-29 所示。

保险车辆	案件号：	9028600030108xxxxxx	保单号：	20209003703010xxxxxx	被保险人：	刘XX
	发动机号	L48101161xx	车牌号码	沪AZ01xx	车架号	LSGWK52W31S119XXX
	厂牌车型	别克SGM7300GS	使用性质	非营业	初次登记日期	2001-02-01 00:00:00
	强制三者险承保信息					
	保单号		被保险人		承保公司	
出险驾驶员		张x	驾证号		职业	
初次领证日期			准驾车型		性别	男　年龄
查勘时间		2008-04-23 07:00:00	查勘地点	其他		
出险时间		2008-04-18 10:15:00	出险地点	上海长宁区新渔路靠近剑川路		
三者车	厂牌车型		车牌号码		发动机号	
	驾驶人		驾驶证号		准驾车型	
请按右侧所列内容仔细查验并认真完整地填写	1. 出险原因：碰撞 2. 保险车辆的车牌号码、发动机号、车架号与保单上所载明的是否相符：是 3. 出险地点：(1)分类：场院及其他 (2)与报案所报是否一致：是 4. 出险险别：车辆损失险 5. 强制三者险是否为我司承保：是 6. 强制三者险是否需垫付：否 7. 实际使用性质与保单所载明的是否一致：是 8. 保险车辆驾驶人员情况与报案人所述是否一致：是 9. 保险车辆驾驶人员的驾驶证是否有效：是 10. 保险车辆的行驶证是否有效：是 11. 保险车辆驾驶人员准驾车型与实际驾驶车辆是否相符：是 12. 使用各种专用机械车、特种车的人员是否有国家有关部门核发的有效操作证 13. 驾驶营业性客车的驾驶人员是否有国家有关部门核发的有效资格证书 14. 保险车辆驾驶人员是否为保险合同约定的驾驶人员：是 15. 保险车辆驾驶人员是否为酒后驾车：否 16. 保险车辆损失痕迹与事故现场痕迹是否吻合：是 17. 事故是否涉及第三方人身伤亡：否 18. 事故是否涉及第三方财产损失：否 19. 事故是否涉及本车上人员伤亡：否 20. 是否在约定行驶区域：是 21. 其他需要说明的内容：					
查勘意见	是否属保险责任：是 查勘结论： 撞石头墩子 无物损。车头					

图 6-28　机动车辆事故查勘报告

被保人车损信息

修理厂名称：l　　修理厂类型：特约服务站

车牌号：沪AIxxxx　　17位编码：LSGWK52W31S119xxx　　施救费用：　　险种：车损险

车辆品牌：别克　　生产厂家：上海通用　　车系：上海通用别克世纪

车组：上海通用别克世纪　　车型：别克SGM7300GS　　发动机型号：

变速箱型号：　　年款：　　车辆定型有误

序号	删除	更换项目	查勘点报价	核价	本地价格	采集地核价	备注	数量	原厂编码	平安编码	配件来源
1		前保险杠皮	1080	1080				1	10292725	001100	
2		前保险杠内衬	250	250				1	10292156	001600	
3		前保险杠骨架	560	560				1	5475159	001620	
4		中网	940	940				1	10287933	002000	
5		中网徽标	60	0				1	10273063	002200	
6		前大灯（左）	1050	1050				1	10292683	004000	
7		前雾灯（左）	260	260				1	10292681	004500	
8		空气滤清器壳（上）	535	535				1	12566157	042310	
9		空气滤清器壳（下）	496	496				1	25099500	042311	
10		散热器	1335	1335				1	5475329	040000	
11		发动机罩锁总成	120	120				1	10303257	007300	
12		发动机罩拉线	65	65				1	10303255	007600	
13		中网支架	240	224				1			
14		前保险杠支架（左）	20	20				1		001621	
15		元宝梁	2400	2400				1	10423177	054011	
16		前下摆臂（左）	390	390				1	5488142	056400	
17		发动机机角垫	250	250				1			
18		空调加液	180	50				1			
19		空调管	300	24			平损无到是发借	1			
		小计	[illegible]	[illegible]		[illegible]					

图 6-29　车损信息表

项目六 单方事故无人伤事故的查勘与定损

3）修理的项目及工时费见表6-3。

表6-3 修理的项目及工时费

修 理 项 目	工 时 费	核损中心同意价	备 注
拆装	200	200	
钣金：发动机舱盖，左前翼子板，左纵梁，前围，左前翼子板加强件	750	750	
机工：吊装发动机，左前悬架的拆装，冷凝器修复	800	800	
电工：空调加液	150	150	
油漆：前保险杠发动机舱盖，左前翼子板	1600	1600	
左纵梁，前围	0	0	

查勘残值：109　　核损残值：649　　标的全损：否

	材料费	工时费	管理费	总公司核定管理费	税金	合计
查勘点	10501	3500	0	0	0	13892
定损中心	10349	3500	0	0	0	13200

其他交强险赔偿金额：

查勘过程：

1）输入定损车的厂牌、品牌——"上海大众桑塔纳"，如图6-30所示。

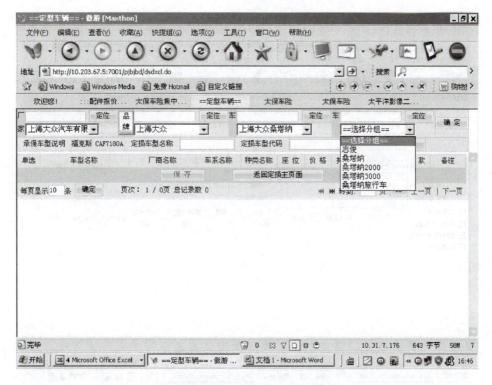

图6-30 输入定损车的厂牌、品牌

2）选择车型——"桑塔纳 SVW7180 1.8 电喷"，如图 6-31 所示。

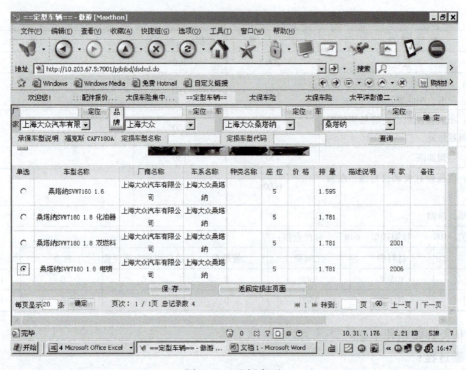

图 6-31　选择车型

3）选择价格方案——"4S 店件"，如图 6-32 所示。

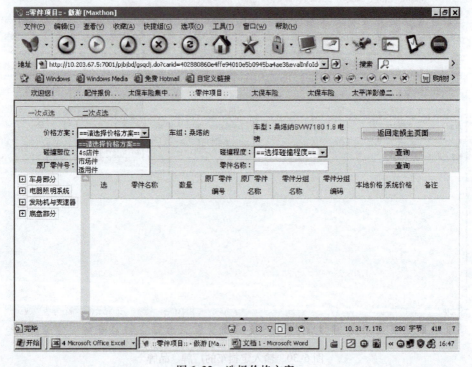

图 6-32　选择价格方案

项目六　单方事故无人伤事故的查勘与定损

4）选择碰撞部位——"正前方"，如图6-33所示。

图6-33　选择碰撞部位

5）选择碰撞程度——"轻度碰撞"，如图6-34所示。

图6-34　选择碰撞程度

6）选择要查询的零件——"车身部分，前保险杠"，原厂零件编号是330807217B2BC，如图6-35所示。

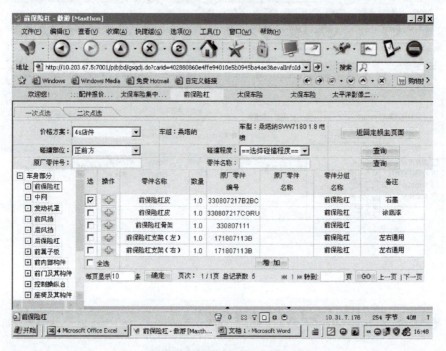

图6-35　选择要查询的零件

7）单击"操作"按钮，显示桑塔纳SVW7180 1.8电喷型车前保险杠的4S店查勘报价是200元整，如图6-36所示。

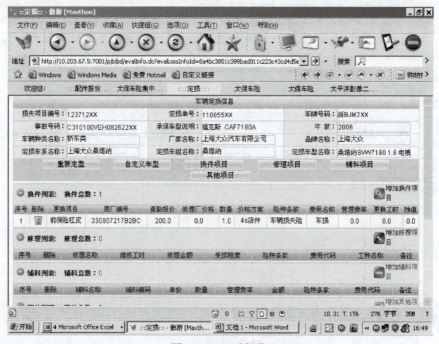

图6-36　显示报价

项目六　单方事故无人伤事故的查勘与定损

8）继续查询保险杠拆卸的工时，得到工时编码为 C001100，如图 6-37 所示。

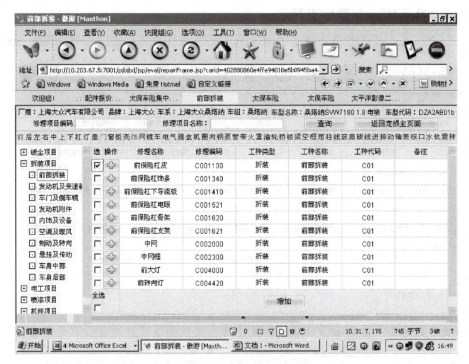

图 6-37　查询拆卸的工时

9）单击"操作"按钮，得到前保险杠的修理工时金额为 100 元，如图 6-38 所示。

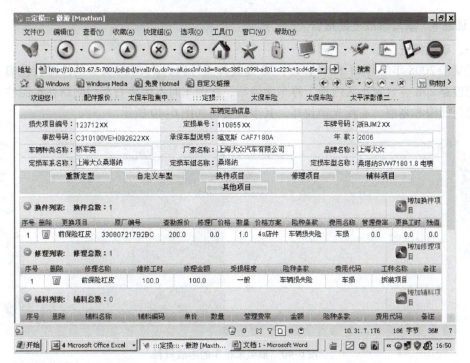

图 6-38　显示修理工时金额

10）按"计算"按钮，得到"桑塔纳SVW7180 1.8电喷型车前保险杠的4S店的材料和修理总价是300元整"，如图6-39所示。

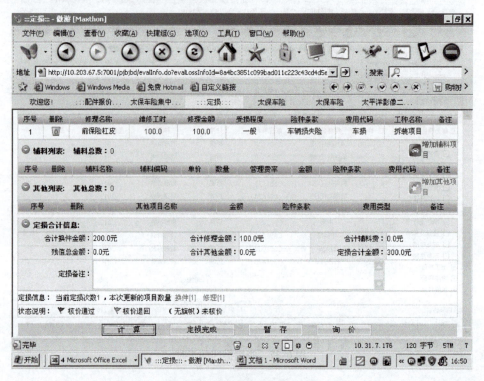

图6-39　显示材料和修理总价

训练6　填写事故查勘报告

一、事故概况

王某于2008年7月21日下午13：30驾驶牌照号码为沪GD55××的沙滩黄色福美来轿车在翔殷路258弄自家小区内地下停车库停车，在倒车时不慎将右车门剐蹭在水泥柱上，导致右前门凹陷和划痕，右反光镜拉坏，其事故资料如图6-40所示。

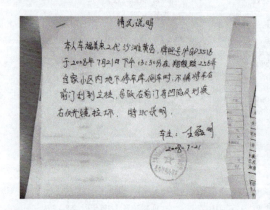 

图6-40　福美来轿车的事故资料

项目六 单方事故无人伤事故的查勘与定损

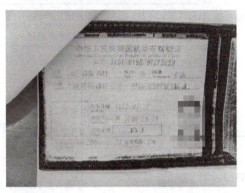
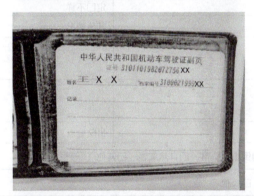

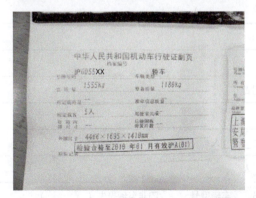

图 6-40　福美来轿车的事故资料（续）

二、填写事故查勘报告

作为保险公司的定损员,请你为该案进行查勘、定损作业,并填写事故查勘报告(见表6-4)。

表6-4 车险理赔现场查勘报告

被保险人:		保单号码:		赔案编号:		
保险车辆	号牌号码:		是否与底单相符:		车辆识别代号(VIN): 是否与底单相符:	
	厂牌型号:		车辆类型:	是否与底单相符:	检验合格至:	
	初次登记年月:		使用性质:	是否与底单相符:	漆色及种类:	
	行驶证车主:		是否与底单相符:	行驶里程	燃料种类:	
	方向形式:		变速器类型:		驱动形式	损失程度: □无损失 □部分损失 □全部损失
	是否改装:		是否具有合法的保险利益:		是否违反装载规定:	
驾驶人	姓名:		证号:		领证时间:	审验合格至:
	准驾车型:		是否是被保险人允许的驾驶人:□是 □否		是否是约定的驾驶人: □是 □否 □合同未约定 □不详	
	是否酒后:□是 □否 □未确定				其他情况:	
查勘时间	(1) 是否第一现场		(2)		(3)	
查勘地点	(1)		(2)		(3)	
出险时间:			保险时限:		出险地点:	
出险原因:□碰撞 □倾覆 □火灾 □自燃 □外界事物倒塌、坠落 □自然灾害 □其他( )						
事故原因:□疏忽、措施不当 □机械事故 □违法装载 □其他( )						
事故涉及险种:□车辆损失险 □第三者责任险 □附加险( )						
专用车、特种车是否有有效操作证:□有 □无						
营业性客车有无有效的资格证书:□有 □无						
事故车辆的损失痕迹与事故现场的痕迹是否吻合:□是 □否						
事故为:□单方事故 □双方事故 □多方事故						
保险车辆车上人员伤亡情况:□无 □有 伤_____人;亡_____人						
第三者人员伤亡情况:□无 □有 伤_____人;亡_____人						
第三者财产损失情况:□无 □有 □车辆损失 号牌号码 车辆型号 □非车辆损失( )						

项目六　单方事故无人伤事故的查勘与定损

（续）

被保险人：	保单号码：	赔案编号：
事故经过：		
现场图：		
施救情况：		
现场照片：（共　幅）		
被保险人签字：		查勘员签字：

161

【项目小结】

1）汽车的单方事故包括路上事故和路外事故两种：路上事故是汽车和路上的停放车辆、施工作业机械发生碰撞及路上翻车等；路外事故有汽车驶离车道冲向边沟或坠落，汽车撞向防护栏、电线杆或分隔带等。

2）汽车与路上的停放车辆或工作物的碰撞，是由于驾驶人的错觉，对路上的静止物认知过迟而造成的追尾现象，而汽车的路外单方事故多是由于操作失误造成的。

3）汽车与电线杆等固定物碰撞时，由于车体承受冲击载荷的面积较小，故在相同的碰撞速度下，与正面碰撞相比，其变形量（凹损部深度）较大。

4）同样撞击到固定物，由于固定物的固定方向不同，发动机和固定物所吸收的能量也有差异。

5）单方事故碰撞中的常损件有车身覆盖钣金件、塑料件及电器件等。

6）在保证汽车修理质量的前提下，用最小的成本，完成受损部位修复是评估人员评估受损汽车的原则。

7）非结构钣金件中可拆卸件的换修原则：如果每米长度超过 3 个折曲、破裂变形，或已无基准形状，应考虑更换，否则应修理。

8）非结构钣金件中不可拆卸件的换修原则：只要有修理的可能性都应采取修理的方法修复，而不应像前翼子板一样存在值不值得修理的问题。

9）塑料是以树脂为主要成分，在一定温度和压力下塑造成一定形状，并在常温下能保持既定形状的高分子有机材料。

10）树脂（塑料）件的换修原则：

① 对于燃油箱及要求严格的安全结构件，必须考虑更换。

② 整体破碎应以考虑更换为主。

③ 价值较低、更换方便的零件应以考虑更换为主。

④ 应力集中部位，如富康车尾门铰链、撑杆锁机处，应考虑更换为主。

⑤ 基础零件，并且尺寸较大，受损以划痕、撕裂、擦伤或穿孔为主，零件拆装麻烦、更换成本高或无现货供应时，应以考虑修理为主。

⑥ 表面无漆面的、不能使用氰基丙烯酸酯粘接法修理且表面美光要求较高的塑料零件，一般来说，由于修理处会留下明显的痕迹，应考虑更换。

11）需更换零件的确定。一般，需要更换的零部件归纳为以下四种。

① 无法修复的零部件。如灯具损毁严重，玻璃破碎等。

② 工艺上不可修复使用的零部件。

③ 安全上不允许修理的零部件。

④ 无修复价值的零件。

12）拆装项目的确定：有些零部件或总成并没有损伤，但是更换、修复、检验其他部件时，需要拆下该零部件或总成，后重新装回。

13）待查项目：有些零件，用肉眼和经验一时无法判断其是否受损，是否达到需要更换的程度，需要在解体后进一步检查。

14）汽车修理工时包括更换、拆装项目工时，修理项目工时和辅助作业工时。工时费的确定是根据损失项目的确定而确定的，可以从评估基准地的《汽车维修工时定额与收费标准》中查到相应的工时数量或工时费标准。

15）涂装费用确定：基本按面积乘以漆种单价作为计价基础。

【复习思考题】

一、选择题

1）在相同的碰撞速度下，汽车和固定物相撞与追尾相比，车的变形量会（ ）。
   A. 一样　　　　B. 更大　　　　C. 更小　　　　D. 不一定
2）汽车和固定物相撞，如果固定位移（ ），则汽车的变形（ ）。
   A. 大，小　　　B. 大，大　　　C. 小，小　　　D. 小，大
3）塑料件只有在发生（ ）状况时，才可以考虑更换。
   A. 折断　　　　B. 撕裂　　　　C. 擦伤　　　　D. 划痕
4）可以用塑料焊机焊接的是（ ）。
   A. 热固性塑料　B. 热塑性塑料　C. 都可以　　　D. 都不可以
5）关于塑料件的换修原则，下述中（ ）说法是错误的。
   A. 对于燃油箱及要求严格的安全结构件，必须考虑更换
   B. 整体破碎应以考虑更换为主
   C. 应力集中部位，应考虑更换为主
   D. 价值较高、但更换方便的零件应以考虑更换为主
6）一般关于零部件的修复与更换的选择，下述说法中错误的是（ ）。
   A. 无法修复的零部件
   B. 工艺上不可修复使用的零部件
   C. 修理价格较低的
   D. 安全上不允许修理的零部件
7）事故车修理方案的确定中，不需要确定的是（ ）。
   A. 需更换的零件　　　　　　B. 需拆装的项目
   C. 待检查的项目　　　　　　D. 事故的责任
8）汽车修理工时不包括（ ）。
   A. 更换、拆装项目工时
   B. 修理项目工时
   C. 辅助作业工时
   D. 检验工时
9）下述汽车油漆中，价格最高的是（ ）。
   A. 硝基喷漆　　B. 单涂层烤漆　C. 双涂层烤漆　D. 变色烤漆

二、判断题

1）汽车与路上的停放车辆、施工作业机械发生碰撞及路上翻车等属于单车事故。
（ ）

2）汽车的侧滑是引起路外事故的主要原因。   （   ）
3）如果可拆卸件发生每米长度超过1个折曲、破裂变形，或已无基准形状，应考虑更换。
                                                  （   ）
4）如果车门门框产生塑性变形，一般来说是无法修复的，应考虑更换。   （   ）
5）用蘸有硝基漆稀释剂（香蕉水）的白布摩擦漆膜，如果在白布上留下印迹，则是喷漆。
                                                  （   ）
6）普通轿车钣喷修理费为一个面800元。   （   ）
7）在事故车修理中，用于检查悬架系统和转向系统定位的工时，属于拆装工时。
                                                  （   ）
8）无修复价值的零件是指那些修复价值接近或超过零部件原价值的零部件。 （   ）
9）目前修理工艺较高，即使门框产生塑性变形，也可以修复如初。   （   ）
10）汽车前照灯支架在碰撞事故中经常折断，为降低赔付，一般可以焊接后使用。
                                                  （   ）

三、简答题

1）某车的保险杠撞出一个3cm长的裂缝，分析如果是不同的材料制成的，分别应如何修理或更换。
2）钢制车门碰撞后如何判断修与换？
3）请从维修工时手册上查找丰田威驰前车门拆装的工时定额是多少工时？
4）请从维修工时手册上查找更换丰田威驰散热器的工时定额是多少工时？
5）丰田威驰前车门的涂装费用约为多少？

综合任务二

涉及第三者财产损失案件的查勘与定损

项目七　涉及第三者物损的查勘与定损

【学习目标】

知识目标：
1. 理解第三者的含义。
2. 知道第三者责任险的保险责任和除外责任。
3. 知道施救的处理规程和施救费用的理赔规定。

能力目标：
1. 能依据事故的痕迹分析事故原因，判断事故责任。
2. 能对除乘用车以外的第三者进行损失评估。
3. 能识别扩大施救的途径

【知识准备】

一、第三者财产损失的确定

保险事故导致的财产损失，除了车辆本身的损失和第三者人员伤害外，还可能会造成第三者的财产损失和车上承运货物的损失，从而构成第三者责任险和车上责任险赔偿对象。

对于第三者财产损失的定损因其涉及范围较大，定损标准、技术以及掌握的尺度相对机动车辆来讲要难得多。根据机动车辆第三者责任险保险条款规定，保险车辆发生意外事故，直接造成事故现场他人现有财产的实际损毁，保险人依据保险合同的规定予以赔偿。而第三方（受害者）在对财产损毁的赔偿方面往往提出远高于实际价值的要求，有些甚至还包括间接损失以及处罚性质的赔偿。由此，给保险公司定损人员在定损过程中带来了很多困难。

第三者财产损失赔偿责任是基于被保险人的侵权行为产生的，应根据民法的有关规定按照被损害财产的实际损失予以赔偿。交通事故造成财产直接损失的，按照《民法通则》第117条的规定，应当恢复原状或者折价赔偿。确定的方式可以采用与被害人协商，协商不成可以采用仲裁或者诉讼的方式。

按照《道路交通事故处理程序规定》，对于交通事故造成的财、物损失应赔偿直接损失，其赔偿办法是修复或者折价赔偿。修复费用、折价赔偿费用按照实际价值或者评估机构的评估结论计算。

第三者财产损失包括第三者车辆所载货物、道路、道路安全设施、房屋建筑、电力和水利设施、道旁树木花卉和道旁农田庄稼等。第三者财产损失的常见定损处理方法如下：

1. 市政设施

对于市政设施的损失，市政部门对肇事者所索要的损失赔偿往往有一部分属处罚性质以及间接损失方面的赔偿，但保险公司依据条款规定只能承担因事故造成的直接损失。因此，定损人员在定损过程中应该掌握和区分第三者索要的赔偿部分哪些属于间接费用、哪些属于罚款性质。同时，为使定损合理，定损人员要准确掌握和收集当地的损坏物体的制造成本、安装费用及赔偿标准。一般情况，各地市内绿化树木及草坪都有规定的赔偿标准及处罚标准。在定损过程中，只能按损坏物体的制造成本、安装费用及赔偿标准进行定损。

2. 道路及道路设施

车辆倾覆后很容易造成对道路路面的擦痕以及燃油对道路的污染。很多情况下，路政管理部门都要求对路面进行赔偿，尤其是高速公路路段。道路两旁的设施（护栏等）也可能因车辆碰撞造成损坏。对于以上两方面所造成的损失，保险公司有责任与被保险人一起同路政管理部门商定损失。因道路及设施的修复施工一般都由路政管理部门组织，很难以招标形式进行定损。大部分损失核定都以路政管理部门为主，但在核损时定损人员必须掌握道路维修及设施修复的费用标准，定损范围只限于直接造成损坏的部分。对于路基路面塌陷应视情况确定是否属于保险责任。若在允许的载重吨位下，车辆通过所造成的路基路面塌陷，不在赔偿范围之内；若车辆严重超载，在超过允许吨位下通过所造成的路基路面损失，应由被保险人自行赔偿，不在保险公司赔偿范围之内。

3. 房屋建筑物

碰撞事故可能造成路旁房屋建筑物的损坏。在对房屋建筑物的损失进行核定时，除要求定损人员掌握有关建筑方面的知识之外（建筑材料费用、人工费用），在定损方面最好采取招标形式进行，请当地建筑施工单位进行修复费用预算招标，这样一方面便于准确定损，另一方面也比较容易说服第三者（受害者）接受维修方案。

4. 道旁农田庄稼

车辆倾覆可能造成道旁农田庄稼（青苗）的损坏，此部分损失核定可参照当地同类农作物的亩产量进行测算定损。

5. 第三者车上货物的损坏

在对第三者损失定损的过程中，实际确定的损失费用往往与第三者向被保险人索要的赔偿费用有一定的差距。保险公司定损人员应当向被保险人解释清楚，即保险公司只能对造成第三者的实际损坏部分的直接损失费用进行赔偿，超出部分（如间接损失费用、处罚性质费用以及第三者无理索要的部分费用）应由被保险人与第三者进行协商处理。

二、车上货物损失的确定

凡发生保险责任内的车上货物损失，原则上保险公司必须立即派人员前往出事现场，对车上货物损失进行查勘，然后会同被保险人和有关人员对受损的货物进行逐项清理，以确定损失数量、损失程度和损失金额。在损失金额的确定方面应坚持从保险利益原则出发，注意掌握在出险当时标的具有或者已经实现的价值，确保体现补偿原则。

在对车上货物损失进行查勘定损时，应注意掌握以下几项原则。

1）机动车辆保险条款在车上责任保险条款中一般都明确规定："由于诈骗、盗窃、丢失、走失、哄抢造成的货物损失，保险人概不负责任"。根据这一规定，在车辆发生保险责任事故，如碰撞、倾覆造成车上货物损失，查勘定损人员在对车上货物进行查勘定损时，只需对损坏的货物进行数量清点，并分类确定其受损程度。

2）对于易变质、易腐烂的（如食品、水果类等）物品，在征得保险公司有关领导同意后，应尽快现场变价处理。

3）对机电设备损坏程度的确定。应联系有关部门进行严格的技术鉴定。当地有条件的可在当地进行，当地无条件的可将设备运回进行技术鉴定（或送往设备制造单位）。在对机电类设备进行定损时，仍坚持以修复为主的定损原则，坚持可更换局部零件的，不更换总成件，一般不轻易作报废处理决定。

4）对确实已达报废程度，无修理恢复使用价值可能性的，可作报废处理，但必须将残值折归给被保险人。

三、施救费用的确定

施救费用是指当被保险标的遭遇保险责任范围内的灾害事故时，被保险人或其代理人、雇佣人员为了减少事故损失而采取适当措施抢救保险标的时支出的额外费用。所以，施救费用是用一个相对较小的费用支出来控制损失的扩大。

1. 确定施救费用应遵循的原则

施救费用的确定要严格按照条款规定事项进行，并遵循以下原则。

1）保险车辆发生火灾时，应当赔偿被保险人或其允许的驾驶人使用他人非专业消防单位的消防设备、施救保险车辆所消耗的合理费用及设备损失。

2）保险车辆出险后，失去正常的行驶能力，被保险人雇用吊车及其他车辆进行抢救的费用以及将出险车辆拖运到修理厂的运输费用，保险人应按当地物价部门核准的收费标准予以负责。

3）在抢救过程中，因抢救而损坏他人的财产，如果应由被保险人赔偿的，可予以赔偿。但在抢救时，抢救人员个人丢失的物品不予赔偿。

4）抢救车辆在拖运受损保险车辆的途中，发生意外事故造成保险车辆的损失扩大和费用支出增加部分，如果该抢救车辆是被保险人自己或他人义务派来抢救的，应予赔偿；如果该抢救车辆是受雇的，则不予赔偿。

5）保险车辆出险后，被保险人或其允许的驾驶人，或其代表奔赴肇事现场处理所支出的费用，不予负责。

6）保险人只对保险车辆的施救保护费用负责。保险车辆发生保险事故后，需要施救的受损财产可能不仅局限于保险标的，但是保险公司只对保险标的的施救费用负责。所以，在这种情况下，施救费用应按照获救价值进行分摊。如果施救对象为受损保险车辆及其所装载的货物，且施救费用无法区分，则应按保险车辆与货物的获救价值进行比例分摊，机动车辆保险人仅负责保险车辆应分摊的部分。

7）保险车辆为进口车或特种车，发生保险事故后，当地确实不能修理，经保险人同意后去外地修理的移送费，可予适当负责。但是，应当明确的是，这种费用属于修理费用的一部分，而不是施救费用。另外，护送保险车辆者的工资和差旅费，不予负责。

8）施救、保护费用与修理费用应分别理算。但施救前，如果施救、保护费用与修理费用相加，估计已达到或超过保险金额时，则可推定全损予以赔偿。

9）保险车辆发生保险事故后，对其停车费、保管费、扣车费及各种罚款，保险人不予负责。

10）车辆损失险的施救费用是一个单独的保险金额，而第三者责任险的施救费用不是一个单独的赔偿限额，第三者责任险的施救费用与第三者损失金额相加不得超过第三者责任险的保险赔偿限额。

2. 施救过程中车辆损失扩大的处理

车辆发生重大事故后，例如严重碰撞及倾覆，往往需要进行施救，才能使出险车辆脱离现场。根据机动车保险条款规定："保险车辆发生保险事故后，被保险人应当采取合理的保护、施救措施，并立即向事故发生地交通管理部门报案，同时通知保险人。"被保险人未履行此条义务，保险人有权拒赔。在掌握上应重点放在区分是否合理保护和施救上。

一般情况下，在对车辆进行施救时，难免对出险车辆造成再次损失，例如使用吊车吊装时，钢丝绳对车身的漆皮损伤。对于合理的施救损失，保险公司可承担损伤赔偿责任（即在定损时考虑对损坏部位的修复），对于不合理的施救损失在定损时则可不予考虑。

不合理施救的主要表现有以下几个方面。
1）对倾覆车辆在吊装过程中未合理固定，造成二次倾覆的。
2）在使用吊车起吊中未对车身进行合理保护，致车身大面积扭伤的。
3）对拖移车辆未进行检查，造成车辆机械（例如制动、传动部分）损坏的，轮胎缺气或转向失灵硬拖硬磨造成轮胎损坏的。
4）在分解施救过程中拆卸不当，造成车辆零部件损坏或丢失的。

四、残值处理

残值处理是指保险公司根据保险合同履行了赔偿并取得对于受损标的的所有权后，对于这些受损标的的处理。

在通常情况下，对于残值的处理均采用协商作价折归被保险人并在保险赔款中予以扣除的做法。但在协商不成的情况下，保险公司应将已经赔偿的受损物资收回。这些受损物资可以委托有关部门进行拍卖处理，处理所得款项应当冲减赔款。一时无法处理的，则应交保险公司的损余物资管理部门收回。

【技能训练】

活动 11　第三方物损的查勘

中国平安浙江分公司受中国平安上海分公司委托，受理案件号为 902860003010802××××的代查勘案件。案件记录显示被保险人（也是报案人）称：标的车（宝马 BMW530Li，沪 G-900××）在江苏昆山定山湖镇定新路近钱陈路口，与三者车苏 E-NB×××相撞。本车和三者车均有损，同时造成路边香樟树的损失。双方已现场报案，事故责任交警正在处理中。由于三者车已由三者保险公司（昆山太保）查勘定损，故要求对事故的现场进行查勘，并对香樟树的损失进行定损，标的车运回上海定损。

查勘过程：

1. 事故现场分析——定责

1）事故现场（见图 7-1）：江苏昆山定山湖镇定新路近钱陈路口，路口有信号灯。

2）出险原因及经过：标的车在定山湖镇定新路由西向东行驶，在钱陈路口不慎与在钱陈路由北向南行驶的三者车苏 E-NB×××相撞，两车的碰撞部位如图 7-2 和图 7-3 所示。事故原因交警正在调查。

图 7-1　事故现场

图 7-2　标的车的损坏情况

3）现场位置图如图 7-4 所示。

图 7-3　三者车的损坏情况

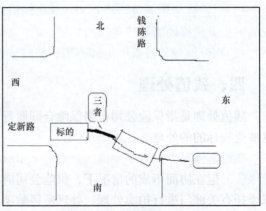

图 7-4　事故现场位置模拟图

4)事故原因分析:标的车在撞车后有明显的制动痕迹(见图7-5),制动距离显示当时的车速并不很快。根据双方碰撞的部位和三者车的运行方向、距离分析,三者车属于被撞击,具体事故责任认定待交警根据信号灯等证据进行判断分析。

2. 香樟树物损查勘——定损

1)物损原因:三者车撞击后改变行驶方向,冲向绿化带,造成一棵香樟树断掉,另一棵受损,如图7-6所示。

图7-5 标的车制动的痕迹　　　　　　图7-6 路面的痕迹

2)物损价值(见图7-7)。公路处报价3000元。实际损失较轻,建议按1000元核损。

a)　　　　　　　　　　　　　　b)

图7-7 物损价值
a)撞断的树　b)仍可栽活的树

3. 标的车处理

拖回上海进行定损和修理。

4. 查勘记录

如图7-8所示为事故查勘记录。

事故车辆查勘与定损 第2版

图7-8 事故查勘记录

训练7 涉及第三者事故的查勘

一、事故概况

2006年8月6日,标的驾驶人驾驶标的车,行驶于老沪闵路,因违反让行规定,与三者助动车碰撞,标的车左后尾部受损,三者助动车损坏,三者驾驶人受伤。标的两证暂扣。

材料:

1. 标的车的资料(见图7-9)

图7-9 标的车的资料

项目七 涉及第三者物损的查勘与定损

图 7-9 标的车的资料（续）

2. 三者车的资料（见图 7-10）

图 7-10 三者车的资料

图 7-10　三者车的资料（续）

二、填写机动车的损失记录书

请老师带领同学们分组扮演保险公司的定损员，为该案进行查勘、定损作业。依据案情分析审核事故责任，确定三者助动车的损失并填写三者机动车的损失记录书（见表 7-1）。看哪组同学的定损价格最接近实际定损价格。

表 7-1　机动车的损失记录书

损失项目	修理价格	损失项目	修理价格
1		4	
2		5	
3		6	

【项目小结】

1. 第三者财产损失的确定

1）第三者财产损失包括第三者车辆所载货物、道路、道路安全设施、房屋建筑、电力和水利设施、道旁树木花卉和道旁农田庄稼等。

2）第三者财产损失赔偿责任是基于被保险人的侵权行为产生的，应根据民法的有关规定按照被损害财产的实际损失予以赔偿。交通事故造成财产直接损失的，按照《民法通则》第117条的规定，应当恢复原状或者折价赔偿。

3）按照《道路交通事故处理程序规定》，对于交通事故造成财、物损失应赔偿直接损失，其赔偿办法是修复或者折价赔偿。

4）根据机动车辆第三者责任险保险条款规定，保险车辆发生意外事故，直接造成事故现场他人现有财产的实际损毁，保险人依据保险合同的规定予以赔偿。

5）保险公司只能对造成第三者的实际损坏部分的直接损失费用进行赔偿，超出部分应由被保险人与第三者进行协商处理。

2. 车上货物损失的确定

1）损失金额的确定方面应坚持从保险利益原则出发，注意掌握在出险当时标的具有或者已经实现的价值，确保体现补偿原则。

2）查勘定损人员在对车上货物进行查勘定损时，只需对损坏的货物进行数量清点，并分类确定其受损程度。

3. 施救费用的确定

1）施救费用是指当被保险标的遭遇保险责任范围内的灾害事故时，被保险人或其代理人、雇佣人员为了减少事故损失而采取适当措施抢救保险标的时支出的额外费用。

2）保险车辆发生火灾时，应当赔偿被保险人或其允许的驾驶人使用他人非专业消防单位的消防设备、施救保险车辆所消耗的合理费用及设备损失。

3）保险车辆出险后，失去正常的行驶能力，被保险人雇用吊车及其他车辆进行抢救的费用以及将出险车辆拖运到修理厂的运输费用，保险人应按当地物价部门核准的收费标准予以负责。

4）车辆损失险的施救费用是一个单独的保险金额，而第三者责任险的施救费用不是一个单独的赔偿限额，第三者责任险的施救费用与第三者损失金额相加不得超过第三者责任险的保险赔偿限额。

4. 残值处理

1）残值处理是指保险公司根据保险合同履行了赔偿并取得对于受损标的的所有权后，对于这些受损标的的处理。

2）在通常情况下，对于残值的处理均采用协商作价折归被保险人并在保险赔款中予以扣除的做法。

3）在协商不成的情况下，保险公司应将已经赔偿的受损物资收回。

【复习思考题】

一、判断题

1）在抢救过程中造成的损失，包括抢救人员丢失的个人物品，都应由保险人赔付。
（   ）

2）对于易变质、易腐烂的物品，在征得保险公司有关领导同意后，应尽快现场变价处理。
（   ）

3) 道路及设施的修复施工一般都由路政管理部门组织,在核损时定损人员必须掌握道路维修及设施修复的费用标准,定损范围只限于直接和间接造成损坏的部分。（　　）

4) 造成绿化树木及草坪损失时,只能按损坏物体的制造成本、安装费用及赔偿标准进行定损。（　　）

二、选择题

1) 抢救车辆在拖运受损保险车辆的途中,发生意外事故造成保险车辆的损失扩大部分和费用支出增加部分,如果该抢救车辆是（　　）,则保险公司应该赔付这部分费用。
A. 保险人自己的　　　B. 受雇的　　　C. A 或者 B　　　D. 不管什么性质

2) 保险车辆出险后,（　　）奔赴肇事现场处理所支出的费用,保险公司不予负责。
A. 被保险人　　　　　　　　　B. 被保险人允许的驾驶人
C. 被保险人的代表　　　　　　D. A 或 B 或 C

3) 确实已达报废程度,无修理恢复使用价值可能性的,可作报废处理,但必须将残值折归给（　　）。
A. 保险人　　　B. 被保险人　　　C. 修理厂　　　D. 都可以

4) 在对房屋建筑物的损失核定方面,应该由（　　）确定。
A. 保险人　　　B. 被保险人　　　C. 第三方评估公司　　　D. 采用招标形式

三、简答题

1) 第三者财产损失包括哪几类？如何确定其损失？

2) 如果标的车翻车后,车上货物被哄抢,保险人是否应该赔偿货物的损失？怎样赔偿？

3) 如果事故车维修方不愿接受残值处理方案,应该怎么办？

4) 如果被保险人指定的驾驶人没钱支付施救费用,作为查勘定损员该如何处理？为什么？

项目八　两车以上事故的查勘与定损

【学习目标】

知识目标：
1. 知道典型事故的查勘要则。
2. 知道汽车修理费用的构成。
3. 知道不同碰撞点的碰撞可能造成的损失。
4. 知道较严重损坏的修复方法。

能力目标：
1. 能分析事故中受损的零部件。
2. 能根据不同车型和不同来源配件确定相应的工时标准和配件价格。
3. 能针对不同类型的汽车维修企业确定合理的维修费用。
4. 能评估两车事故损失为 3000～10 000 元案件的修复费用。

【知识准备】

一、机动车碰撞事故的形式及损伤特点

汽车碰撞事故是指汽车与汽车或物体之间发生相互碰撞，从而造成车辆损坏、被撞物体损坏甚至人员伤亡等各种损失。按照碰撞方向和事故所导致的后果，可将车辆事故分为正面碰撞、侧面碰撞、尾部碰撞和翻车等几种类型。表 8-1 为常见的机动车碰撞事故形式、损伤特点和查勘要点。

表 8-1　常见的机动车碰撞事故形式、损伤特点和查勘要点

碰撞事故形式	车辆	部位	常见损伤部件	查勘要点
正面追尾碰撞	A车	前部	1. 前保险杠及附件 2. 护栅、铭牌 3. 前照灯 4. 前部散热器和散热器支架 5. 发动机舱盖及发动机附件 6. 前翼子板 7. 前纵梁	1. A车追尾撞击前车尾部，B车无过错，A车负全责 2. 由于后车为已经制动后撞击前车，后车前部重心会下移，如果前车保险杠相对较高，就会使后车车头入前车，后车前保险杠向下变形，前车保险杠会向上变形 3. 如果前车后保险杠相对较低，后车保险杠受前车保险杠向上的作用力会向上变形，前车的保险杠会向下变形
	B车	尾部	1. 后保险杠 2. 尾灯 3. 尾灯铭牌 4. 行李舱盖及附件 5. 后翼子板 6. 行李舱底板及梁	
路口抢道	A车	前侧部位	1. 左侧前翼子板及附件 2. 左侧前照灯 3. 发动机舱盖 4. 左侧前悬架 5. 左前纵梁 6. 散热器支架 7. 左A柱	1. A车通过路口遇放行信号不依次通过，B车无过错，A车负全责 2. 两车损失常伴有一定的对称性
	B车	前侧部位	同上部件的另一侧	
强行变道	A车	前侧部位	同"路口抢道"A车，但通常损失较重	1. A车变更车道时，未让所借车道内的车优先通行，B车无过错，A车负全责 2. 由于通常两车的车速均较快，两车碰撞后会损失方向，还可能造成二次碰撞 3. 要区分二次碰撞损伤的部件哪些是本次事故造成的、哪些不是本次事故造成的

（续）

碰撞事故形式		主要损伤情况		查勘要点
	车辆	部位	常见损伤部件	
强行变道	B车	前角部位	同"路口抢道"B车，但通常损失较重	4. 要注意车内人员碰撞所造成的车辆损伤
路口抢道	A车	右前角部位	1. 前保险杠及附件 2. 左侧前照灯 3. 左侧前翼子板 4. 散热器支架 5. 发动机舱盖及发动机附件 6. 左前纵梁变形	1. A车右转弯通过交通标志、标线未规定优先通行、无灯控或交警指挥的路口时，未让左转弯机动车先行，B车无过错，A车负全责（左转弯让行右转弯） 2. 此类事故时常发生在小区和人员较少的地区 3. 两车损失常伴有对称性
	B车	左前角部位	同上另一侧	
	A车	右前角部位	1. 前保险杠及附件 2. 右前照灯 3. 右前翼子板 4. 散热器支架 5. 发动机舱盖及发动机附件 6. 右前纵梁变形	1. 左转弯的A车未让直行的车辆先行，B车辆无过错，A车负全责 2. 两车损失常伴有一定的对称性
	B车	左前角部位	同上另一侧	

（续）

碰撞事故形式	主要损伤情况			查勘要点
	车辆	部位	常见损伤部件	
反道行驶强行超车	A车	前面中部	1. 前保险杠及附件 2. 前照灯 3. 前翼子板 4. 散热器支架 5. 发动机舱盖及发动机附件 6. 前纵梁 7. 护栅、铭牌 8. 碰撞侧A柱变形	1. A车在与对面来车可能有会车可能时超车，B车无过错，A车负全责 2. 由于A车常处于加速阶段，车速较快，两车的相对速度较高，常会造成二次碰撞。两车损失均较严重，特别注意沿着应力扩散方向查找隐性损坏部件 3. 两车损失常伴有一定的对称性，但由于受力方向不同，两车前纵梁的变形方向不同，发动机附件损伤的差异较大
	B车	左前角部位	同上另一侧	
路口抢道	A车	右前角部位	1. 前保险杠及附件 2. 右前照灯 3. 右前翼子板 4. 散热器支架 5. 发动机舱盖及附件 6. 右前纵梁变形，另一侧较轻	1. A、B两车均直行通过无主次道、无灯控、无交警指挥的路口时，A车未让右方道路来车先行，B车无过错，A车负全责 2. 损失有较强的对称性
	B车	左前角部位	同上另一侧	
	A车	前部偏左角	1. 前保险杠及附件 2. 前照灯 3. 前翼子板 4. 前部散热器 5. 发动机舱盖及附件 6. 前纵梁 7. 护栅、铭牌	1. A车准备进入环形路口时，未让已在路口内的机动车先行，B车无过错，A车负全责 2. A车受横向撞击力，侧向变形，B车半边车身刚擦损伤

项目八 两车以上事故的查勘与定损

(续)

碰撞事故形式	车辆	部位	主要损伤情况 常见损伤部件	查勘要点
路口抢道	B车	右侧车身	1. 右前门及附件 2. 右前翼子板及附件受损 3. 右A柱变形 4. 右B柱 5. 右后门及附件	

二、损失项目的分类确定

两车事故可能造成双方比较严重的车损（一般单车损失大于 3000 元），产生如车架变形、发动机、底盘等机械损坏，要求查勘员有更全面的汽车修理经验。为了帮助查勘员有针对性地判断事故的损失，一般将车损分类进行查验。

1. 散热器框架

由于散热器框架结构形状复杂，轻度的变形通常可以钣金修复，而中度以上的变形往往不易钣金修复，高强度低合金钢更是不能用钣金修复，只能更换。

2. 冷凝器及制冷系统

空调系统由压缩机、冷凝器、干燥瓶、膨胀阀、蒸发箱、管道及电控元件等组成，如图 8-1 所示。

现代汽车空调冷凝器均采用铝合金制成。中低档车的冷凝器一般价格较低，其中度以上的损伤一般采用更换的方法处理；高档轿车的冷凝器一般价格较贵，中度以下的损伤常可采用氩弧焊进行修复。注意：冷凝器因碰撞变形后虽然未漏冷媒，但拆下后重新安装时不一定就不漏冷媒。

储液罐（干燥器）因碰撞变形一般以更换为主。如果系统在碰撞中以开口状态暴露于潮湿的空气中时间较长（具体时间由空气湿度决定），则应更换干燥器，否则会造成空调系统工作时"冰堵"。

压缩机因碰撞常见的损伤有壳体破裂、带轮和离合器变形等。壳体破裂一般采用更换的方法修复；带轮和离合器变形一般采用更换带轮和离合器的方法修复。

汽车的空调管有多根，损伤的空调管一定要注明是哪一根，常用×××—×××加以说明。

汽车空调管有铝管和胶管两种，铝管因碰撞常见的损伤有变形、折弯和断裂等，变形一般采取校正的方法修复，价格较低的空调管折弯、断裂一般采取更换的方法修复；价格较高的空调管折弯、断裂一般采取截去折弯、断裂处，再接一节，用氩弧焊焊接的方法修复。胶管的破损一般用更换的方法修复。

汽车空调蒸发箱通常包括蒸发箱壳体、蒸发器和膨胀阀等，其最常见的损伤多为蒸发箱壳体的破损。蒸发箱壳体大多用热塑性塑料制成，局部的破损可用塑料焊接修复，严重的破损一般需更换，决定更换时一定要考虑有无壳体单独更换。

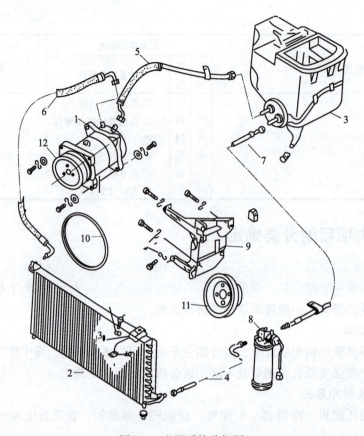

图 8-1 空调系统分解图

1—压缩机 2—冷凝器 3—蒸发箱总成 4—空调管（冷凝器至储液罐） 5—空调管（蒸发箱至压缩机） 6—空调管（压缩机至冷凝器） 7—空调管（储液罐至蒸发箱） 8—储液罐 9—压缩机支架 10—压缩机传动带 11—压缩机带轮 12—压缩机离合器

蒸发器换与修的方法基本与冷凝器相同。膨胀阀碰撞损坏的可能性极小。

空调系统中的压缩机是由发动机通过一个电动离合器驱动的。在离合器接通和断开的过程中，由于磁场的产生和消失，产生了一个脉冲电压。这个脉冲电压会损坏车上精密的微机模块。为了防止出现这种情况，在空调电路中接入一个分流二极管，阻止电流沿有害的方向流过。当空调系统发生故障时，分流二极管有可能被击穿。如果不将被击穿的二极管换掉，可能会造成空调离合器不触发，甚至损坏微机模块。

重新加注冷媒及冷冻油的量因制冷量的大小不同而不同，所以充加的费用不能"一刀切"。乘用车的冷媒量常在 500～1500g，大型客车的冷媒量可能达到 20 000g。

3. 散热器及附件

散热器及附件包括散热器、进水管、出水管和副散热器等。

1）现代汽车散热器基本上是铝合金的，铜质散热器由于造价较高，基本已不再使用。判断散热器修与换的方法与冷凝器基本相似，不同的是散热器常有两个塑料水室，水室破损后，一般需更换。

2）水管的破损一般以更换方式修复。

3）水泵带轮是水泵中最易损坏的零件，通常变形后以更换为主，较严重的会造成水泵

项目八 两车以上事故的查勘与定损

前段中水泵轴承处损坏,一般更换水泵前段即可,而不必更换水泵总成。

4)轻度风扇护罩变形一般以整形校正为主,严重的变形常采取更换的方法修复。

5)主动风扇与从动风扇(见图8-2)常为风扇叶破碎。由于风扇叶是不可拆卸的,也无风扇叶可购买,所以风扇叶破碎后都要更换总成。

6)风扇传动带在碰撞后一般不会损坏,由于其正常使用的磨损也会造成损坏,拆下后如果需更换应确定是否是碰撞原因。

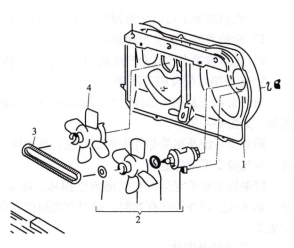

图 8-2 冷却系统分解图
1—风扇护罩 2—主动风扇总成
3—风扇传动带 4—从动风扇

4. 车轮

车轮由轮辋、轮胎和轮罩等组成,如图8-3所示。

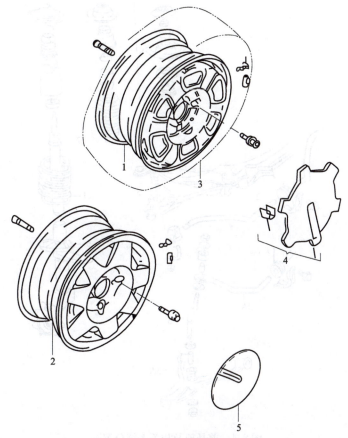

图 8-3 车轮分解图
1—铁质钢圈 2—铝合金钢圈 3—轮胎 4、5—轮罩

1) 轮辋遭撞击后以变形损伤为主，多以更换的方式修复。
2) 轮胎遭撞击后会出现爆胎现象，以更换方式修复。
3) 轮罩遭撞击后常会产生破损现象，以更换方式修复。

5. 前悬架系统及相关部件

前悬架系统及相关部件主要包括悬架臂、转向节、减振器、稳定杆、发动机托架和制动盘等，如图8-4所示。

前悬架系统及相关部件中的制动盘、悬架臂、转向节、稳定杆和发动机托架均为安全部件，发现撞变形均应更换。

减振器主要鉴定是否在碰撞前已损坏。减振器是易损件，正常使用到一定程度后会漏油。如果减振器外表已有油泥，说明在碰撞前已损坏。如果外表无油迹，碰撞造成弯曲变形应更换。

6. 传动轴及附件

传动轴及附件如图8-5所示。

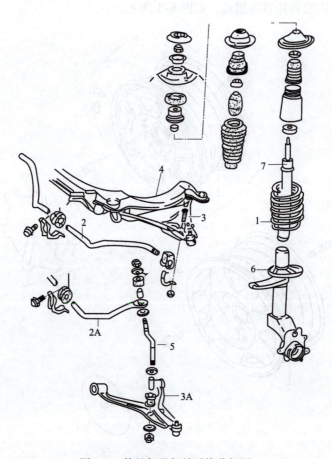

图8-4 前悬架及相关系统分解图

项目八 两车以上事故的查勘与定损

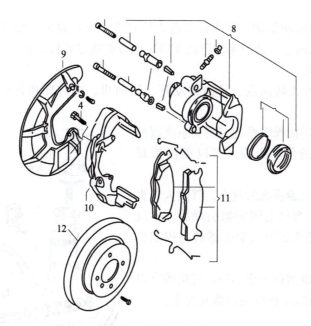

图 8-4 前悬架及相关系统分解图（续）

1—前悬架弹簧 2—稳定杆 2A—2000 型稳定杆 3—下垂臂 3A—2000 型下摆臂 4—副梁 5—2000 型稳定杆拉杆 6—减振器柱管 7—减振器 8—制动钳总成 9—防尘板 10—制动分泵骨架 11—摩擦片 12—制动盘

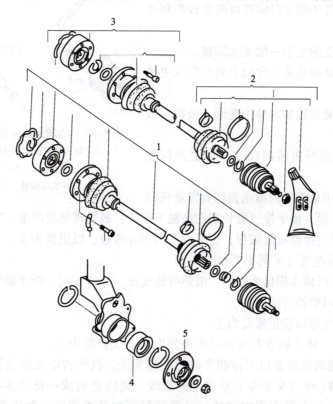

图 8-5 传动轴及附件分解图

1—半轴总成 2—外等角速万向节 3—内等角速万向节 4—前轮轴承 5—轮毂

中低档轿车多为前轮驱动,碰撞常会造成外侧等角速万向节(俗称外球笼)破损,常以更换方式修复,有时还会造成半轴弯曲变形,也以更换方式修复为主。

7. 转向操纵系统

转向操纵系统包含转向盘、转向传动杆、转向机、横拉杆和转向助力泵,如图 8-6 所示。

1)操纵系统中转向操纵系统与制动系统遭撞击损伤后,从安全的角度出发,多以更换修复为主。

2)安装有安全气囊系统的汽车,驾驶人气囊都安装在转向盘上,当气囊因碰撞引爆后,不仅要更换气囊,通常还要更换气囊传感器与控制模块等。

3)变速操纵系统遭撞击变形后,轻度的常以整形修复为主,中度以上的以更换修复为主。

8. 发动机附件

发动机附件包含正时系统及附件、油底壳及垫、发动机支架及胶垫、进气系统和排气系统等。

1)发动机附件中的正时附件因撞击破损和变形,以更换为主。

2)油底壳轻度的变形一般无须修理。

3)放油螺塞处碰伤及中度以上的变形以更换为主。

4)发动机支架及胶垫因撞击变形、破损,以更换为主。

5)进气系统因撞击破损和变形以更换修复为主。

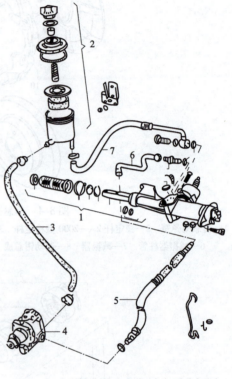

图 8-6 动力转向转向机与动力泵分解图
1—动力转向转向机 2—储油壶 3—进油管
4—动力泵 5—高压软管
6—高压硬管 7—回油管

6)排气系统中最常见的撞击损伤为发动机移位造成的排气管变形。由于排气管长期在高温下工作,氧化现象较严重,通常无法整修。消声器吊耳因变形超过弹性极限破损,也是常见的损坏现象,以更换为主。

9. 发电机及蓄电池(见图 8-7 和图 8-8)

发电机最常见的撞击损伤为带轮、散热叶轮变形,壳体破损,转子轴弯曲变形等。

1)带轮变形以更换方法修复。

2)散热叶轮变形以校正修复为主。

3)壳体破损、转子轴弯曲变形以更换发电机总成修复为主。

汽车用蓄电池的损坏多以壳体四个侧面破裂为主。汽车蓄电池多为铅酸蓄电池,由 6 格(汽油车)或 12 格(柴油车)单格电池组成。碰撞会造成一格或多格单格电池破裂,电解液外流。如一时查看不到破裂处,可通过打开加液盖观察电解液量来判断。如果只是一格或几格单格电池严重缺电解液,多为蓄电池破裂;如果每格都缺电解液,多为充电电流过大所致,而不是破裂。

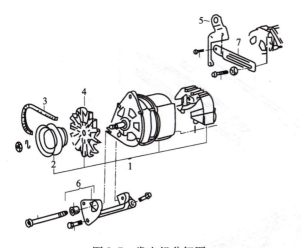

图 8-7 发电机分解图
1—发电机总成 2—带轮 3—传动带 4—散热叶轮
5—上支架 6—下支架 7—调节支架

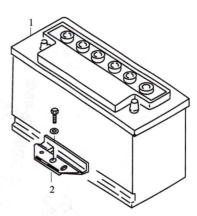

图 8-8 蓄电池及安装图
1—蓄电池 2—固定支架

10. 前风窗玻璃及附件

前风窗玻璃及附件包括前风窗玻璃、前风窗玻璃密封条及饰条、内视镜等。前风窗玻璃及密封条的结构如图 8-9 所示。

1）前风窗玻璃及附件因撞击损坏，基本上以更换修复为主。

2）前风窗玻璃胶条分为密封式和粘贴式。胶条密封式风窗玻璃，更换风窗玻璃不用更换密封胶条。对于粘贴式的风窗玻璃，更换风窗玻璃时可能还要更换风窗玻璃饰条。

3）后视镜多为二次碰撞致损，破损后一般以更换为主。

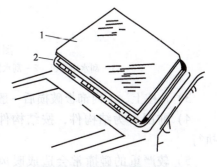

图 8-9 前风窗玻璃及密封条分解图
1—前风窗玻璃 2—前风窗玻璃密封条

11. 刮水系统

刮水系统包括刮水片、刮水臂、喷水壶、联动杆、刮水电动机和喷水管等，其结构如图 8-10 所示。

1）刮水系统中的刮水片、刮水臂和刮水电动机因撞击损坏主要以更换修复为主。

2）刮水器固定支架、联动杆中度以下的变形损伤以整形修复为主，严重变形一般需更换。

3）一般刮水喷水壶只在较严重的碰撞中才会损坏，损坏后以更换为主。

4）刮水喷水电动机、喷水管和喷水嘴因撞坏的情况较少出现，若撞坏以更换为主。

12. A 柱及饰件

A 柱及饰件包括前围、暖风系统和集雨栅等。承载式车身的汽车 A 柱结构如图 8-11 所示。

1）A 柱因碰撞产生的损伤多以整形修复为主。

2）A 柱为结构钢，当产生折弯变形时，以更换外片为主要修复方式。

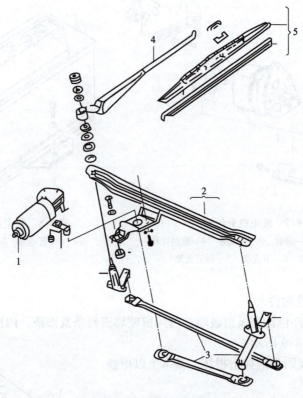

图 8-10 刮水系统分解图
1—刮水电动机 2—刮水器固定支架 3—联动杆 4—刮水臂 5—刮水片

3）A 柱上、下内饰板破损后一般以更换为主。

4）前围多为结构件，按结构件的整形与更换原则执行。

5）较严重的碰撞常会造成暖风机壳体和进气罩破碎，以更换为主。

6）集雨栅为塑料件，通常价格较低，因撞击常造成破损，以更换修复为主。

13. 仪表板及中央操纵饰件

仪表板组件的结构如图 8-12 所示。

仪表板因正面的严重撞击或侧面撞击常造成整体变形、皱折和固定爪破损。

1）整体变形在弹性限度内，待骨架校正好后重新装回即可。

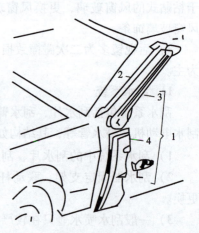

图 8-11 A 柱分解图
1—A 柱外片总成 2—A 柱上部内片
3—A 柱上部外片 4—A 柱下部外片

2）皱折影响美观，对美观要求较高的新车或高级车主张更换。

3）少数固定爪破损常以焊修修复为主，多数固定爪破损以更换修复为主。

4）左、右出风口常在侧面撞击时破碎，右出风口也常因二次碰撞被副驾驶右手支承时压坏。左、右饰框常在侧面碰撞时破损,严重的正面碰撞也会造成支爪断裂,均以更换为主。

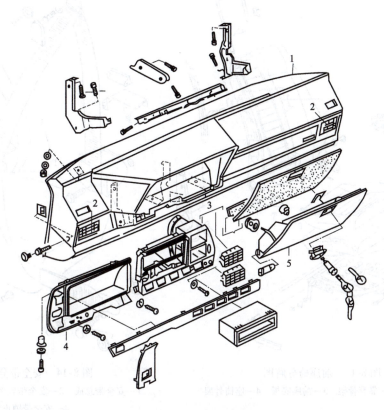

图 8-12 仪表台分解图
1—仪表台 2—左、右风口百叶窗 3—带出口的右饰框 4—左饰框 5—杂物箱

5) 杂物箱常因二次碰撞被副驾驶膝盖撞破裂,一般以更换为主。

6) 车身底板变形后会造成通气罩破裂,以更换为主。

14. 前座椅及附件、安全带

前座椅及附件的结构如图 8-13 所示。

座椅及附件因撞击造成的损伤常为骨架、导轨变形和棘轮、齿轮根切现象。骨架和导轨变形常可以校正,棘轮和齿轮根切通常必须更换棘轮和齿轮机构。许多车型因购买不到棘轮和齿轮机构,常会更换座椅总成。有些轿车提供座椅骨架,绝大多数调节部分的损坏都可以通过更换座椅骨架来修复,而不用更换座椅总成。

安全带的一般结构如图 8-14 所示。

我国已强制使用被动安全带,绝大多数中低档车为主动安全带,大多数安全带在中度以下碰撞后还可使用,但必须严格检验。前部严重碰撞的安全带,收紧器处会变形,从安全角度考虑,建议更换。高档轿车上安装有安全带自动收紧装置,收紧器上拉力传感器如感应到严重的正面撞击时,电控自动收紧装置会点火,引爆收紧装置,从而达到快速收紧安全带的作用。但安全带自动收紧装置工作后必须更换。

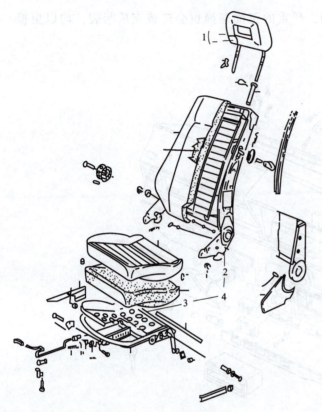 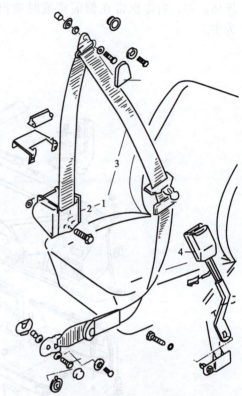

图 8-13　前座椅分解图　　　　　　　　　图 8-14　安全带分解图
1—头枕　2—靠背骨架　3—前座底板　4—座椅骨架　　　1—安全带总成　2—安全带收紧器　3—安全带
　　　　　　　　　　　　　　　　　　　　　　　　　　　4—安全带锁止器

三、严重损坏事故车修复费用的确定

1. 确定更换件项目

一般来说，需要更换的零件归纳为以下四类。

1）无法修复的零件，如灯具的严重损毁。

2）工艺、安全规定不允许修理的零件，如转向横拉杆的弯曲变形等。

3）无修复价值，修复的费用接近或超过更换费用。

4）一些一次性使用的零部件，拆下后就不能再使用。

2. 确定拆装项目

有些零件并没有损伤，但是更换、修复、检验其他部件需要拆下该零部件后重新装回。

3. 确定修理项目

一般保险事故车辆均以修复为主，在性能不受影响的情况下，能够修复的零件尽量修复。

4. 确定更换零配件的材料价格

汽配市场上一个零配件有多种价格，如何采价也是困扰机动车评估业的一大难题。根据评估学原理以及保险学原理，评估基准时点应以出险时间为评估基准时，以出险地为评估基准地,以重置成本法为基本评估方法,这样就可以得到一种价格。

专业的汽车保险公估公司都有自己的采价和报价系统。如德国 DEKRA 公司和深圳民太安汽车保险公估公司等。材料的采价和报价是一个系统工程,需要由一批专业人员或者是一个专业公司来完成。

确定更换零配件的材料项目后,填写"损失车辆零配件更换核定表",通过询报价渠道确定材料价格。报价人员应根据车辆型号核实表及换件材料清单,准确及时地核价;随时掌握配件市场的价格行情,根据市场行情及时调整配件价格,以达到委托人、被保险人及修理厂三方的满意为原则;组织供货渠道,确定一批供货单位,与他们达成共识,签订相关协议,要求他们定期提供配件价格信息,保证所提供配件的品质,并根据实际情况组织好供货工作。

5. 确定各项工时费用

工时费的确定是根据损失项目的确定而确定的,从评估基准地的《汽车维修工时定额与收费标准》中查到相应的工时数量或工时费标准。部分进口小客车可以从相关资料中查到各项目的换件和拆装工时,各项目修理工时的确定。上述方法均未查找到的,也可以根据个人的经验用类比法评估。

1)确定拆装工时费。拆装工时费中包括一般拆装费用和更换件的工时费用两部分。

2)确定修理工时费。修理工时费用中包括钣金、机修、电路等几部分,分项核定工时数量与工时费标准后汇总计算。

3)确定涂饰作业费用。汽车修理喷漆的收费标准全国各地不尽相同,有的以每平方米多少元计,有的以每幅多少元计,但是基本上都是按面积乘以漆种单价作为计价基础。

4)注意事项。在确定工时费用时,如果各损失项目在修理过程中有重叠作用,必须考虑将劳动时间减少,同时要考虑下列辅助作业所需要的时间。

① 把汽车安放到修理设备上并进行故障诊断。
② 用推拉、切割等方式拆卸撞坏的零件。
③ 相关零件的矫正与调整。
④ 去除内漆层、沥青、油脂及类似物质。
⑤ 修理生锈或腐蚀的零件。
⑥ 松动锈死或卡死的零件。
⑦ 检查悬架系统和转向系统的定位。
⑧ 拆去打碎的玻璃。
⑨ 更换防腐蚀材料。
⑩ 修理作业中当温度超过60℃时,工时量要增加50%。
⑪ 拆卸及装回车轮和轮毂罩。

6. 坚持采取一次定损方式,严格控制二次定损

对一次定损确有困难的,如隐损部件或暂时无法确定损失程度的零配件,在上报同意后,必须作为待查项目,在估价单上明确说明,以便在修理、检查过程中二次确定。如遇罕见车型或复杂案件,则应填写"车辆型号核实表"及换件项目清单,交报价员进行询、报价。损失较大的换件项目要单独拍照,并注明残值处理意见。

7. 修理费用估价

在上述工作结束后,将材料费、工时费、涂饰费用汇总,再加上材料管理费、税金,即可得到修理总费用。

8. 确定车辆损失残值

1) 逐项确定更换零配件的残值,并作价归被保险人抵扣部分赔款或出售抵付修理费。

2) 公估人与被保险人就残值价值协商未果,且无法出售剩余物资时,应回收,填写损余物资登记单,并告知委托公司。

3) 如运用比例赔付时,损余物资变卖出售所得价款,应按分摊的比例返还被保险人。

4) 保险汽车遭受盗窃损失,赔付后寻获者,被保险人可于知悉后一定期限内领回保险汽车并返还所领的赔款,否则承保公司可作相应处理。

修理费用、换件项目和价格要与委托人、被保险人及修理厂协商并尽量取得一致,并填制"车辆损失情况现场核定表(工时费)"。

【技能训练】

 活动 12　两车事故的查勘与定损

2008 年 7 月,驾驶人陆某驾驶牌号为沪 EL46×× 的桑塔纳轿车,在水电路因变道不慎与三者车(苏 FV63××,03 款广州本田雅阁)碰撞。当场报警,交警处理结果为沪 EL46×× 全责。陆某于 2008 年 3 月起在大地保险公司为该车投保了车损险和 20 万的三者险。现双方车辆停放在南空汽车修理厂,要求你作为大地保险公司的定损员为该起事故查勘定损。

本案重点为如何确定两车的损失。

查勘过程:

1. 现场查勘,确定责任

1) 由于事故发生在道路上,加上无人员伤亡,损失较小,故事故双方按照快速处理条例,在确认事故由沪 EL46×× 负全责后及时移至上海市快速处理指定地点之一南空汽车修理厂,由责任方保险公司定损,事故认定书如图 8-15 所示。

2) 审核保险单原件,被保险人投保了交强险、车损险和 20 万的三者险,确认具有理赔权利。

3) 确定是否存在除外责任。对照该车的两证(见图 8-16),标的车驾驶人即车主,

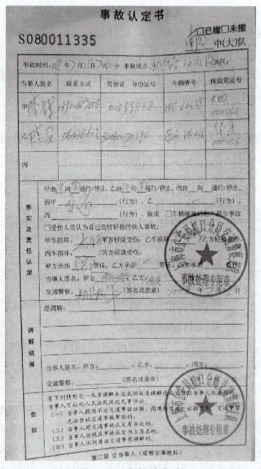

图 8-15　事故认定书

驾驶证有效期为 2009 年 1 月，行驶证有效期为 2008 年 8 月。询问三者车驾驶人，认定标的车驾驶人没酒后驾车。

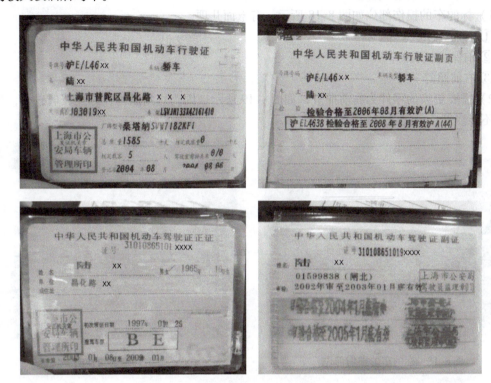

图 8-16 标的车的两证

4）分析两车的碰撞痕迹。两车在水电路由北向南同向行驶，因标的车向右变道时未注意到右侧车道的三者车，造成标的车车头左侧与三者车碰擦（见图 8-17）。由于标的车减速，而三者车未及时减速，因此三者车的左侧前车门、后车门和后翼子板被擦伤。事故真实，标的车负全责。

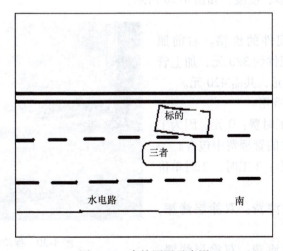

图 8-17 事故原因示意图

2. 查勘车损，确定事故损失

（1）标的车的损失确定

1）标的车的损伤部位如图8-18所示，有下面几项。

① 右前翼子板。

② 前保险杠右侧。

③ 右前照灯。

2）需要更换的零件为右前照灯，如图8-19所示。因为灯角断掉，灯壳玻璃破裂，有擦痕，不能修复，只能更换新件。

图8-18 标的车的损伤部位

图8-19 需更换的零件

3）需要拆装的项目。

① 拆装保险杠，为了对保险杠进行喷漆处理。

② 更换右前照灯。

4）确定修理项目。

① 右前翼子板整形、喷漆。

② 右半保险杠整形、喷漆，如图8-20所示。

③ 更换右前照灯。

5）确定更换零配件的价格。右前照灯：桑塔纳轿车原厂配件约380元，加上管理费（按10%计）40元，共需420元。

6）确定各项工时费用。

① 右前照灯拆装工时费：0元，因为工时不足1工时，在配件的管理费中包含。

② 右前翼子板整形：2工时，工时单价30元，共60元。

③ 右前翼子板喷漆费：双涂层烤漆，$0.5m^2$，约240元。

④ 右半保险杠喷漆费：双涂层烤漆，

图8-20 保险杠的擦痕

$1m^2$，约 450 元。

各项费用总计：1170 元。

(2) 三者车的损失确定

1) 三者车的损伤部位如图 8-21 所示。

① 左前门。

② 左后门。

③ 左后翼子板。

④ 后保险杠左侧。

2) 需要更换的零件。更换左前门和后门饰条，损坏情况如图 8-22 所示。

图 8-21　三者车的损伤部位

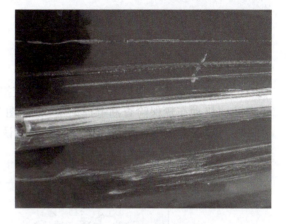

图 8-22　损坏的门饰条

3) 需要拆装的项目。

① 拆装保险杠，为了对保险杠进行喷漆处理。

② 更换左前门和后门饰条，如图 8-23 所示。

4) 确定修理项目，如图 8-24 所示。

① 左前门整形、喷漆。

② 左后门整形、喷漆。

③ 左后翼子板喷漆。

④ 后保险杠左侧喷漆。

⑤ 更换左前门和后门饰条。

5) 确定更换零配件的价格。

① 左前门饰条：251 元（含安装、管理费），由本田雅阁配件目录中查询。

② 左后门饰条：205 元（含安装、管理费），由本田雅阁配件目录中查询。

6) 确定各项工时费用。

① 左前门、后门整形工时：8 工时，工时单价 50 元，共 400 元。

② 左前门、后门喷漆费：双涂层烤漆，$1.5m^2$，约 675 元。

③ 左后翼子板喷漆费：双涂层烤漆，$0.5m^2$，约 225 元。

④ 后保险杠左侧喷漆费：双涂层烤漆，$1m^2$，约 450 元。

7) 残值：6 元。

图 8-23 需要更换的门饰条

图 8-24 需要喷漆的左侧车门、翼子板和保险杠

各项费用总计：2250 元。

（3）定损结论 根据上述查勘事实，定损员作为中国大地保险公司的查勘人出具签字、盖章的"机动车辆保险查勘定损记录"，如图 8-25 所示。

在对被保险人做说明后，由保险人签字认可。

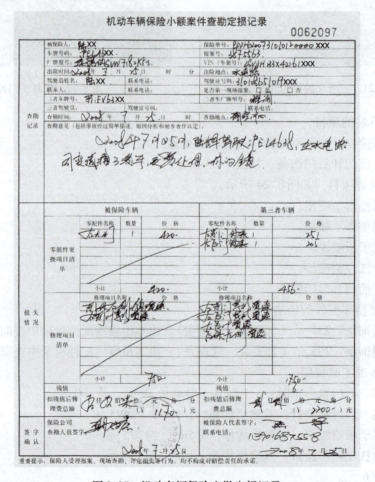

图 8-25 机动车辆保险查勘定损记录

3. 完成"机动车辆保险查勘报告"

如图 8-26 所示,填写"机动车辆保险查勘报告",如实填写现场查验信息,并上传公司理赔部,由核赔人员核损。

事故损失金额计算如下:

1)两车共计损失 3400 元。

2)三者车损为 2200 元。由被保险人在交强险支付三者车的损失 2000 元,其余 200 元在被保险人的商业三者险中赔付。

3)标的车损为 1200 元,在车损险中理赔。

4)估计损失的金额不作为损失的依据,实际损失以修理厂开具的修理发票为准。

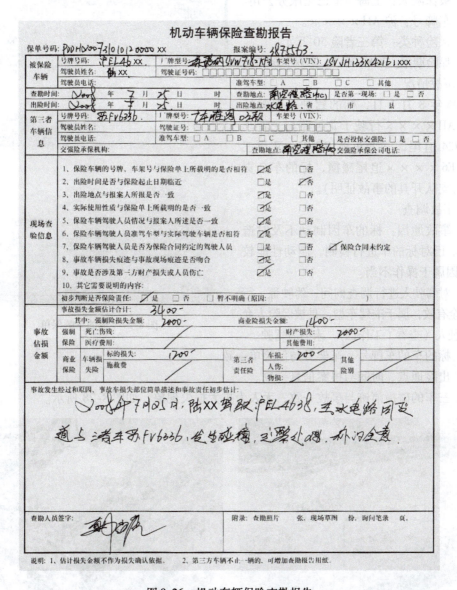

图 8-26 机动车辆保险查勘报告

活动 13　三车追尾事故的查勘与定损

某保险公司查勘定损员接调度中心通知，受理报案号为 0049790 的三车追尾无人伤事故的查勘工作。现三车均停放在闵行区事故处理中心停车场，交警已处理。要求尽快到达，查实事故的原因，确定保险责任，核定事故损失，按要求撰写并上传查勘报告。

查勘过程：

1. 查阅报案记录

从保险单（见图 8-27）中得知：

1) 保单号：0049790。
2) 被保险人：上海空港巴士服务公司。
3) 车牌号：沪 AH××××。
4) 保险种类：第三者险 50 万元。
5) 保险期限：2006-06-30 至 2007-05-29。

2. 事故情况

2006 年 8 月 1 日，标的驾驶人驾驶标的车沪 AH×××× 行驶于龙吴路与三者车浙 BF4724 追尾，三者车浙 BF4724 又与三者车浙 E6×××追尾碰撞，标的车全责（有闵行支队开具的事故证明）。

3. 事故调查

1) 事故原因：标的车因制动不及时造成追尾。已对标的车进行检测，制动性能较好，原因属于操作不当。

2) 对驾驶人进行调查询问，驾驶证、行驶证齐全有效，属于准驾车型，是被保险人允许的驾驶人（查看了工作证），未酒后驾驶。

3) 标的车的车牌号、车架号与保险单一致。

4) 出险地点、时间与报案信息一致。

5) 三车的碰撞痕迹与事故一致，无人为扩大损失现象，如图 8-28 所示。

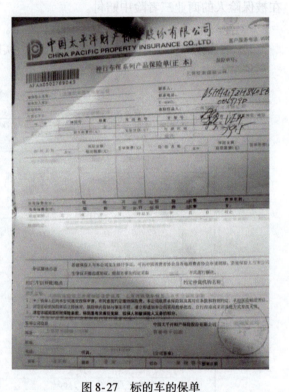

图 8-27　标的车的保单

图 8-28　三事故车的碰撞痕迹

项目八 两车以上事故的查勘与定损

图 8-28 三事故车的碰撞痕迹（续）

6）在标的损失的同时，造成三者车浙 BF××××和浙 E6××××的损失，没有人员伤亡。

4. 损失查勘

（1）三者车浙 BF××××的损失

1）配件损失。

① 前保险杠：220 元，损坏情况如图 8-29 所示。

② 中网：45 元，损坏情况如图 8-30 所示。

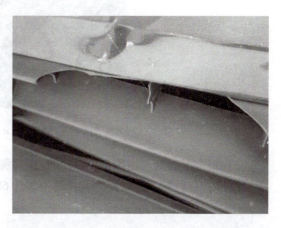

图 8-29 浙 BF××××损坏的前保险杠　　图 8-30 浙 BF××××损坏的中网

③ 后保险杠：220 元，损坏情况如图 8-31 所示。

④ 后灯：340 元。

⑤ 后箱锁：60 元。

⑥ 后保内衬：80 元。

⑦ 右后翼子板：780 元，损坏情况如图 8-32 所示。

⑧ 后窗玻璃：240 元，损坏情况如图 8-33 所示。

⑨ 后窗密封条：60 元。

⑩ 残值：95 元。

199

图 8-31　浙 BF××××损坏的后保险杠

图 8-32　浙 BF××××损坏的后翼子板

配件损失合计 2000 元。

图 8-33　浙 BF××××损坏的后窗玻璃

2）钣金工时费。由图 8-34 可知，左前翼子板、发动机舱盖、左后翼子板、后盖、后窗需要整形，右后翼子板需要拆装，费用共计 600 元。

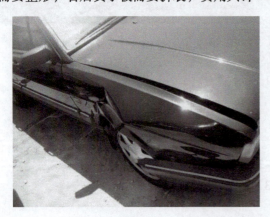

图 8-34　钣金件损坏情况

图 8-34 钣金件损坏情况（续）

3）油漆工时费。左前翼子板，机盖，左、右后翼子板，行李舱盖和前、后保险杠喷漆，含辅料共计 1600 元。

4）定损价格合计：4200 元。

注：仅做外观定损，如有隐形损伤，进修理厂后再定损。

(2) 浙 E6××××车的定损

1) 配件损失：300 元，详细情况如下：

① 后保险杠下挡板（见图 8-35）：150 元。

② 后保险杠擦条（见图 8-36）：160 元。

图 8-35 浙 E6××××损坏的下挡板　　　图 8-36 浙 E6××××损坏的后保险杠擦条

③ 扣减残值：10 元。

2）钣金工时费。如图 8-37 所示，行李舱盖整形、后保险杠需修复，工时费用约 250 元。

3）油漆工时费。行李舱盖、后保险杠漆工费用（含辅料）共 1000 元。

4）定损价格：1550 元。

(3) 标的车的定损　由于标的车只投保了第三者险，标的车的车损保险人不予理赔，故无须定损。

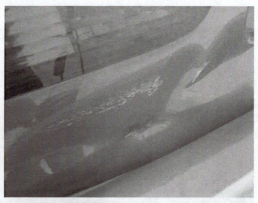

图 8-37　浙 E6××××的后部损伤

训练 8　填写"损失车辆零配件更换核定表"和"车辆损失情况现场核定表"

一、事故概况

2008 年 3 月 1 日，驾驶人钱某驾驶李某的标的车（车牌号沪 D474××，银色北京现代）行驶于杨浦松花江路，因前方三者车（晋 AK98××，黑色尼桑）制动，标的车制动不及与三者车追尾碰撞，标的车全责。

材料：

1. 标的车的材料（见图 8-38）

图 8-38　标的车的材料

项目八 两车以上事故的查勘与定损

图 8-38 标的车的材料（续）

2. 三者车的材料（见图 8-39）

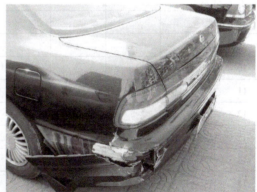

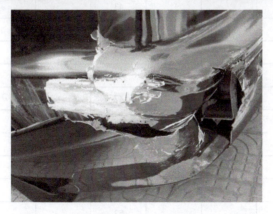

图 8-39 三者车的材料

二、填写"损失车辆零配件更换核定表"和"车辆损失情况现场核定表"

请老师带领同学们分组扮演保险公司的定损员，根据现场拍摄的照片，评估两车的损失，填写表 8-2 损失车辆零配件更换核定表和表 8-3 车辆损失情况现场核定表。

203

表 8-2 损失车辆零配件更换核定表

被保险人					保单号码				
车牌号码					查勘时间		年　月　日　时		
车架号			发动机号				车型		
序号	更换配件名称	单位	估价	核价	序号	更换配件名称	单位	估价	核价
1					28				
2					29				
3					30				
4					31				
5					32				
6					33				
7					34				
8					35				
9					36				
10					37				
11					38				
12					39				
13					40				
14					41				
15					42				
16					43				
17					44				
18					45				
19					46				
20					47				
21					48				
22					49				
23					50				
24					51				
25					52				
26					53				
27					54				
材料费估价合计：					材料费核价合计：				
制表人：　　　报价人：					复核人：				

表 8-3　车辆损失情况现场核定表

公估案件名称：　　　　　　　公估案件编号：

出险时间	年　月　日	委托公司	
查勘时间		查勘地点	
保险期限	年　月　日 0 时　起至　　年　月　日 24 时止		
车牌号码		车辆型号	
车架号		发动机号	
修理车辆 保险类别	车辆损失险　第三者责任险　玻璃险 盗抢险　自燃险　其他附加险		
修理项目	修理内容	报价	核定
事故拆装			
事故钣金			
事故机修			
事故电工			
事故油漆			
更换配件总额			
总计			

公估公司核定工料费合计：人民币（¥·　　　）

残值处理：

公估公司签章：

公估师：　　　　　　　　　　　　　　　　　　　　　　　经（副）理：
电话：　年　月　日　　　　　　　　　　　　　　　　　　年　月　日

训练9　三车追尾事故的查勘与定损

一、事故概况

2006年8月8日，标的驾驶人驾驶标的车沪F627××行驶于龙吴路与三者车沪DN26××追尾，三者车沪DN26××又与三者车沪EF77××追尾碰撞，标的全责。

材料：

1. 标的车的材料（见图8-40）

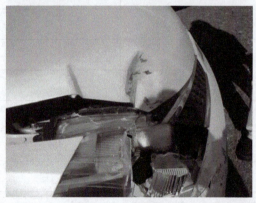

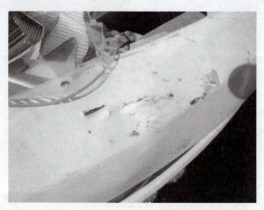

图8-40　标的车的材料

2. 三者车沪 DN26××的材料（见图 8-41）

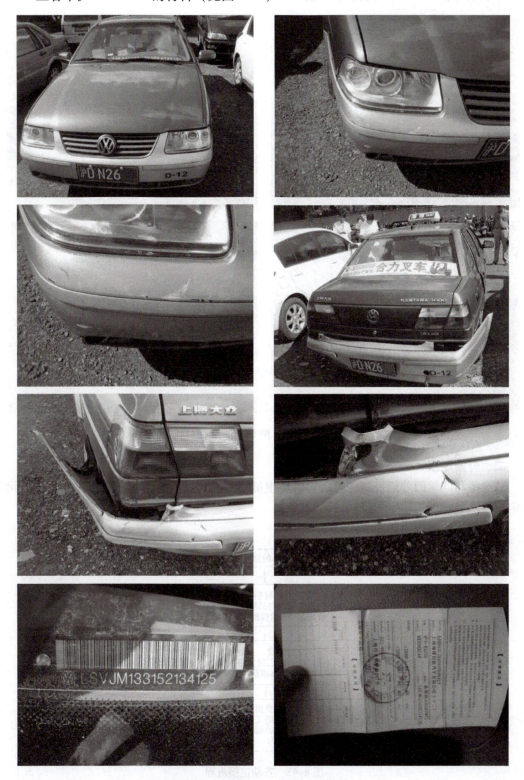

图 8-41　三者车沪 DN26××的材料

3. 三者车沪 EF77××的材料（见图 8-42）

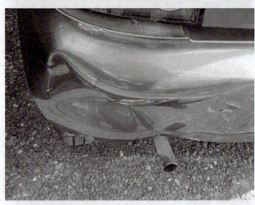

图 8-42　三者车沪 EF77××的材料

二、查勘定损

请老师和同学们分组扮演保险公司的定损员，为该案进行查勘、定损作业，看哪组同学的定损价格最接近实际定损价格。

建议采用的流程，如图 8-43 所示。

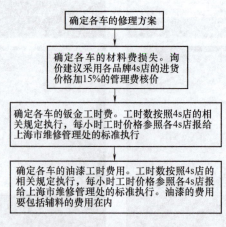

图 8-43　查勘定损流程

【项目小结】

1. 机动车碰撞事故的形式及损伤特点

1）追尾事故中，造成的损失越严重，表明前车已经制动或者后车没有采取制动措施，可以根据两车的制动痕迹来判断哪车采取了制动措施。

2）不能根据前、后车的损失程度来判定有没有采取制动措施，因为各车的结构和材质不同，所造成的损失也不同。

3）撞击点的位置往往决定车辆的损失程度，因为撞击点的结构很大程度上可以决定碰撞的损失程度。

4）碰撞的主、被动情况和撞击力的方向很大程度决定碰撞的损失程度。如转弯和直行碰撞，如直行车在前，直行车的损失很可能仅在前保险杠，而转弯车的损失可能是保险杠、前翼子板和车灯等。

2. 损失项目的分类确定

车辆损失的处理方法分为更换和修复两类，事故车需要更换的零件归纳为以下四种。

1）无法修复的零件，如灯具的严重损毁。

2）工艺、安全规定不允许修理的零件，如方向横拉杆的弯曲变形等。

3）无修复价值，修复的费用接近或超过更换费用。

4）一些一次性使用的零部件，这些零件拆下后就不能再使用。

3. 事故车修复费用的确定

1）事故车修复费用的确定包括以下几个方面。

① 确定更换件项目。

② 确定拆装项目。

③ 确定修理项目。

④ 确定更换零配件的材料价格。

⑤ 确定各项工时费用。

⑥ 确定车辆损失残值。

2）在确定工时费用时，要考虑下列辅助作业所需要的时间。

① 把汽车安放到修理设备上并进行故障诊断。

② 用推拉、切割等方式拆卸撞坏的零件。

③ 相关零件的矫正与调整。

④ 去除内漆层、沥青、油脂及类似物质。

⑤ 修理生锈或腐蚀的零件。

⑥ 松动锈死或卡死的零件。

⑦ 检查悬架系统和转向系统的定位。

⑧ 拆去打碎的玻璃。

⑨ 更换防腐蚀材料。

⑩ 修理作业中当温度超过60℃时，工时量增加50%。

⑪ 拆卸及装回车轮和轮毂罩。

【复习思考题】

一、判断题

1）抢道造成的事故，不管撞击点在哪里，一般都是转弯车负全责。（   ）
2）冷凝器一般价格较低，中度以上的损伤一般采用修复的方法处理。（   ）
3）轮辋、轮胎和轮罩损坏后，由于使用的材料不能修，只能采取更换措施。（   ）

二、选择题

1）当安全气囊因碰撞引爆后，一般需要更换（   ）。
 A. 气囊　　　　B. 控制模块　　　C. 气囊传感器　　　D. 三项都换
2）下述（   ）损坏，可以采用修复的方式，不必更换。
 A. 散热器　　　B. 半轴弯曲　　　C. 刮水片　　　　　D. 安全带
3）下述中（   ）不是残值处理允许的方法。
 A. 折价给修理厂　　　　　　　　B. 保险人收回
 C. 折价给被保险人　　　　　　　D. 作零残值处理

三、简答题

1）三车追尾事故中除了听当事人的陈述，怎样可以取得更客观的依据证明事故原因？
2）在高架道路并线时两车相擦，怎样判别事故责任？
3）A车路口闯红灯撞击B车的侧面中部，请问：B车的哪些机件可能损坏？
4）更换朗逸1.8车的左前避震器、传动轴、左前轮毂的材料费和修理工时费分别约为多少？
5）车灯的灯角卡扣撞断，是修理还是更换？为什么？
6）某车碰撞较严重，造成左侧保险杠、翼子板严重变形，散热器横梁变形，车主担心前悬架发生变形，要求做四轮定位检查。请问：检查的费用是否由保险公司承担？为什么？

综合任务 三

人伤事故的查勘

项目九　人伤事故的现场处理

【学习目标】

知识目标：
1. 知道人伤案件的抢救责任和现场急救的原则。
2. 知道事故现场人伤的急救步骤。
3. 知道人伤急救常用的几项基本技能。

能力目标：
1. 能通过呼吸、心跳和脉搏状况判断伤势。
2. 能实施简单的心肺复苏术、复原卧位术、止血术和包扎术并进行现场骨折的固定操作。

【知识准备】

　　天有不测风云，人有旦夕祸福。一旦发生交通事故，除了车辆等财产可能遭受损失外，往往同时会有人身伤亡。据有关部门的统计数据表明：涉及车险人伤案件第三者责任险和车上人员责任险的赔款在车险总赔款中的比例已经超过1/3，在第三者责任险中超过了2/3，国内保险公司每一年在车险人伤案件上付出70亿元以上的赔付。

　　交通事故伤员的抢救主要包括院前急救及院内急救两部分。据研究，交通事故造成的死亡，有50%左右发生在事故的瞬间，大约有35%发生在伤害后的一两个小时内，大约15%的死亡发生在伤害后的7天之内。因此，及时正确的院前急救即现场急救，能挽救许多生命，能防止伤情恶化，减轻疼痛，预防并发症和残症的发生，同时也可降低保险公司的理赔风险。

　　但目前，院前急救在我国还属薄弱环节。如何抢救伤员直至将其平安送至医院，对车主、查勘员和交警来说都是一个难题。那么，如何对人伤事故现状进行正确处理呢？首先要掌握急救原则和最基本的医学救助知识，懂得人伤急救的步骤；其次要掌握常用急救术的操作要领以及普通外伤的应急处理方法。此项工作是车主、交警以及查勘定损员必备的一项技能。

一、人伤案件的抢救责任

1. 车辆驾驶人的抢救责任

根据《道路交通安全法》第七十条的规定："在道路上发生交通事故，车辆驾驶人应当立即停车，保护现场；造成人身伤亡的，车辆驾驶人应当立即抢救受伤人员，并迅速报告执勤的交通警察或者公安机关交通管理部门。因抢救受伤人员变动现场的，应当标明位置。乘车人、过往车辆驾驶人、过往行人应当予以协助。"因此，抢救受伤人员既是人道主义精神的体现，也是车辆驾驶人的一项法定义务。

2. 医疗机构的抢救责任

根据《道路交通安全法》第七十五条的规定："医疗机构对交通事故中的受伤人员应当及时抢救，不得因抢救费用未及时支付而拖延救治。"因此，抢救治疗道路交通事故受伤人员是所有医疗机构的责任，拒绝、放弃、拖延抢救治疗均要承担法律责任。

3. 保险公司支付抢救费用的责任

根据《道路交通安全法》第七十五条的规定："肇事车辆参加机动车第三者责任强制保险的，由保险公司在责任限额范围内支付抢救费用。"另外，2019年3月2日实施的《机动车交通事故责任强制保险条例》（简称交强险条例）第三十一条作了如下规定："保险公司可以向被保险人赔偿保险金，也可以直接向受害人赔偿保险金。但是，因抢救受伤人员需要保险公司支付或者垫付抢救费用的，保险公司在接到公安机关交通管理部门通知后，经核对应当及时向医疗机构支付或者垫付抢救费用。"

因此，保险公司拒绝、拖延支付或垫付抢救费用的，要承担法律责任。

4. 社会救助基金垫付抢救费用的责任

根据《道路交通安全法》第七十五条的规定："抢救费用超过责任限额的，未参加机动车第三者责任强制保险或者肇事后逃逸的，由道路交通事故社会救助基金先行垫付部分或者全部抢救费用，道路交通事故社会救助基金管理机构有权向交通事故责任人追偿。"

二、现场急救的原则

现场急救是指在救护车、医护人员或其他适当的专业人员到达现场之前，使伤病员迅速脱离出事地点，转移到安全和便于救治的地方，并进行及时的止血、包扎和固定等必要的帮助和治疗。

一旦发生交通事故，保险公司查勘人员在到达事故现场进行急救工作时，应遵循以下原则。

1. 人道原则

当事故发生后，救护者必须怀着崇高的人道主义精神，千方百计利用现场一切可利用的条件抢救伤员。救护者应保持镇定、清醒的头脑，使伤员尽快得到现场治疗，并及时呼救，转入后续治疗。

2. 快速原则

在车祸救护工作中，时间就是生命。"快抢、快救、快送"是减少伤残和后遗症的关键。救护人员要珍惜每一秒钟，火速急救，火速护送伤员到医院治疗。

3. 有序原则

交通事故的特点是伤情复杂、严重、复合伤多，因此在抢救中一般应本着先抢后救、先重后轻、先急后缓、先近后远的顺序，灵活掌握。首先采取止血、保持呼吸道的通畅、抗休克等措施；第二是处理好内脏器官的损伤；第三是处理好骨折；第四是包扎处理一般伤口。

4. 自救原则

自救原则是车祸现场救护、抢救伤员生命的一条宝贵经验，尤其是对发生在偏僻地区的车祸更是显得重要。在车祸现场不能消极等待，要积极采取"自救、互救"措施，充分利用就便器材以赢得求援时间。

5. 无害措施原则

先判断风险再进行救助，对伤者采取最有益的救治方法而不能采取无把握的救治方法。

6. 自我保护原则

急救时要避免自身受伤和被伤者交叉感染。

◇ **特别提示：**
在我国，由于车辆驾驶人大多缺乏基本的医疗常识，所以在进行现场急救时，首要原则应是无害措施原则，对救治没有把握的，应由医务人员或交警处理。

三、事故现场人伤急救的步骤

1. 判断现场情况，确保安全

首先了解现场情况，弄清伤员周围是否还存在威胁，是否有可使用的工具和用品，给予伤员必需的帮助，并采取必要的措施，避免自己和伤员再次陷入危险之中。

2. 判断伤员情况

交通事故发生后，由于车祸的强烈袭击，可使人体心、肺、神经、内分泌机能发生严重障碍，尤其是大量失血，直接威胁伤员生命，有些受伤者可能很快出现休克或者死亡状况。这就需要很好地判断伤员伤情，以便考虑自己有无能力急救，如何急救。最早接触受伤者时，首先必须判断受伤者是否活着，有无呼吸和心跳，意识是否清楚，救护者必须对受伤者的伤情作出初步判断，以便按"轻重缓急"的原则进行急救和护送。

3. 紧急抢救

先从车底下或车内救出伤员，否则无法进行有效的医疗处理，这是抢救的第一环。第二环是现场急救，着重处理伤员的出血、窒息、休克等严重问题，让伤员侧卧、头向后仰，以保证呼吸道畅通。若呼吸停止则进行人工呼吸，若脉搏消失则进行心脏按压，并止血、包扎、固定脊椎或骨折肢体。

◇ **特别提示：**
1. 若伤员不在车底下或车内，千万不要随便移动患者。
2. 救助压在车下的伤员时，首先应标出车辆及伤者的原位，然后设法找人帮助抬高或移开车辆，若非绝对必要，不要移动伤者。

项目九 人伤事故的现场处理

3. 如有死亡人员，确属当场死亡而无丝毫抢救希望者，应原地不动，用草席、篷布或塑料布等物覆盖。

4. 如果头受伤后，有血液和脑脊液从鼻、耳流出，就一定要负伤者平卧，患侧向下，即左耳、鼻流出脑脊液时左侧向下，右侧流时右侧向下。

5. 如果喉和鼻大量出血，则容易引起呼吸困难，应让受伤者侧卧，头向后仰，以使其呼吸方便。

4. 拨打 120 救助电话

1）如果受伤者伤势较轻，可暂留现场等待。

2）如果伤势较重，应拦截过往车辆，送就近医院抢救。靠近市区的还可以拨打120急救中心电话或请医院派车前来抢救。

3）如一时无过往车辆或救护车，也可动用肇事车辆将伤员送医院抢救，但要将肇事车各个车轮的着地点以及伤员倒位描出，做好标记，并要留人员看护现场。

5. 搬运和运送伤员

四、人伤急救常用的几项基本技能

1. 呼吸的判断

为了确定受伤者是否呼吸，可以将耳朵贴近受伤者的口，同时平视他的呼吸，并看到他胸腹的动作。在呼吸极微弱时，不易见到胸廓起伏，可用一小块棉花絮或薄纸片、树叶等放在病人鼻孔旁，看这些物体是否随呼吸来回飘动，以判断有无呼吸存在。垂危病人呼吸变快变浅、不规则以及一般受伤者在临死前呼吸变慢、不规则直至呼吸停止。这时的特征是胸廓起伏消失，鼻孔不出气。

2. 心跳的判断

脉搏是血液流经动脉血管时的压力波动，直接显示心脏的跳动，一般通过测试腕动脉（桡动脉）来检查心跳。检查心脏跳动的受伤者时，常检查他的颈动脉，即喉结与相连肌肉间的颈窝处，可以触知颈动脉的搏动。心跳停止时，颈动脉搏动消失，受伤者意识丧失，瞳孔散大，皮肤发紫。

3. 意识的判断

在事故现场判断意识，以直观受伤者瞳孔的变化为主。正常时，两眼的瞳孔是等大等圆的，遇到光线能迅速收缩。当受伤后，两眼瞳孔不一般大，可能缩小或放大，用手电筒光线刺激，瞳孔不收缩或收缩迟钝。当瞳孔逐渐散大，固定不动，对光的反应消失时，病人陷于死亡。

友情小贴示：

如何检查瞳孔？

右手持手电筒，左手拇指及食指分别将两侧上眼睑向上拉开，暴露瞳孔。正常瞳孔（黑眼睛中央的孔洞）直径 3～4mm，双侧等大等圆，当受到光线刺激后双侧瞳孔立即缩小，移开光源后瞳孔迅速复原。受伤者死亡的特征就是呼吸、心跳停止和瞳孔散大、固定。

◇ **特别提示：**
   正常人的意识是清楚的，反应是灵敏的，但当车祸发生后，因受伤部位的不同，其意识改变不尽相同。意识改变一般是由于脑部损伤、创伤性休克和剧烈疼痛等因素造成的。若脑部有一时性不省人事，且时间不超过10~20min，表示伤不重；如受伤后一直昏迷或伤后昏迷—清醒—再昏迷，表示脑损伤严重，同时伴有剧烈持续的头疼和频繁的呕吐以及瞳孔扩大或大小不等的改变。创伤性休克的伤员除休克的表现外，一般在休克晚期出现昏迷。而剧烈疼痛引起的意识丧失仅为一时性应激改变，会迅速恢复的。

4. 脉搏、呼吸的判断

正常人的脉搏（65~85次/分）、呼吸（16~20次/分）节律是均匀的。当发生车祸后，若伤员脉搏细快、面色苍白、皮肤湿冷、烦躁口渴、呼吸浅快甚至困难，是出血性休克和肺、胸膜损伤的表现；若脉搏慢而洪大，呼吸慢而深，是脑损伤的表现。这些都是危险信号，应火速送就近医院抢救。

5. 心肺复苏术（见图9-1）

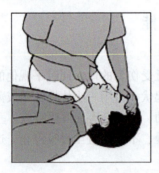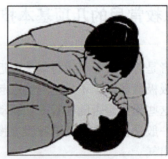

图9-1 心肺复苏术

1）托起伤病者的下颌，使其头部后仰，以畅通气道。

2）如果伤病者呼吸停止，需对其实施人工呼吸，即将你呼出的气用力吹入伤病者的肺中，以便为其血液提供氧气。

3）如果伤病者心跳停止，应采用"胸部按压"且应与人工呼吸同时进行。采用"胸部按压"的目的是迫使其血液通过心脏循环于体内，以维持血液循环。

◇ **特别提示：**
   何为心肺复苏术？
   即通过胸部按压结合人工呼吸的办法来救治呼吸和心跳停止的伤病者，以保持伤病者生命的急救方法。
   在救护车、专业人士到来之前，若对伤者实施紧急救助的，其获救率要比没实施紧急救助的高出5倍。

6. 复原卧位术

复原卧位术是指将伤病者摆成身体侧卧、头部后仰的一种急救方法，如图9-2所示。其作用是防止伤病者的舌头堵塞喉咙，血液及呕吐物堵塞气管。

项目九　人伤事故的现场处理

图9-2　复原卧位术

1）先让伤病者仰卧，双臂上举且手掌朝上成投降姿势，再使其双腿伸直。

2）掏出衣袋内所有易碎或大块的硬物。

3）跪在伤病者一侧，使其头部后仰、下颌上扬，以畅通气道。

4）拉住其不靠你这边的大腿，使其弯起至脚底平放于地面，将其不靠你这边的另一只手臂横过其胸前，手背向上贴住其面颊，拉住该手臂及其那条弯曲的腿使伤者向自己这边侧转呈侧卧状。

5）让其头部稍稍后仰，以保持气道畅通。

6）调整伤病者的腿，使其与臀部呈直角。

7）调整其下面一只手的位置，以免被身体压住并确保其掌心向上。

8）每10min检查并记录一次呼吸和脉搏，直至救援人员到达。

◇ **特别提示：**
1. 当伤病者受伤十分严重时，不可采用复原卧位法。
2. 怀疑其颈部或背部受伤时，最好不用此法。

7. 止血术

（1）何为止血术　即控制肢体伤口外出血的急救方法。

注意：内出血必须由医生处理。

（2）止血的步骤

1）彻底清洗干净你的双手，最好带上医用手套，如果你自己有外伤时，应用防水创可贴或防水胶布贴住伤口，以避免直接接触伤病者的血液。

2）脱下或剪开伤病者的衣服以露出伤口。

3）判断是静脉出血还是动脉出血。

注：从动脉流出的血呈鲜红色的喷射状，而从静脉流出的血呈暗红色的涌出状，如图9-3所示。

4）用手指或手掌直接按住伤口并持续施压5~10min，以促使伤口闭合。

◇ **特别提示：**
1. 按伤口前最好用无菌绷带或纱布垫压在伤口处，如图9-4所示，但千万不要浪费时间去找这些材料，身边干净的布条或手帕也可拿来使用。
2. 如果无法直接压住伤口（如有物体从伤口中突出）时，要紧压伤口两侧。
3. 尽量抬高损伤部位的肢体，使其高于心脏，以借重心减少血液流向伤口。

5）用绷带固定受伤部位，但不要扎得太紧，以免妨碍血液循环，如图9-5所示。

注意：

① 如果血液渗透了绷带，可在其上再扎一层绷带。

② 如果伤口中有异物突出，则在其两边先垫上纱布直至高出异物后（以包扎时不会压到异物为准），再用绷带固定伤口。

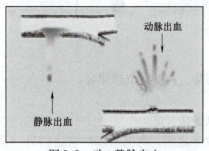
图9-3 动、静脉出血

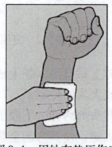
图9-4 用纱布垫压伤口

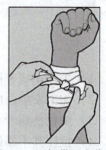
图9-5 用绷带固定伤口

6）如果持续施压15min后仍然止不住血时，需实施间接压迫法止血，即在出血动脉的上方靠着骨头的部位间接施压。

◇ **特别提示：**

1. 由于间接压迫法压的是伤口前端的主动脉，阻断了受伤肢体的正常血液循环，所以除非迫不得已不得使用该法。

2. 除股动脉外，按压任何其他动脉不能超过10min。

7）检查包扎处的血液循环，等待救护人员的到来。

（3）间接压迫止血法　间接压迫止血法即指压动脉止血法

常用的指压动脉止血方法如下：

1）指压颞浅动脉止血法。即在伤侧耳前，用一手拇指对准下颌关节压迫颞浅动脉，另一手固定头部的动脉的止血法，如图9-6所示。

该方法适用的止血部位通常是一侧头顶、额部和颜部。

2）指压面动脉止血法。即用一手拇指和食指或拇指和中指分别压迫双侧下颌角前约1cm的凹陷处，阻断面动脉血流的止血法，如图9-7所示。

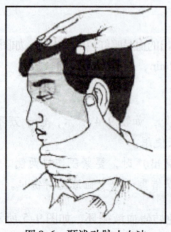
图9-6 颞浅动脉止血法

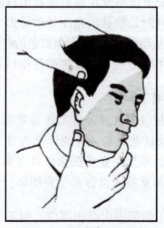
图9-7 面动脉止血法

该方法适用的止血部位通常是颜面部。

3）指压肱动脉止血法。即用一手拇指压迫上臂中段内侧，阻断肱动脉血流，另一手固定手臂的动脉止血法，如图9-8所示。

该方法适用的止血部位通常是一侧肘关节以下部位。

4）指压股动脉止血法。即用双手拇指用力压迫伤肢腹股沟中点稍下方的股动脉，阻断股动脉血流的止血法，如图9-9所示。

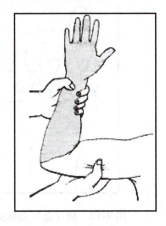 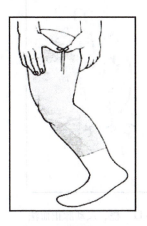

图9-8　肱动脉止血法　　　　图9-9　股动脉止血法

该方法适用的止血部位通常是一侧下肢。

注意：肱动脉与股动脉的止血还可用下列方法，如图9-10所示。

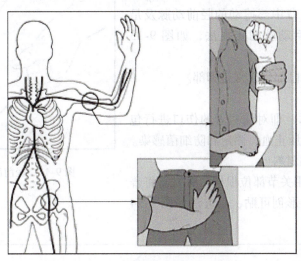

图9-10　肱、股动脉止血法

① 肱动脉施压法。当在伤病者肱二头肌肉的下方摸到动脉后，用四个手指同时将动脉贴紧骨头压住，直到手指感觉不到动脉的跳动为止。

② 股动脉施压法。让伤病者躺下，在腹股沟或裤子褶皱处摸到股动脉后，伸直手臂并用掌根将动脉紧贴骨盆压住，允许用两只手一起按压。

5）指压桡、尺动脉止血法。即用两手拇指和食指分别压迫伤侧手腕两侧的桡动脉和尺动脉，阻断血流的动脉止血法，如图9-11所示。

该方法适用的止血部位通常是手部。

6）指压指（趾）动脉止血法。即用拇指和食指分别压迫手指（脚趾）两侧的指（趾）动脉，阻断血流的动脉止血法，如图9-12所示。

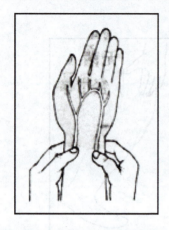
图9-11 桡、尺动脉止血法

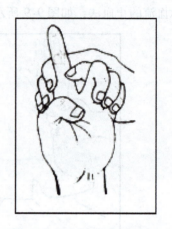
图9-12 指（趾）动脉止血法

该方法适用的止血部位通常是手指（或脚趾）。

7）指压胫前后动脉止血法。即用双手拇指和食指分别压迫伤脚足背中部搏动的胫前动脉及足跟与内踝之间的胫后动脉的止血法，如图9-13所示。

该方法适用的止血部位通常是脚部。

8. 包扎术

（1）何为包扎术　即对伤病者的伤口进行包扎的技术，目的是施压止血、固定和防细菌感染。

（2）常用的包扎材料

1）创可贴。适用关节部位损伤。有时需将普通创可贴制作成蝴蝶形创可贴，其方法如图9-14所示。

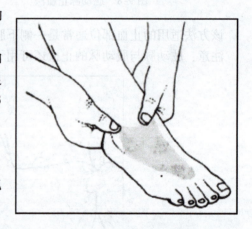
图9-13 胫前后动脉止血法

图9-14 蝴蝶形创可贴的制作方法

2）绷带。有利于吸收伤口的渗出物。一般都为卷状绷带，可用于身体不同部位的包扎。如果为高弹力绷带，则适用于关节部位损伤的包扎。

3）胶带。用于固定绷带和敷料块。胶带一般呈卷状，具有多种不同宽度的规格。如果对一般胶带过敏的，应采用纸制胶带。

4）三角巾。可以根据需要折叠成条（带）状和燕尾状，适用于不同部位的包扎。

（3）伤口包扎的步骤

1）彻底清洗干净你的双手，最好带上医用手套，如果你自己有外伤时，应用防水创可贴或防水胶布贴住伤口，以避免直接接触伤病者的血液。

2）用自来水（最好用生理盐水）冲洗伤口。

3）用消毒湿巾纸轻轻地从伤口中间向其边缘方向擦拭。

注意：每次擦拭时，要换着用还未用到的消毒湿巾纸干净的部位。

4）用无菌纱布将伤口小心地吸干。

5）用大小合适的创可贴或无菌敷料或绷带盖在伤口上，并用医用胶布或绷带将其固定在伤口上。

6）将绷带的末端按住，采用螺旋状、八字状或环状缠绕在伤口处。

7）用安全针或医用胶布或绷带夹对绷带末端进行固定。

注意：也可将绷带末端剪成两条细带，然后相反方向绕圈后打结，如图9-15所示。

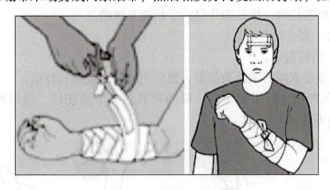

图9-15　绷带打结固定

8）检查绷带的松紧，以防影响伤肢的血液循环（良好的血液循环会减少受感染的机会，并促进伤口愈合）。

9）抬高伤肢，以减少肿胀的可能。

（4）常用的绷带包扎法

1）螺旋包扎法。这种方法适用于肢体、躯干部位的包扎，如图9-16所示，具体方法如下：

图9-16　螺旋包扎法

① 用无菌敷料覆盖伤口。
② 先环形缠绕两圈。
③ 从第三圈开始，环绕时压住前一圈的 1/2 或 1/3。
注意：绷带不要在同一位置反复缠绕。
④ 最后用胶布粘贴固定。

2）螺旋反折包扎法。这种方法适用于肢体上下粗细不等部位的包扎，如小腿和前臂等，如图 9-17 所示，具体方法如下：

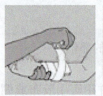 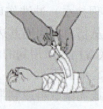 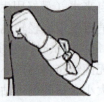

图 9-17　螺旋反折包扎法

① 先用环形法固定始端。
② 用螺旋方法每圈反折一次，反折时，以左手拇指按住绷带上面的正中处，右手将绷带向下反折，向后绕并拉紧，即使绷带呈八字状交叉缠绕。
③ 注意反折处不要在伤口上。
④ 最后用胶布粘贴固定。
注意：也可将绷带末端剪成两条细带，然后相反方向绕圈后打结。

3）"八字"包扎法。适用于手掌、踝部和其他关节处伤口，选用弹力绷带最佳，如图 9-18 所示，具体方法如下：

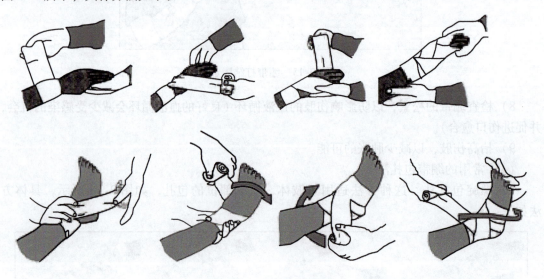

图 9-18　"八字"包扎法

① 用无菌敷料覆盖伤口。
② 包扎手时从腕部开始，先环行缠绕两圈，然后经手和腕以"8"字形缠绕，最后将绷

带尾端在腕部固定。

③ 包扎关节时绕关节上下成"8"字形缠绕。

4）环形包扎法。这种方法是绷带包扎中最常用的，一般适用肢体粗细较均匀处伤口的包扎，如图9-19所示，具体方法如下：

① 伤口用无菌敷料覆盖，用左手将绷带固定在敷料上，右手持绷带卷环绕肢体进行包扎。

② 将绷带打开，一端稍作斜状环绕第一圈，将第一圈斜出一角压入环形圈内，环绕第二圈。

③ 加压绕肢体环形缠绕4~5层，每圈盖住前一圈，绷带缠绕范围要超出敷料边缘。

④ 最后用胶布粘贴固定，或将绷带尾端从中央剪成两个布条，两布条先打一结，然后再缠绕肢体打结固定。

（5）三角巾包扎法　使用三角巾时，注意边要固定、角要拉紧、中心伸展、敷料贴紧。在应用时，可按需要将三角巾折叠成不同的形状，适用于不同部位的包扎。三角巾展开后有顶角、底边与两个底角，如图9-20所示。

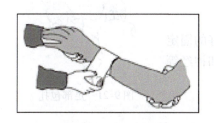

图9-19　环形包扎法

图9-20　三角巾展开图

1）头顶帽式包扎。

① 将三角巾的底边叠成约两横指宽，边缘置于伤病员前额齐眉处，顶角向后。

② 三角巾的两底角经两耳上方拉向头后部交叉并压住顶角，再绕回前额齐眉打结。

③ 顶角拉紧，折叠后掖入头后部交叉处内。

2）肩部包扎。

① 单肩。将三角巾折叠成燕尾式，燕尾夹角约90°，大片在后压住小片，放于肩上；燕尾夹角对准伤侧颈部；燕尾底边两角包绕上臂上部并打结；拉紧两燕尾角，分别经胸、背部至侧腋或腋后线处打结。

② 双肩。将三角巾折叠成燕尾式，燕尾夹角约100°；披在双肩上，燕尾夹角对准颈后正中部；燕尾角过肩，由前向后包肩于腋前或腋后，与燕尾底边打结。

3）胸部包扎。

① 将三角巾折叠成燕尾式，燕尾夹角约100°。

② 置于胸前，夹角对准胸骨上凹。

③ 两燕尾角过肩于背后。

④ 将燕尾顶角系带，围胸与底边在背后打结，然后，将一燕尾角系带拉紧绕横带后上提，再与另一燕尾角打结。

⑤ 背部包扎时，把燕尾巾调到背部即可。

4）手（足）包扎，如图9-21所示，方法如下：
① 将三角巾展开。
② 手指或足趾尖对向三角巾的顶角。
③ 手掌或足平放在三角巾的中央。
④ 指缝或趾缝间置入敷料。
⑤ 将顶角折回，盖于手背或足背。
⑥ 两底角分别围绕到手背或足背交叉，再在腕部或踝部围绕一圈后在手背或足背打结。

5）悬臂带的制作。用于前臂和肘关节的损伤，制作方法如图9-22所示。
① 托住受伤的胳膊，将三角巾顶角对着伤肢肘关节，让一底角置于健侧胸部过肩于背后。
② 另一底角包绕伤臂反折至伤侧肩部。
③ 两底角在颈侧方打结，顶角向肘前反折，用别针固定。
④ 将前臂悬吊于胸前。

9. 现场骨折的固定

现场骨折固定是创伤救护的一项基本任务。正确良好的固定能迅速减轻伤员疼痛，减少出血，防止损伤脊髓、血管和神经等重要组织，也是搬运的基础。

（1）骨折固定的目的

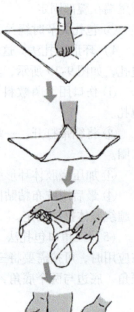

图9-21 足部包扎

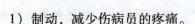

图9-22 悬臂带的制作

1）制动，减少伤病员的疼痛。
2）避免损伤周围组织、血管和神经。
3）减少出血和肿胀。
4）防止闭合性骨折转化为开放性骨折。
5）便于搬运伤病员。

（2）骨折的类型

1）闭合性骨折。骨折端与外界或体内空腔脏器不相通，骨折处的皮肤、黏膜完整。
2）开放性骨折。骨折端与外界或体内空腔脏器相通，骨折局部皮肤、黏膜破裂损伤，骨折端与外界空气接触，暴露在体外。

（3）骨折的程度

1）完全性骨折。骨的完整性和连续性全部破坏和中断，骨断裂成三块以上的碎块，又称为粉碎性骨折。

2）不完全性骨折。骨未完全断裂。

3）嵌顿性骨折。断骨两端互相嵌在一起。

（4）骨折的判断

1）疼痛。突出表现是剧烈疼痛，受伤处有明显的压痛点，移动时有剧痛，安静时则疼痛减轻。根据疼痛的轻重和压痛点的位置，可以大体判断骨折的部位。

2）肿胀。出血和骨折端的错位、重叠，都会使外表呈现肿胀现象。

3）畸形。骨折时肢体会发生畸形，呈现短缩、成角和旋转等。

4）功能障碍。原有的运动功能受到影响或完全丧失。

5）血管、神经损伤的检查。上肢损伤检查桡动脉是否搏动，下肢损伤检查足背动脉是否搏动。触压伤病员的手指或足趾，询问有何感觉，手指或足趾能否自主活动。

（5）上肢骨折木板固定法

1）肱骨干骨折。

① 用两块木板，一块放于上臂外侧，从肘部到肩部，另一块放于上臂内侧，从肘部到腋下。

② 放衬垫。

③ 用绷带或三角巾固定上下两端。

④ 指端露出，检查末梢血液循环。

2）前臂骨折。

① 用两块木块固定，加垫。

② 木块分别置于前臂的外侧和内侧，用三角巾或绷带捆绑固定。

③ 屈肘位用大悬臂带吊于胸前。

④ 指端露出，检查末梢血液循环。

（6）下肢骨折木板固定法 如图9-23所示。

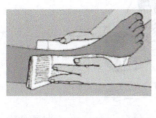

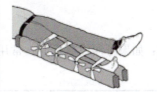

图9-23 下肢骨折木板固定法

1）大腿骨（股骨干）骨折。

① 用两块木板，一块长木板从伤侧腋窝到外踝，一块短木板从大腿根内侧到内踝。

② 在腋下、膝关节、踝关节骨突部放棉垫保护，空隙处用柔软物品填实。

③ 用7条宽带固定。先固定骨折上下两端，然后固定腋下、腰部、髋部、小腿及踝部。

④ 如只用一块木板，则放于伤腿外侧，从腋下到外踝，内侧夹板用健肢代替，固定方法同上。

⑤ 趾端露出，检查末梢血液循环。

2) 小腿骨折。

① 用两块木板，一块长木板从伤侧髋关节到外踝，一块短木板从大腿内侧到内踝。

② 木板分别放于伤肢的内侧和外侧。

③ 在膝关节、踝关节骨突部放棉垫保护，空隙处用柔软物品填实。

④ 5条宽带固定。先固定骨折上下两端，然后固定髋部、大腿和踝部。

⑤ 趾端露出，检查末梢血液循环。

【技能训练】

训练10　心肺复苏抢救

一、判断现场环境

1) 判断伤员周围是否还存在威胁，避免在危险场合（如在车行道上、危墙下、有毒气体泄漏处等）施救。

2) 判断伤员周围可利用的抢救工具和用品。

二、判断意识

1) 跪于伤者一侧，轻拍或轻轻摇动病人的肩部并大声呼叫，如图9-24所示，然后把呼叫内容填入表9-1。

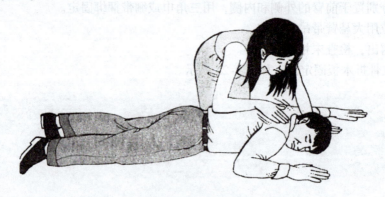

图9-24　呼叫伤者

注：如果呼叫没有反应，常用掐人中或检查瞳孔的方法帮助判断意识。

表9-1　呼叫方法与呼叫内容

	呼叫内容
方法一	
方法二	
方法三	

① 掐人中用_____，部位_____，当病人一旦出现眼球或四肢活动及疼痛反应时，要立即停止。

② 检查瞳孔方法：_____手持手电筒，_____手拇指及食指分别将两侧上眼睑向上拉开，暴露瞳孔。当受到光线刺激后，双侧瞳孔立即_____，移开光源后瞳孔迅速_____时，说明伤者有意识。若受伤者死亡时，瞳孔应_____、固定。

2) 呼救。当病人无任何反应时，可以初步确定病人意识丧失。此时应呼救并求助他人或拨打 120 急救电话，如图 9-25 所示。

图 9-25　求助他人或拨打 120 急救电话

注：呼救的方法一般是大叫：_____
_____（自己不能跑开，应准备下一步抢救方案）。

三、判断呼吸

1) 翻转病人至仰卧位，并解开病人的_____和_____
_____，如图 9-26 所示。

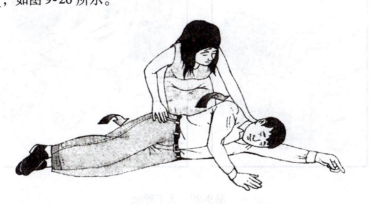

图 9-26　翻转病人

2) 抢救者跪于病人的_____处，使抢救者不需移动膝部就能实施人工呼吸和胸部按压，且有利于观察病人的胸腹部。

3) 托起伤病者的下颌，使其头部后仰，以_____，并清除口腔中异物，如图9-27所示。

4）判断呼吸是否存在。即用耳朵贴近病人口鼻，两眼注视其胸部或上腹部，如图9-28所示。

一看：_____；

二听：_____；

三感觉：_____。

注：判断时间一般为_____s，但不应超过_____s。

图9-27　使伤者头部后仰　　　　图9-28　判断呼吸是否存在

四、人工呼吸

1）捏紧伤者鼻翼下端。

2）口对口连续吹气两次（注意：张开的嘴巴应完全把伤者的嘴巴包住），观察伤者的胸部有无起伏（注：婴儿用口对口鼻人工呼吸），如图9-29所示。

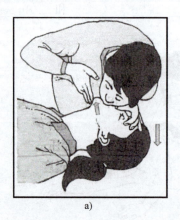
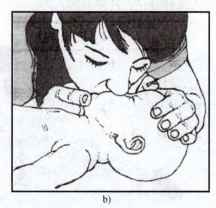

a)　　　　　　　　　　　　b)

图9-29　人工呼吸

注：当伤者停止呼吸时其肺脏是_____的，所以两次吹气后其肺脏会_____。

五、判断心跳

当两次吹气后应立即检查伤者有无心跳，即一般测颈动脉（注：婴儿因头颈短，一般测肱动脉）是否存在搏动，如图 9-30 所示，以确定下一步的急救方案。

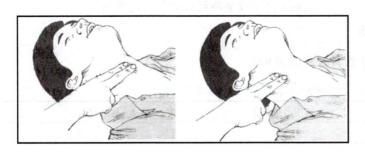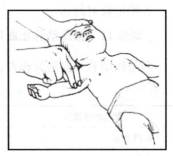

图 9-30　判断心跳

1）用食指及中指的指尖先触及气管的_____位置（男性可触及喉结），然后向旁侧滑动_____cm 至气管旁软组织处。

2）轻轻触摸颈动脉有无搏动。如有搏动，说明有心跳，反之则心跳停止。

3）若有心跳而无呼吸时，则应_____，且频率为每隔_____s 进行一次；若呼吸、心跳均停止，则应进行下一步抢救。

六、胸外心脏按压（又称人工循环、心脏按压）

1）使伤者仰卧在硬板上或水泥地上。

2）部位：胸骨_____处（婴儿_____处）。

3）手法：双手手心向下合叠，一手掌根贴胸，垂直向下按压（注：儿童用一只手掌根按压，而婴儿只能用两根手指按压），如图 9-31 所示。

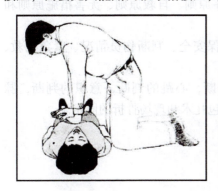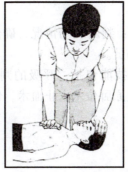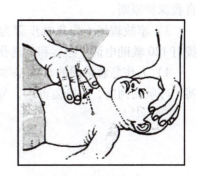

图 9-31　胸外心脏按压

注意：按压时应利用上半身重和肩、臂部的力量，以确保按压力量作用在胸骨上。

4）深度：_____cm（注：儿童为_____cm，婴儿为_____cm）。

5）频率：_____次/min，且按压和放松时间之比为_____：_____。

6）次数：连续按压_____次。

七、再做人工呼吸两次

八、动作循环

一次胸外按压＋两次人工呼吸为一动作组，连续完成五组动作

九、判断有无呼吸和心跳

连续抢救时间达_____min 以上或坚持到救护车到达现场。

训练 11　指压动脉止血法

用指压动脉止血法为伤者止血，并完成表 9-2。

表 9-2　指压动脉止血法适用部位及注意问题

指压动脉部位	适用出血部位	注意问题
颞浅动脉		
面动脉		
肱动脉		
桡、尺动脉		
指（趾）动脉		
股动脉		
胫前后动脉		

【项目小结】

1）人伤案件的抢救责任包括车辆驾驶人的抢救责任、医疗机构的抢救责任、保险公司支付抢救费用的责任和社会救助基金垫付抢救费用的责任。

2）现场急救的原则包括人道原则、快速原则、有序原则、自救原则、无害措施原则和自我保护原则。

3）事故现场人伤急救步骤为：判断现场情况、确保安全、判断伤员情况、紧急抢救、拨打 120 救助电话、搬运和运送伤员。

4）人伤急救常用的几项基本技能包括：呼吸的判断，心跳的判断，意识的判断，脉搏、呼吸的判断，心肺复苏术，复原卧位术，止血术，包扎术和现场骨折的固定。

项目十 人伤事故的查勘

【学习目标】

知识目标:
1. 知道人伤案件的特点和人伤案件的理赔流程。
2. 知道人伤案件的查勘原则和人伤案件照片的类型。
3. 熟悉非住院人伤案件和住院人伤案件的查勘方法。

能力目标:
1. 能按标准流程实施人伤案件的查勘。
2. 能规范进行人伤查勘的调查取证。

【知识准备】

在机动车辆保险理赔案件中,除了机动车辆损失及其他财产损失赔偿案件以外,大量的是人员伤亡赔偿案件。据不完全统计,人员伤亡赔款支出占机动车辆保险总赔款支出的50%~60%。为了维护广大被保险人和保险人的经济利益,大部分保险公司都加大了对人员伤亡的查勘,配备专门的医疗调查员对重大人员伤亡的整个医疗过程实行全程跟踪调查,以有效控制不合理的医疗费用,防范医疗机构和被保险人的道德风险,杜绝超额赔付。

尽管人伤案件的查勘在各地区之间和不同的保险公司之间存在差异,但在杜绝假案骗案、避免小伤大养、旧病兼治,及时掌握伤亡事故所需费用,有效地控制赔付支出,同时安抚伤者,给予伤者合理的赔付等方面是一致的。进行人伤案件调查必不可少,也是人伤案件理赔过程中最关键的一步。

一、人伤案件的理赔流程

人伤案件的理赔流程如图 10-1 所示。

1. 接报案

1）接报案人员接受报案，人伤报案有两种情况。

① 被保险人或驾驶人通过保险公司的服务专线直接报案。

② 查勘定损员在查勘过程中发现涉及人员伤亡而通知保险公司。

2）给客户做简单的人伤案件理赔指引。

3）按照要求完整填写理赔系统中规定的登记要素，并迅速完成出险信息查询工作。

4）对于属于交强险范围内需支付抢救费的，应缮制交强险抢救费用申请报告。

5）及时通知调度。

图 10-1 人伤案件的理赔流程图

2. 人伤调度

调度统一安排查勘人员予以查勘，视案情决定是否提前处理，对于有人员住院治疗的案件，均应要求赴医院查勘。

3. 人伤查勘

1）与被保险人联系。

2）赶赴事故现场和就诊医院等进行查勘。

3）若是轻伤案件，则经调查后应出具人伤案件调查记录；若是重伤或群伤案件，则应定期跟踪调查并逐次做好人伤案件调查记录；若涉及交强险医疗费垫付的，则应做好相关审查登记，并缮制医疗费垫付申请报告。

4）初步审定被保险人交来的理赔材料，并结合人伤案件调查记录最终完成人伤定损清单。

4. 缮制赔案

由理赔内勤缮制赔案。

5. 人伤核损

由医疗核损人员审查理赔材料，审核医疗费用等，剔除不合理的费用。

6. 人伤核赔

1）核赔员重新审核赔偿标准和索赔单证，对于不合理的费用予以扣除，包括医疗费超范围用药的，误工费的时间控制及计算标准、伤残补助费用及残疾用具费用的计算标准等。

2）对于涉及被抚养人补偿费用部分，应重点审核有关证明材料，如发现疑点应追究到底，调动人伤调查员再行核查，必要时可以通知保险调查人参与调查。

3）及时了解各地公布的赔偿标准，根据调查情况，依照保险条款和相关法律法规进行审核，准确界定保险责任范围的赔偿金额。

4）对于涉及一次性赔偿或协商赔偿的赔案，应与被保险人签订赔偿协议，避免出现"长尾巴"案件，或由于被保险人翻案引发的纠纷。

5）对于涉及诉讼的案件，应及时向上级报告，并通知相关部门尽快进入法律程序，充分掌握诉讼证据，及时关注案件处理进展情况。

7. 赔付结案

包括财务付款及结案归档。

二、人伤案件的查勘原则

所谓人伤案件的查勘，即调查伤者的住院治疗情况、了解受伤过程及对案件中可能出现的被抚养人生活费、误工费等进行查勘。在查勘过程中，应遵循相关原则。

1. 人伤案件的特点

1）案件涉及面广。交通事故的损害赔偿通常涉及保险人、被保险人、受害方（伤者）、致害方（肇事驾驶人）、医疗机构、伤残评定机构和公安交通管理部门、司法机关等，在确定事故责任、赔偿标准以及费用标准等方面，涉及的范围较广，纠纷也比较多。

2）处理案件需要多方面的知识和能力。在人身损害赔偿案件中，主要是围绕人员伤亡展开理赔处理，因此理赔人员除了具有比较专业的医疗知识外，还需要懂得与人身损害赔偿相关的专业知识，同时需要具备洞察力和沟通能力，只有这样才能够妥善处理理赔纠纷。

3）目前，在有关人伤案件处理方面的法律法规中还存在一些不明确的地方或有些方面仅做出了原则性的规定，且各地的公安及司法部门在处理事故时的政策尺度不一，因此在处理人身损害事故时往往会产生纠纷。

4）人伤案件涉及两个不同的法律关系。一是被保险人（即肇事方）与第三者（即受害人）之间的民事损害侵权关系，它受民事相关法律法规的约束；二是被保险人与保险人之间的合同关系，它受合同法和保险法的约束。由于法律关系的不同，导致被保险人需要支付给受害人的赔偿与他能从保险合同中获得的赔偿之间存在一定的出入，从而产生纠纷。

5）案件处理周期普遍较长。由于人身损害案件中涉及受害人的治疗和身体恢复过程以及与受害方的损害赔偿协商过程，因此相对财产损失案件中的财产损失鉴定过程而言，人伤案件相对较长，一般会在3~6个月，有的会长达几年，甚至更长。

6）同一损害事实，因相关赔偿因素不同，导致赔偿金额迥异。由于个体体质的差异性，导致医疗方案和医疗费用的不同；不同的户籍身份导致残疾者生活补助费、死亡者补偿费、被抚养人生活费的差异；不同的职业和收入造成误工费、护理费的差异；不同的出险地赔付标准也不一样等。这些因素决定了人伤案件损失的确定不可能像车损、物损一样，通过一次或两次的查勘和跟踪就能明确下来。实际上，人伤案件损失的发生是一个动态过程，从事故的发生到调解结案一直在不断地变化中。

2. 人伤案件应遵循的查勘原则

1）原则上由医疗调查员或医疗核损岗直接进行查勘。为了控制和降低保险公司的理赔风险，人伤案件最好由保险公司的专职人员进行查勘，但视工作量的大小也可委托公估行代为查勘。公估行的查勘人员需要得到保险公司医疗核损资质的认证，而且，公估行的查勘需要遵循委托公司的查勘要求。

2）提前介入、控制重点环节原则。提前介入是指发生交通事故后，对人伤案件可能涉及的赔偿项目采取积极主动的措施，剔除各种虚假成分，防止损失进一步扩大。通过事前介入，可以防止出现被保险人在调解中承担的不合理费用得不到保险人认可的现象，避免了双方在索赔时的纠纷，有利于提高客户满意度和保险公司的形象。在伤者住院期间，事前介入的重点是医疗费用的审核,对于滥用药品、滥行检查、小伤大养、以伤养病、挂床住院的现象,应及时向有关部门(如当地卫生管理部门、当地医疗保险管理部门等)反映;在伤者出院后至调解结案期间,事前介入的重点是伤残评定结论的合理性,出院证明中二次手术费、误工期限、护理人数的合理性,对不合理的结论,在调解以前要求重新认定。

控制重点环节是指在住院查勘阶段,重点防止不合理医疗费的产生;在调解结案阶段,重点防止不合理误工费、护理费、残疾赔偿费、残疾辅助器具费和被抚养人生活费等的产生。

3)坚持过程跟踪、随访制度原则。过程跟踪是指发生交通事故后,从伤者住院到结案期间,所有涉及人伤赔付的环节,都必须追踪了解伤者的病情和案件的进展,及时向被保险人反馈信息并提出指导意见,防范各环节中可能出现的漏洞。具体地讲,在伤者住院期间,主要追踪了解伤者的伤情并作出估损,追踪医疗方案和医疗费用是否合理,视具体情况与医院进行有效的沟通,积极争取介入医疗方案;了解伤者和护理人员的工资收入情况;了解与抚养关系相关的家庭背景。伤者出院康复期间,追踪了解后续费用、二次手术费用以及伤残评定的情况。在调解期间,将追踪获得的信息反馈给被保险人,并提出理赔指导意见。

随访制度主要是对诊断治疗方案和已发生的医疗费用进行分析,了解伤者的康复情况,对不合理部分及时向主管医师或主管部门反映,同时向主管医师了解以后的治疗方案,并提出合理的建议;对病情轻微、小伤大养的伤者,应积极与医院沟通,在不影响伤情的前提下,争取早日出院或转入门诊治疗;对存在原发性或慢性疾病或以伤养病的伤者,应告知保险理赔知识和相关的法律法规,争取让医院分别治疗。

人身损害与物损不同,人体受伤时由于突然受到外力侵害,会出现昏迷、休克和大量出血等症状。一般来说,伤者在入院急救时期,查勘工作只能做到对伤者的初步情况进行了解,但随着急救处置的进行,伤情会稳定或缓解,因此适时随访显得尤为重要。

◇ **特别提示:**
随访视伤情适时进行,一般首次随访的时间点如下:
1. 对于处于突然休克或昏迷状态的伤者,在其苏醒后。
2. 对于进行手术的伤者,在其手术后。
3. 对一般住院伤者,48~72h 内。

4)实行"三到"原则。"三到"原则是指到医院、到事故处理机关、到伤者单位。

5)达到"三了解、三确定"目标的原则。"三了解、三确定"原则是指了解事故经过,确定保险责任;了解伤情,确定伤情范围;了解治疗经过和费用,初步确定核损金额。

三、人伤案件的查勘流程

1. 非住院人伤案件的查勘
(1)查勘流程图 非住院人伤案件的查勘流程图如图10-2所示。
(2)查勘的主要内容
1)接受调度。
① 无条件服从公司的调度,接受调度派工。
② 仔细审阅保单抄件,核实保单起止日期、出险时间、报案时间、出险所属险别和出

险地点等要素，初步判断是否属保险责任。

2）电话核实。

① 在规定时间（如 30min）内及时通过电话联系被保险人和伤者，了解伤者姓名、性别、年龄、职业、就诊医院、诊断结果、目前已花费用及继续治疗费用估计。

② 向被保险人宣传理赔的基本原则，并将公司的赔偿标准和需要提交的索赔资料告知客户。

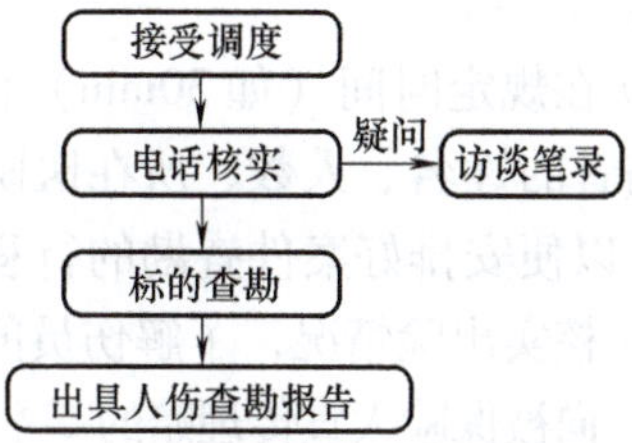

图 10-2 非住院人伤案件的查勘流程图

③ 若伤者与被保险人描述不一致时，需分别进行约谈笔录。

3）标的查勘。由医疗调查员或车辆定损员核实出险标的，确认出险标的与承保标的一致。

4）出具机动车辆人伤查勘报告。填写机动车辆人伤查勘报告并将查勘结果录入系统。

2. 住院人伤案件的查勘

（1）查勘流程图　住院人伤案件的查勘流程图如图 10-3 所示。

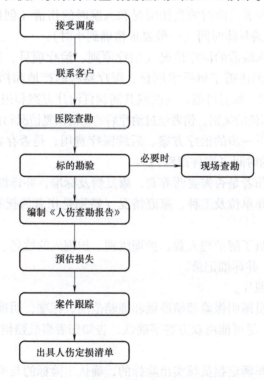

图 10-3 住院人伤案件的查勘流程图

（2）查勘的主要内容

1）接受调度。

① 无条件服从公司的调度，接受调度派工。

② 仔细审阅保单抄件，核实保单起止日期、出险时间、报案时间、出险所属险别和出险地点等要素，初步判断是否属保险责任。

2）联系客户。
① 在规定时间（如30min）内及时通过电话联系被保险人，了解是门诊还是住院案件，了解伤者的姓名、人数、所在医院和科室，并做相应的记录。根据伤者所在医院的区域分别归类，以便安排好案件查勘的行程，提高工作效率。
② 核实出险情况，了解伤员的受伤情况及所属险种和相应的保险限额，以便进一步调查。
③ 向被保险人宣传理赔的基本原则，并将公司的赔偿标准和需要提交的索赔资料告知客户。

3）医院查勘。
① 确认救治医院是否符合有关事故处理法律法规的规定。
② 填写车险人伤案件跟踪报告及理赔系统中要求的其他单证资料。
③ 准备好查勘用相关资料，包括介绍信和数码相机等设备。
④ 赶赴（或会同被保险人一起赶赴）医院调查。对于非急救伤者，在派工的两天内（节假日在4天内）赶赴医院；对于处于急救状况的伤者，可在其急救结束后及时前往调查。
⑤ 核对伤者的姓名、性别、年龄和身份证号码，核实事故经过，记录病房和床位号、住院号、主管医生及接待医生的姓名和联系方式。
⑥ 向主管医生了解伤者出险时的受伤情况和入院时的伤情（创伤部位、程度及并发或原有的病症），记录入院的具体时间（一般要求精确到小时）。
⑦ 向主管医生了解入院后的治疗情况（治疗原则、治疗项目、贵重药品及进口药品的应用情况），需要动手术的还需了解手术项目、医疗器材的产地和档次及手术的简要经过，陈述保险理赔范围和标准，如有可能，与医院共同制订治疗方案和用药范围。
⑧ 向主管医生了解床位的级别、伤者经过治疗后的伤情恢复情况和目前已发生的医疗费用。
⑨ 向主管医生了解下一步的治疗方案、后续医疗费用、是否存在转院可能及转院治疗的依据，确定下次查勘的时间（案件跟踪）。
⑩ 向主管医生了解伤者是否需要营养费、康复费及标准，并详细记录。
⑪ 向伤者了解其工作单位及工种、家庭情况（特别是伤者的抚养义务方面）和伤者的既往病史等。
⑫ 向伤者和陪护人员了解护理人数、护理级别、护理人的姓名、工作单位及收入情况、护理时段和护理时间等，并详细记录。
⑬ 拍摄伤情的相关照片。
⑭ 向伤者和陪护人员阐明保险理赔原则和理赔范围、标准，明确各自承担的费用部分，并以文字方式进行记录，尽可能由双方签字确认，告知伤者事故赔偿应注意的事项。

4）标的查勘。
① 由医疗调查员或车辆定损员核实出险标的，确认出险标的与承保标的一致。
② 必要时进行现场查勘。
③ 对于案情严重、复杂的，向处理事故的交警部门了解出险和施救经过，必要时进行周围目击证人的访谈。

5）编制人伤查勘报告。
① 根据首次查勘情况完成机动车辆人伤查勘报告，不能当日完成的，须当日在查勘备注中注明不能完成的原因并暂存。
② 将查勘结果录入易保系统内。一般要求查勘报告录入系统的时间最迟不得超过查勘

后的 24h。

6）预估损失。

① 查勘结果录入系统后立即在易保系统内进行费用预估。

② 预估的赔偿项目应齐全，并符合人伤案件的赔偿规范。

③ 预估赔偿的时间力求准确，符合医疗惯例及国家有关赔偿规定。

④ 费用的预估参考《保险事故人伤医疗核损手册》和主管医生意见。对于涉及多个地区且不能确定适用哪个地区的赔偿标准的，应从高预估。

⑤ 将查勘、预估情况及时通知被保险人，并告知被保险人在案件处理中应该注意的问题。

> **友情小贴示：**
>
> 交通事故发生后，特别是人员受伤严重的，被保险人往往不敢到医院了解伤者的伤情，但又非常想知道需要多少费用及以后的恢复情况，对其实施告知及指导后，可稳定被保险人焦虑不安的情绪，让其做到心中有数。

7）案件跟踪。

① 医疗调查员或医疗核损员根据首次查勘情况预定跟踪时间。

② 医疗核损岗根据案件的进展情况和案件跟踪的需要，确定是否需重新调整跟踪时间、是否需要重新指定跟踪人及确定跟踪方式。

③ 跟踪人按时跟踪，并将每次跟踪所了解的情况及时记录在人伤案件跟踪表中。

④ 根据跟踪的情况及时反馈，并修改预估费用。

⑤ 对案件中可能出现的被抚养人生活费、误工费和残疾用具等，应及时进行实地查勘。

> **友情小贴示：**
>
> 案件跟踪一般分为电话回访、医疗跟踪和实地查勘三种。采用何种形式的跟踪方式一般由医疗核损岗根据实际情况确定，具体的跟踪规则各个保险公司存在差别。

⑥ 每次的跟踪结果均应及时告知被保险人。

⑦ 对于可能涉及以后评残的，应告知被保险人关于评残的注意事项，要求被保险人提前通知保险人关于伤者的评残日期和评残机构等情况，密切跟踪评残过程，并关注结果，及时采取下一步的处理措施。对于治疗结束需要评定伤残等级的，协同被保险人或伤者共同到具备资质的鉴定机构，关注评定结果。

8）出具人伤定损清单。

① 将最后的预估损失情况及时记录在系统中的人伤案件估损单中。

② 尽量将伤者的 X 光片及所摄的照片上传到系统。

四、人伤查勘的主要技能

1. 调查取证

（1）对保单要素的调查核实　重点包括以下内容。

1）投保险种与事故涉及的损失是否吻合。

2）事故发生时间是否在保险有效期限内。
3）是否有特别约定及特别约定的内容与本次事故的关系。
4）保费优惠项目与实际情况是否吻合，是否涉及赔偿金额调整。
5）保单缴费情况。
6）被保险人与车辆实际使用人、出险驾驶人、报案人之间的关系。
7）是否约定行驶区域，出险地点是否超出约定行驶区域。

◇ **特别提示：**
如存在承保问题，应由承保部门、核保部门核实，分管领导签字；如存在缴费问题，应由计财部门说明；如存在责任不明的，应由稽核部门给出稽核意见。

（2）对事故经过的调查核实

1）事故发生的现场情况，出险的确切时间，事故性质属单方事故或双方事故，必要时要进行现场查勘，提取目击证人的访谈笔录。

2）涉及伤亡人员人数，哪些属于第三者人员、哪些属于车上人员、哪些属于被保险人及驾驶人的亲属以及出险人员所处的位置。

3）出险驾驶人在出险时的状态，包括有无饮酒，是否经过酒精测试，对存在饮酒现象的应及时要求交警部门进行酒精测试；是否存在疲劳驾驶现象，对存在疲劳驾驶迹象的应及时要求交警部门进行调查和测试；是否存在服用违禁药物现象，对存在服用违禁药物迹象的应及时要求交警部门进行检验等。

4）出险车辆有无超载重或超载客，及时要求相关部门进行超限装载的记录和核定；有无改变使用性质或从事非法营运等情况，及时进行调查询问和记录，注意保存有效证据；出险车辆有无移动现场或逃离现场，注意取得交警部门的事故认定。

5）注意出险时间与报案时间的关系，出险48h后报案的人伤案件，应做特别记录，查勘时应了解确切的出险时间和延迟报案的原因。

6）注意出险时间与起保时间和保险终止时间的关系，对于起保后7天内出险和离保险终止时间7天内出险的人伤案件，应做特别记录，查勘时应了解伤者受伤的确切时间。

7）对方车辆是否保险、投保险别、限额及承保公司。

8）事故中驾驶人所负的责任和违章情况。

（3）对伤亡情况的调查核实

1）对于涉及住院治疗的，每案均应进行调查核实；对涉及多人伤亡的，必须每案进行调查核实。

2）对于受伤人数在3人以上以及单个伤者需手术治疗的，除在接到报案后进行调查核实外，还应该进一步跟踪治疗过程。

3）对于涉及医疗费用自付、各种赔偿费用标准以及提供相关单据等项目的，应及时告知被保险人，并由被保险人签字确认。

调查的重点包括以下内容

① 伤亡人数，分别了解伤亡人员的姓名、年龄、性别、从事职业和户籍情况。

② 了解伤者病情、入住科别、经治医师、治疗方案、是否手术、用何手术方式及内固定器材，是否需二次手术取出内固定；了解医疗费用情况，是否会合理治疗及用药。

③ 伤者既往病史、家族病史，是否合并有高血压、冠心病、肺心病、糖尿病等慢性或原发性疾病并进行相关治疗；是否存在与本次事故无关的其他伤病；是否可能评残，可能评残的等级；对可能重度残疾（《人体损伤致残程度分级》五级伤残以上）或死亡的伤者，应调查家庭基本情况，包括婚姻状况、子女、父母、兄弟姐妹的年龄、职业、身体状况、劳动能力情况；伤者肢体残损、颜面损伤、牙齿脱落、体表形成大面积疤痕的，必要时应征得伤者同意，拍摄伤情相关照片，佐证以后伤残评定的合理性。

④ 护理人员人数、姓名、年龄、工作单位及每月收入情况。

⑤ 对住院医疗费估计超1万元的案件，应多次追踪调查，发现医疗费用或方案超出标准的应及时与主管医师或医院主管领导交涉，并向客户反馈。

⑥ 向客户反馈伤者不合理的治疗方案和超标准用药情况以及与本次事故无关疾病的治疗情况，指导客户在调解中坚持原则；向客户反馈伤者的工作单位及每月收入情况以及护理人员每月的收入情况，防止不合理误工费和护理费的产生。

⑦ 告知客户相关赔付标准，如社保医疗范围、床位费用、误工费、护理费、伙食补助费、死亡赔偿费和伤残补助费等。

⑧ 告知客户人伤案件索赔时所需单证，包括交通事故责任认定书、交通事故调解书或法院判决书或调解书、医疗费发票或收据、医院收费清单、伤者收入证明、护理人员收入证明和法医伤残鉴定书，门急诊治疗者须提供详细的门急诊病历、住院病历以及其他相关单据和证明。

⑨ 告知客户保险公司认为合理的误工时间及二次手术费，防止医师不负责任地开具超标准误工时间及二次手术费用，造成客户不必要的损失。

另外，如果涉及伤残，还应注意以下问题：

① 若涉及伤残的应及时通知保险公司，结合伤者病情决定是否向上一级法医鉴定部门申诉，在规定时限内申请重新评定伤残等级。

② 对于需要支付营养费、康复费的伤者，应与主治医师及时沟通，了解是否需要、支付标准和支付时间，并及时告知被保险人。

③ 涉及整容费用的，应与院方及时沟通，了解整容项目和费用，并及时告知被保险人。

④ 对伤者要求转院治疗的，向院方了解是否需要转院、是否按照社保规定程序办理转院和转院收治医院，并了解陪护人员情况。

⑤ 对评定伤残等级的伤者，了解其存在"长尾巴"赔款的可能性，对存在可能的，与被保险人商谈一次性赔付事宜。

2. 人伤案件的照相

（1）照片的类型

1）方位照片。主要包括以下几种。

① 医院正门照片。

② 医院科室照片。

③ 医院床位照片。

④ 伤者户口所在地派出所正门照片。

⑤ 伤者工作单位正门照片。

2）人、院合影照片。保险公司一般要求查勘人员与医院科室正门合影。

3) 伤者照片。一般包括以下几种。

① 伤者、床位 45°角照片。

② 尚未治疗的受伤部位照片。

③ 已经治疗的受伤部位照片。

④ 伤口照片。

4) 资料照片。主要包括以下几种。

① 床头卡照片。

② 病历照片。

③ X 光片的透光照片。

④ 户籍资料计算机截屏照片。

⑤ 残疾用具照片。

5) 尸体照片。

(2) 拍摄要求

1) 一般要求。

① 所有照片必须有日期和时间。照片显示的日期必须与拍摄时间一致，严禁以各种理由调整相机后备日期。

② 数码相机的像素应该调整为 800×600 大小。

③ 运用中心照相、细目照相、比例照相方式进行拍摄。

④ 必须确保照片清晰，且应做必要的指示和文字说明。

2) 具体要求。

① 床头卡、病历等照片以近物拍摄模式，除医院特别规定外，拍摄须用强闪光模式。

② 病历照片应尽量拍摄体温单首页和病历首页。

③ 伤者床位合影照片必须以左、右 45°角拍摄。

④ 受伤部位照片。在照片上能反映出受伤部位距足跟的距离及在人体所处的部位；应在不影响救护工作的前提下，尽可能拍摄受伤部位的原始状况；在照片上注意反映受伤部位周围有无油漆、油污和铁锈等附着物。

⑤ 伤口照片。尽量用比例照相法，即伤口配以参照标尺拍摄。

⑥ 涉及骨折的，需拍摄 X 光片的透光照片。

⑦ 尸体照片。应分别在现场和室内单独拍摄尸体照片；尸体头部有伤痕的，应剪去局部头发，显现伤痕后再拍摄。

(3) 典型人体伤痕的照相技术

1) 破裂伤。拍摄破裂伤时，应将伤口暴露，照相机应垂直于创伤平面，用较柔和、均匀的光线拍摄，必要时使用比例尺。

2) 骨折。拍摄骨折时要根据其损伤程度来考虑光线处理。由于颅骨是球状的，用单灯很难照顾光的均匀性，可用两只灯左右两侧照射。对于骨裂痕很深、凹陷较大的骨折，还是容易反映的。对一些裂痕较小、较浅的骨折，用平均光很难反映，可用单侧垂直于伤痕的光束显露，拍摄的距离应近些。

3) 血肿。拍摄血肿尽量不用仰角，以免使血肿形态改变而影响真实性。为了加大照片反差，可加用蓝、绿滤色镜。在配光时用 30°以下散射光，从隆起一侧照射可得到满意的效果。注意不要使用强光,以免阴影太重。

4) 皮下溢血。拍摄皮下溢血一般常用绿和蓝的滤色镜来加强色斑与肤色的区别。若皮下溢血很明显,可不必加用滤色镜。

5) 表皮剥脱。表皮剥脱和挫伤,其色泽为淡红色,线条特征细小的较多,用变焦镜头加绿滤色镜及较柔和的自然光效果较好。有时有些表皮剥脱和擦伤具有立体状态,但色泽与肤色没有区别,可用阴影拍摄法来表现伤痕的形态,即利用单向全侧光(10°以下)所产生的阴影来表达伤痕的形态。

(4) 拍摄尸体的照相技术

1) 在现场拍摄尸体的远景照片。运用中心照相的方式拍摄尸体远景照片,要能反映死者的原始状态(原始位置、原始着装等),构图时注意选择合适的拍摄位置和拍摄角度,能够反映尸体与车辆、道路、路面上的血迹及其他有关物体的相关位置关系。

2) 在现场拍摄单独的尸体照片。可把尸体移至光线较好、场地较宽的地方拍摄。拍摄时注意光照的角度,避免出现浓厚的阴影,可用反光板等补光。

3) 在室内拍摄单独的尸体照片。最好用一只主灯和一只分灯。主灯在照相机的上方,向尸体照射,灯头稍向下俯。要注意尸体背景亮度,如背景太暗,俯角要小一些,使背景适当,感光不致太暗。分灯在尸体头部上方,向尸体照射,这样配光的拍摄效果较好。

◇ **特别提示:**

拍摄单独的尸体照片时,尸体头部不要太仰,保持面部水平,可用砖石、枕头垫在头下,使之放平。

拍摄尸体正面半身照片时,若面部有血迹、泡沫等污物,应先拍摄面部的原始状态,然后用清水洗净污物,用棉花擦干后再拍摄一张。

拍摄尸体侧面全身照片时,应使照相机到尸体头、脚的距离基本相等。不可从头部向脚的方向或从脚向头的方向拍摄,避免出现躯干长四肢短或下肢长躯干短的现象。

【技能训练】

 训练 12 电话核实能力

一、案情场景

模拟人伤调查员对非住院人伤案件进行电话核实。

二、训练要求

1) 一组扮演保险公司的人伤调查员,另一组扮演非住院的受伤客户。
2) 其他组员检查电话核实过程是否符合规范。

 训练 13 人伤照相能力

一、案情场景

行人李某因车祸被撞伤,在某市医院的骨科进行治疗。

二、训练要求

1) 拍摄医院正门照片,医院科室照片,医院床位照片,人、院合影照片,伤者床位合影照片,床头卡照片和病历照片。

2）检查照片是否符合规范。

【项目小结】

1）人伤案件的理赔流程包括：接报案、人伤调度、人伤查勘、缮制赔案、人伤核损、人伤核赔和赔付结案。

2）人伤案件的特点包括：案件涉及面广、处理案件需要多方面的知识和能力、人伤案件涉及两个不同的法律关系、案件处理周期普遍较长、同一损害事实因相关赔偿因素不同导致赔偿金额迥异。

3）人伤案件的查勘原则有：原则上由医疗调查员或医疗核损岗直接进行查勘，提前介入、控制重点环节原则，坚持过程跟踪、随访制度原则，实行"三到"原则、达到"三了解、三确定"目标的原则。

4）非住院人伤案件的查勘：接受调度、电话核实、标的查勘、出具机动车辆人伤查勘报告。

5）住院人伤案件的查勘：接受调度、联系客户、医院查勘、标的查勘、编制人伤查勘报告、预估损失、案件跟踪、出具人伤定损清单。

6）调查取证技能主要包括：对保单要素的调查核实、对事故经过的调查核实、对伤亡情况的调查核实。

7）人伤案件照片的类型主要包括：方位照片，人、院合影照片，伤者照片，资料照片和尸体照片。

8）典型人体伤痕的照相主要是：破裂伤、骨折、血肿、皮下溢血、表皮剥脱及尸体的照相。

【复习思考题】

一、判断题

1）人伤查勘与事故车辆的查勘方法和内容基本一致。（ ）
2）人伤案件的查勘一般是由事故车辆查勘人员在完成车辆查勘定损后进行的。（ ）

二、选择题

1）人伤案件住院查勘阶段重点是防止不合理（　　）的产生。
A. 医疗费　　　　B. 二次手术费　　　　C. 护理费　　　　D. 误工费

2）人伤案件查勘的最重要原则是（　　）。
A. 坚持过程跟踪　　B. 提前介入　　C. 随访制度　　D. 控制重点环节

3）下列（　　）不属于人伤案件查勘"三到"原则中所指的"三到"。
A. 到医院　　B. 到事故处理机关　　C. 到事故现场　　D. 到伤者单位

4）非住院人伤案件的查勘采用的主要方式是（　　）。
A. 医院查勘　　B. 现场查勘　　C. 实地查勘　　D. 电话核实

5）住院人伤案件的查勘采用的主要方式是（　　）。
A. 医院查勘　　B. 现场查勘　　C. 实地查勘　　D. 电话核实

项目十一 人伤事故的核损

【学习目标】

知识目标：
1. 知道审核医疗费、误工费、护理费、交通费等十项医疗费用的法律依据。
2. 知道人伤案件各项费用需要审核的单证。
3. 知道人伤案件各项费用的审核要点。

能力目标：
1. 能按法律法规实施人伤案件的核损工作。
2. 能规范进行人伤单证材料的审核。

【知识准备】

医疗核损是决定和检验整个人伤理赔效果的关键。设立医疗核损的目的是为了控制赔付并提升服务，以提高人伤理赔的质量。医疗核损除了审核有关理赔材料外，还要对医疗费用进行审核，以准确剔除不合理的费用。

在人伤核损过程中应贯彻以"事前介入为主、事后调查为辅"的工作原则。人伤核损应将工作定位于指导咨询服务为先、落实服务与控制赔付两个方面，做到由医学专业人员进行人伤核损的专业化理赔服务，从而确保车险人伤案件的理赔质量。

一、医疗费的核损

1. 审核依据

1)《最高人民法院关于审理人身损害赔偿案件适用法律若干问题的解释》第六条规定：医疗费根据医疗机构出具的医药费、住院费等收款凭证，结合病历和诊断证明等相关证据确定。赔偿义务人对治疗的必要性和合理性有异议的，应当承担相应的举证责任。医疗费的赔偿数额按照一审法庭辩论终结前实际发生的数额确定。器官功能恢复训练所必要的康复费、适当的整容费以及其他后续治疗费，赔偿权利人可以待实际发生后另行起诉。但根据医疗证明或者鉴定结论确定必然发生的费用，可以与已经发生的医疗费一并予以赔偿。

2) 相关法律规范。《道路交通事故受伤人员创伤临床诊疗指南》《全国医疗服务价格项目规范》《医疗机构管理条例》《医疗机构病历管理规定》《抗生素临床应用指南》《处方管理办法》《中华人民共和国发票管理办法实施细则》等。

2. 单证材料审核要点

（1）病历证明

1) 确认病历证明是否真实及符合医院规定。
2) 确认继续治疗或二次手术的合理性。
3) 确认是否存在不属本次事故所致疾病的治疗情况。

（2）医疗发票与费用清单

1) 医疗发票应为伤者本人的治疗发票（发票上的姓名应为受害人本人，在抢救期确因不知姓名而发票姓名为无名氏的，原则上应予以认可）。
2) 发票时间与病历证明一致。
3) 医疗发票应符合财务规定。
4) 手写发票金额需核算。
5) 住院医疗发票原则上均应提供费用清单或相关证明材料。
6) 医院费用清单应逐项审核，确认项目及收费的合理性，确认符合原卫生部《道路交通事故受伤人员临床诊疗指南》和公安部 GA/T 769—2008《道路交通事故受伤人员救治项目评定规范》的规定，数额较大的应与医疗相关部门逐一对照。
7) 人伤赔偿项目符合人伤情况与查勘情况，人伤治疗恢复情况符合医学基本常理。

3. 医疗费用审核要点

1) 医疗费用是否与《道路交通事故受伤人员创伤临床诊疗指南》和国家基本医疗保险标准规定相符。若其中按医疗保险标准仍不能确定的，可申请司法鉴定。
2) 医疗费用只包括诊疗费、医药费和住院费三项。
3) 对费用过高的必要性和合理性有异议的，可申请司法鉴定。
4) 可剔除或扣减的主要项目有下面这些。

① 特需医疗服务费用。如治疗加急费、点名手术附加费、优质优价费、自请特别护士费等。
② 心理治疗、美容及健美费用。
③ 非医保范围费用。如丙类药、乙类药的自负部分，特殊材料和特殊检查治疗的自负部分，一次性生活用品，用血互助金等。
④ 自购药品和医疗用具的费用。
⑤ 超医保标准的床位费和会诊费。
⑥ 损害与交通事故之间无因果关系的药品及治疗其他疾病的费用。
⑦ 因故意拖延出院时间而产生的住院费用。
⑧ 因私自转院而增加的费用。
⑨ 医生估算的后续治疗费（赔偿权利人应待实际费用发生后再另行起诉）。
⑩ 挂号费、病历工本费和磁卡工本费。

4. 特别注意事项

1）就诊医院。《最高人民法院关于审理人身损害赔偿案件适用法律若干问题的解释》并未对治疗医院作出限制性规定。

为了防止受害人选择更加适合治疗病情的医院就诊，从而扩大保险公司的赔偿损失，保险公司最好在合同中事先约定治疗医院，如果合同事先约定了治疗医院的，受害人应当到指定的治疗医院治疗；如果合同没有事先约定治疗医院的，应及时告知双方当事人就近到指定的县级或县级以上并能出具机打发票的医院治疗。确实需要转院治疗的，必须事先征得当地治疗医院及保险人的同意，否则不得转入更低一级的医院。若伤情紧急需就地治疗的，当地乡政医院只能作简单的清创、止血、伤口包扎、骨折外固定，病情稍稳定后应转县级以上的医院（一般的皮肤伤除外）。

2）医保标准。由于目前的保险条款中尚未写明医保标准等，对合同中的特别约定，各地的法院在理解和做法上也不一致，为此保险公司可以采用如下办法。

① 在保险合同中约定依当地的医保标准赔偿等。如果保险公司在合同中作了特别约定，即使部分地方法院认为此类约定为单方免除责任，是霸王条款，但通常认为应当予以采信，所以保险公司仍可将超过医保部分的费用予以剔除。

② 当对超过医保标准的费用赔偿引起争议时，保险公司应以协商为主，并在"机动车辆保险人员伤亡费用清单"的核准人这一栏中由被保险人签名同意，并在赔款收据上对赔付金额予以确认。这样，一旦发生保险合同纠纷，根据《中华人民共和国合同法》第五十四条的规定：只有被保险人能证明当时的签名是由于重大误解、显失公平或者以欺诈、胁迫的手段或者乘人之危，使其在违背真实意思的情况下所签时，才能推翻当时的签名。

二、误工费的核损

1. 审核依据

1）《最高人民法院关于审理人身损害赔偿案件适用法律若干问题的解释》第七条规定：误工费根据受害人的误工时间和收入状况确定。误工时间根据受害人接受治疗的医疗机构出具的证明确定。受害人因伤致残持续误工的，误工时间可以计算至定残日前一天。受害人有固定收入的，误工费按照实际减少的收入计算。受害人无固定收入的，按照其最近3年的平均收入计算。受害人不能举证证明其最近3年的平均收入状况的，可以参照受诉法院所在地相同或者相近行业上一年度职工的平均工资计算。

2）相关法律规范。《个人所得税管理办法》《中华人民共和国个人所得税法》等。

2. 单证材料审核的要点

（1）出院通知单及病休证明

1）确认证明是否符合医院规定。证明需由主管医生、病区主任签名并盖有医疗公章，病历首页、出院小结应如实反映住院、出院和病休情况。

2）确认病休证明是否符合医学常规。

（2）误工证明及工资表复印件

1）确认单位出具的误工证明及出院前3个月的工资表复印件是否真实。

2）工资表复印件内应有同一页码上同事的工资状况。

3）超过国家规定的个人收入起征点的，要审核个人所得税的完税证明。

(3) 户籍证明及年龄证明

1) 确认证明是否真实。

2) 审核证明是否与户籍资料计算机截屏照片上的内容一致。

3. 误工费用审核要点

1) 确定误工时间。误工分四种情形，一是因受伤、治疗以及治疗结束后需要一段时间进行康复休息而误工；二是因伤残无法劳动至定残日这段时间误工；三是受害至死亡日这段时间误工；四是死亡者亲属因办理丧葬事宜而误工。

① 住院期间的误工时间严格以实际住院的天数为准，但应剔除因转院而发生的住院时间的交叉重叠时间。

如果认为医疗机构出具的证明时间过长，可申请法医进行误工时间的鉴定。注意受害人是否有挂床（家庭病床）治疗。因为住院收费收据上显示的出院日期其实是结账时间，所以一定要对照病历中的入院、出院记录来核实实际住院天数。

② 病休误工时间由出院通知单和病休证明确定。如果以病休证明、单位实际的误工证明界定的，通常以时间短的为准。

③ 伤残误工时间应计算到定残日的前一天。如果医院的误工证明不到定残日的，通常以时间短的为准。

如果发现受害人故意拖延伤残鉴定的，可以将治疗终结后的一段合理时间作为定残日，但具体时间要酌情确定。

④ 伤亡误工时间应计算到受害人死亡之日。

⑤ 亲属因办理丧葬而误工的时间应遵循合情合理的原则酌情确定。但一般以两人（特殊情况最多 3 人）为限，每人 3 天为宜。

2) 确定误工收入。

① 受害人无劳动能力且无劳动收入的，原则上不支付误工费。

② 受害人有固定收入的，必须由其单位出具收入证明，且只赔受害人实际减少的收入，而不是受害人的固定收入。固定收入不仅仅包括工资，还包括奖金及国家规定的补贴和津贴等。另外，企业经营者的经营利益损失不属于误工损失范围。

③ 受害人没有固定收入的，按照其最近 3 年的平均收入计算。若受害人难以证明自己最近 3 年的平均收入（如临时工、自由职业者等），可以参照受诉法院所在地相同或相近行业上一年度职工的平均工资计算。

④ 定残后无须再支付误工费，只需支付残疾赔偿金。

⑤ 护理人员只赔护理费而不赔误工费。

⑥ 对办理丧葬事宜的亲属，若有固定收入的，则按实际减少的收入计算；若无固定收入的，则按其最近 3 年的平均收入计算。若不能举证证明其最近 3 年的平均收入状况，可以参照受诉法院所在地相同或相近行业上一年度职工的平均工资计算。

⑦ 受害人为未满 16 周岁的人、在校学生，不予赔偿误工费。但满 16 周岁不到 18 周岁，如果凭自己的劳动养活自己的，可以赔偿误工费。

3) 特别注意事项。

① 受害人在受害期间虽然工资照发，但若能证明自己除了正常的工资外还可以获得其他收入的（如退休人员、寒暑假期间的教师等），可以赔付误工费。

② 受害人有劳动能力但无劳动收入的：家庭主妇可以参照一般家庭服务人员或护工的平均工资标准进行赔偿（因为家庭主妇虽然没有在外挣钱，但是她们的劳动对于家庭其他人员的工作具有价值，能够支持和保障其他家庭人员获得收入）；无业人员可以比照没有固定收入的人进行赔偿（因为无业人员虽然暂时没有工作，但是他们仍有机会就业并获得收入，如果其人身受到损害，这种获得收入的可能性就会在一定时间内丧失）。

③ 受害人为没有劳动能力但有劳动收入的残疾人，若能证明自己有劳动收入的，可以赔偿误工费。

4）赔偿计算：误工费 = 误工收入 × 误工时间。

三、护理费的核损

1. 审核依据

1)《最高人民法院关于审理人身损害赔偿案件适用法律若干问题的解释》第八条规定：护理费根据护理人员的收入状况和护理人数、护理期限确定。护理人员有收入的，参照误工费的规定计算；护理人员没有收入或者雇佣护工的，参照当地护工从事同等级别护理的劳务报酬标准计算。护理人员原则上为一人，但医疗机构或者鉴定机构有明确意见的，可以参照确定护理人员人数。护理期限应计算至受害人恢复生活自理能力时止。受害人因残疾不能恢复生活自理能力的，可以根据其年龄、健康状况等因素确定合理的护理期限，但最长不超过二十年。受害人定残后的护理，应当根据其护理依赖程度并结合配制残疾辅助器具的情况确定护理级别。第十九条规定：超过确定的护理期限、辅助器具费给付年限或者残疾赔偿金给付年限，赔偿权利人向人民法院起诉请求继续给付护理费、辅助器具费或者残疾赔偿金的，人民法院应予受理。赔偿权利人确需继续护理、配制辅助器具，或者没有劳动能力和生活来源的，人民法院应当判令赔偿义务人继续给付相关费用五至十年。

2）相关法律规范。《工伤保险条例》《劳动能力鉴定 职工工伤与职业病致残等级》《职工非因工伤残或因病丧失劳动能力程度鉴定标准（试行）》《人体损伤程度鉴定标准》等。

2. 单证材料审核要点

（1）陪护证明 确认医院出具的陪护证明是否由主任医师签名和医务科盖章。

（2）误工证明及收入证明

1）确认护理人员单位出具的误工证明及收入证明是否真实。

2）收入证明应附护理人员在护理前3个月工资表的复印件，且工资表复印件内应有同一页码上同事的工资状况。

3）超过国家规定的个人收入起征点的，要审核个人所得税的完税证明。

3. 护理费用审核要点

（1）护理的必要性审核

1）住院治疗期间、出院之后是否需要其他特聘人员陪护，应当根据实际护理需要确定。一般情况下，医院会在诊断证明或者病历中注明该病人需要护理。若医院对需要护理有明确意见的，则予以确认。但医院出具的证明明显与事实、病情不符的，可申请鉴定机构鉴定。若医院没有注明是否需要护理或受害人没有住院治疗但已存在事实上的护理人员的，需进行前期的了解与证据收集工作，因为法院一般会酌情考虑给受害人护理费。根据现行医疗护理的分类，医务护理一般分为特级、一级、二级和三级共 4 个级别。三级护理的病人生活可以自理，不需要陪护，只有二级以上护理的病人才需要生活陪护。重症监护病房因有护工人员 24h 服务而不用另加陪护。

2）伤残评定后是否需要其他特聘人员陪护，应根据医院证明或伤残鉴定来确定。

(2) 护理期限的审核

1）住院治疗期间的护理期限。应根据医嘱单确定，但住院期间不是当然的护理期限，一般仅限于住院二级护理以上期间，按日计算。

2）出院之后的护理期限。应根据医院或鉴定机构的建议或者明示确定，但若专业机构没有给予明确的时间限定的，护理期限应该计算至受害人恢复生活自理能力时止。至于受害人什么时候可以恢复生活自理能力，就要看受害人恢复的情况，同时结合一般的医疗常识判断。

3）伤残的护理期限。残疾评定前，有护理依赖的残者，陪护期限可以按照医院证明或法医鉴定计算至定残日前一天，按日计算。

残疾评定后仍需长期护理的，应当根据残者的年龄、健康状况、恢复可能等因素确定合理的今后陪护期限，但最长不超过 20 年。如果在确定的护理期限或者 20 年之后还确定需要护理的，可以根据病情和其他情况继续延长 5~10 年。

(3) 护理级别的审核　伤残评定后按照医院证明或法医鉴定仍需长期护理的，应当根据其护理依赖程度并结合配制残疾辅助器具的情况确定护理级别。

确定"护理依赖程度"和"配制残疾器具情况"可以参照最高人民法院、最高人民检察院、司法部、公安部联合制定的《人体损伤程度鉴定标准》。

所谓护理依赖是指伤、病致残者因生活不能自理需要依赖他人护理者。生活自理范围主要包括下列五项：进食、翻身、大小便、穿衣洗漱和自我移动。护理依赖程度分 3 级：完全护理依赖（5 项均需护理者）、大部分护理依赖（上述 5 项中有 3 项需要护理者）、部分护理依赖（上述 5 项中有 1 项需要护理者）。

(4) 护理人数的审核　护理人员原则上为 1 人，但医院或鉴定机构有明确意见（如治疗后死亡或植物人）需日夜护理的，可以按专业机构的建议增加，但一般以两人为限。如果擅自增加护理人员的，增加的人员不予考虑。

(5) 护理人员收入的审核

1）护理人员有固定收入的，则参照误工费的规定计算；若护理人员无固定收入，则按当地护工从事同等级别护理的劳动报酬标准赔偿。

2）伤残前的护理，根据实际护理时间按标准的 100% 计算护理费；伤残评定后的护理，一级护理的按 100% 计算，二级护理按 90% 计算，其他的依此类推。

$$护理费 = 护理人员的收入 \times 护理人数 \times 护理期限$$

四、交通费的核损

1. 审核依据

1）《最高人民法院关于审理人身损害赔偿案件适用法律若干问题的解释》第九条规定：交通费根据受害人及其必要的陪护人员因就医或者转院治疗实际发生的费用计算。交通费应当以正式票据为凭；有关凭据应当与就医地点、时间、人数和次数相符合。

2）相关法律规范。《中华人民共和国发票管理办法》《中华人民共和国发票管理办法实施细则》等。

2. 单证材料审核要点

1）审核交通费凭证是否为正式票据。正式票据不应该仅仅理解为正式的税务发票，汽车票、火车票、船票和出租汽车票等都可以作为正式票据。

2）审核交通费凭证是否与就医地点、时间、人数和次数相符合。

3. 交通费审核要点

（1）审核原则 "据实赔偿"原则与"经济合理"原则相结合。

（2）交通费的五种情形

1）受害人上医院就医时的交通费用。

2）受害人转院就医时的交通费用。

3）护理人员的交通费用。

4）伤残鉴定时的交通费用。

5）亲属为其受害人办理丧葬事宜时的交通费用。

（3）审核要点

1）乘坐的交通工具的标准。乘坐的交通工具以公共汽车、硬座火车和三等舱轮船为主，特殊情况下可乘救护车、出租车、硬卧火车、软座和飞机经济舱等，但要求受害人说明其合理性。

2）差旅费的标准。差旅费参照侵权行为地国家机关一般工作人员出差的差旅费标准计算。

3）包车费用超过正常金额的部分不予认可。正常金额是指乘坐公共交通工具的费用，其中出租车费用一般仅限于市辖区域。

4）连号（或连续相近号）交通费发票不合理的部分不予认可。不能说明其合理性的，原则上仅承担序号最小的票据。

5）陪护人员交通费的计算以必要和合理为前提，原则上受伤人员住院期间不予赔偿。

6）受害人及其陪护人员伤残鉴定时从住处到伤残鉴定机构之间的交通费用，包括去的时候和领取结论的时候，都可以算入交通费用的范畴，但是去的时候可以是受害人和必要的陪护人员两个甚至多个人员，而领的时候应该只有一个人就可以。

7）办理丧葬事宜的亲属的交通费，一般以两人为限（特殊情况最多不超过3人），时间一般以3天为限，次数以每天3次为限。注意剔除3张以上的连号。

交通费=实际发生的必要的交通费用

五、住院伙食补助费的核损

1. 审核依据

1）《最高人民法院关于审理人身损害赔偿案件适用法律若干问题的解释》第十条规定：住院伙食补助费可以参照当地国家机关一般工作人员的出差伙食补助标准予以确定。受害人确有必要到外地治疗，因客观原因不能住院，受害人本人及其陪护人员实际发生的住宿费和伙食费，其合理部分应予赔偿。

2）相关法律规范。《中央和国家机关差旅费管理办法》。

2. 单证材料审核要点

1）审核出院通知书、出院小结或住院费收据，以确定实际住院天数。

2）审核外地治疗就医证明（如当地医疗机构出具的建议到外地治疗的书面文件或当地确实没有条件医疗而需到外地治疗的证据等），以确定受害人去外地治疗的必要性。

3）审核"因客观原因不能住院"医院出具的相应证明，以确定不能住院治疗是否由于医院相关科室无床位或确需候诊且伤情不允许往返医院与住处等客观原因造成的，而不是受害人或其亲属等自身原因造成的。

3. 住院伙食补助费审核要点

（1）住院伙食费的三种情形

1）本地住院治疗的住院伙食费。

2）外地住院治疗的住院伙食费。

3）外地非住院治疗的住院伙食费。

（2）审核要点

1）本地或外地住院治疗的，住院伙食补助费补助的是受害人本人。因为受害人住院治疗，他的伙食费支出一般来说要超过其在家里的标准，对于超过的部分进行补助是合理的。但陪护人员不能成为"住院伙食补助费"的补助对象，因为陪护人员有护理费，而护理费中包括了陪护人员的生活费。

2）受害人到外地治疗而又不能住院的，住院伙食补助费的补助对象除受害人本人外，还应包括陪护人员。

3）无论是"住院伙食补助费"还是在外地治疗非住院情况下需支付的"受害人本人及其陪护人员实际发生的合理的伙食费"，均参照当地国家机关一般工作人员出差的伙食补助费标准予以确认。由于这个标准能够与受害人当地的生活水平保持可比性，所以比较公平合理。但由于各地区的"当地国家机关一般工作人员的出差伙食补助标准"相差不是太大，所以也可参照《中央和国家机关差旅费管理办法》标准执行，这样既方便操作而且对法院的裁判几乎没有影响。中央国家机关的一般工作人员指处级以下级别的工作人员。

4）"住院伙食补助费"的计算时间以受害人住院期间为限。在外地治疗非住院情况下的"伙食费"的计算时间以合理的治疗期间为限。

（3）赔偿计算　住院伙食补助费＝交通事故地国家机关一般工作人员出差伙食补助标准（元/天）×住院天数

伙食费赔偿金额＝每天合理的伙食费×就医天数

【案例 11-1】　2005 年 7 月 13 日，王某驾驶客车沿某市南二环由西向东行驶到某一路口时，与赵某驾驶的由西向东行驶左拐弯的大货车相撞，造成两辆机动车损坏，两人受伤。经交通部门鉴定，王某负有事故的次要责任，赵某负有事故的主要责任。由于王某的伤势较重，在医院住院治疗 90 天。双方当事人对于赔偿的比例达成一致意见，即按照三七开来承担责任，但是在协商中，王某提出自己在医院住院期间的伙食补助费每天按照 60 元计算，共计 5400 元。赵某拒绝赔偿，于是王某将赵某告上了法庭。法院经审理认为，对于双方当事人达成的赔偿比例不持异议，但是住院伙食补助费应当按照侵权行为地一般国家机关工作人员出差补助标准每天10元计算。法院判令赵某赔偿王某630元。

【法理分析】

住院伙食补助费并不是根据受伤人员在医院每天实际花费的伙食费进行计算的，而是根据侵权行为地一般国家机关工作人员出差补助标准计算，所以受害人在医院住院也不能铺张浪费。

六、营养费的核损

1. 审核依据

《最高人民法院关于审理人身损害赔偿案件适用法律若干问题的解释》（以下简称《人伤司法解释》）第十一条规定：营养费根据受害人伤残情况参照医疗机构的意见确定。

2. 单证材料审核要点

审核治疗医院或法医出具的营养证明是否真实、合理。

3. 营养费审核要点

1）医疗机构或法医没有出具意见的，营养费不予认可。

2）医疗机构或法医出具意见的，应该明确说明需要增加营养的必要性及期限。并不是有了医疗机构的建议，就可以无限制地购买高级营养品，还得根据受害人的病情并从治疗和康复的实际需要来酌情考虑。

3）营养时间原则上仅限于住院治疗期间（一般不超过住院时间的1/3～1/2），或医疗机构或法医在营养证明中注明的营养期间。

4）营养费的赔偿标准由法院酌情裁判，日标准可参照当地国家机关一般工作人员的出差伙食补助费标准计算。

5）评残后不再支付营养费。

【案例11-2】 2003年12月25日，在某胡同东口内，李某推着自行车由东向西靠道路右侧步行时，恰有被告张某驾驶轿车从李某身后由东向西行驶，小轿车的右前角撞到原告的右腿并造成李某倒地受伤。事发后，张某赔付给李某200元。本次交通事故经市公安某交通支队认定：张某承担本次事故的全部责任。次日，原告因伤处疼痛，至北京同仁医院就诊。12月28日被确诊为右腿腓骨骨折，右脚软组织损伤。医院出具让李某休假3个月的证明。事发后，因双方当事人未就赔偿事项达成一致意见，为此李某诉至法院，要求张某赔偿其经济损失（包括营养费）及精神损失费共计32 805元。张某同意赔付合理的部分。

李某主张的营养费，是其按照本市的生活水平和物价并以20元/天计算出来的。对于原告主张的营养费，法院依据"营养费根据受害人伤残情况参照医疗机构的意见确定"的规定执行，因原告未能举证证明医疗机构对其营养问题作出建议及花费营养费的相关票据，故对于原告的该项主张，法院不予支持。

【法理分析】

营养费必须是参照医疗机构的意见确定，即医院在诊断证明或者病历上写明"需加强营养"等字样。一般情况下，受害人很难提供营养费发票，因为在市场上跟个人交易，一般都没有正式发票。所以，如果有医疗机构的意见，法院会适当支持受害人关于营养费的主张。

七、残疾赔偿金的核损

1. 审核依据

1)《最高人民法院关于审理人身损害赔偿案件适用法律若干问题的解释》第十二条规定：残疾赔偿金根据受害人丧失劳动能力程度或者伤残等级，按照受诉法院所在地上一年度城镇居民人均可支配收入或者农村居民人均纯收入标准，自定残之日起按 20 年计算。但 60 周岁以上的，年龄每增加一岁减少一年；75 周岁以上的，按 5 年计算。

受害人因伤致残但实际收入没有减少，或者伤残等级较轻但造成职业妨害严重影响其劳动就业的，可以对残疾赔偿金作相应调整。

2）相关法律规范。

2. 单证材料审核要点

（1）伤残证明或伤残鉴定书

1）确认伤残评定级别符合《交通事故伤残鉴定标准》。

2）确认伤残评定的伤残情况与伤者的实际受伤情况一致或存在明显的关联性。

（2）身份证或户口簿

1）审核受害人的身份，以确定是城镇居民还是农村居民。

2）审核受害人的实际年龄。

3. 残疾赔偿金的审核要点

（1）审核受害人身份　根据户籍确定是城镇居民还是农村居民。残疾赔偿金按受诉法院所在地上一年度城镇居民人均可支配收入标准或农村居民人均纯收入标准计算。

（2）审核受害人实际年龄　残疾赔偿金自定残之日起按 20 年计算，但 60 周岁以上的，年龄每增加 1 周岁减少 1 年；75 周岁以上的，按 5 年计算。

1）受害人在 60 周岁以下的：

残疾赔偿金 = 受诉法院所在地上一年度城镇居民人均可支配收入或农村居民人均纯收入 × 20 × 伤残赔偿指数。

2）受害人在 60 ~ 74 周岁之间的：

残疾赔偿金 = 受诉法院所在地上一年度城镇居民人均可支配收入或农村居民人均纯收入 × [20 - (受害人实际年龄 - 60)] × 伤残赔偿指数。

3）受害人在 75 周岁以上的：

残疾赔偿金 = 受诉法院所在地上一年度城镇居民人均可支配收入或农村居民人均纯收入 × 5 × 伤残赔偿指数。

（3）审核残疾等级　残疾赔偿金是依据受害人丧失劳动能力的程度或伤残等级标准赔偿的，这两个等级均需要专门的鉴定机构进行鉴定才能得知。在实践中，这两个等级均可参照《交通事故伤残鉴定标准》评定。伤残等级赔偿见表 11-1。

表 11-1　伤残等级赔偿

伤残等级	10 级	9 级	8 级	7 级	6 级	5 级	4 级	3 级	2 级	1 级
赔偿系数	10%	20%	30%	40%	50%	60%	70%	80%	90%	100%

多处伤残者以最重的等级作为赔偿的主要依据，每增加一处伤残，则增加一定的赔偿比例，但增加的赔偿比例之和不超过10%，伤残赔偿指数总和不超过100%。

伤残评定明显不合理的，可申请重新评定。申请前可详细寻找受害人伤残评定时机、程序、评定依据的事实、评定依据的标准等方面的问题。

(4) 残疾赔偿金的赔付方式　根据《人伤司法解释》的规定，赔偿义务人（也即事故的责任人）请求以定期金方式给付残疾赔偿金、辅助器具费的，应当提供相应的担保。而一审法庭辩论终结前已经发生的费用、死亡赔偿金以及精神损害抚慰金，应当一次性给付。也就是说，残疾赔偿金的赔偿方式有两种：一种是一次性赔偿，另一种是定期金赔偿。以定期金方式赔偿时具有两个优点：一是可以减轻赔偿义务人一次性给付所带来的经济压力；二是定期金是按照赔偿权利人的实际生存年限给付的，不受《人伤司法解释》有关赔偿期限的限制，例如按规定赔偿义务人需要赔偿20年，但赔偿权利人10年就死亡了，则其赔偿以10年为限。但是它也有三个缺点：一是赔偿义务人是否一直有能力给付；二是一审法庭辩论终结前已经发生的费用、死亡赔偿金以及精神损害抚慰金需一次性给付，这给保险理赔带来了麻烦；三是在定期金给付执行期间有关统计数据发生变化的，给付金额应当适时进行相应调整，随着社会经济的发展，人民生活水平的提高，必然带来赔偿标准的提高，势必加重赔偿义务人的赔偿负担。

从保险理赔的角度看，为避免理赔处理时间拖延太长，也避免今后可能出现的一些不确定因素，应当尽量采取一次性赔偿方式。

(5) 特别注意事项

1) 受害人因伤致残但实际收入没有减少（包括本来就没有劳动收入）的，残疾赔偿金应适当调低；但另一方面，虽然伤残等级较轻但却造成职业妨害，严重影响受害人就业收入的（如钢琴家手指伤残），可以适当提高残疾赔偿金的数额。

2)《人伤司法解释》第十八条规定：赔偿权利人举证证明其住所地或者经常居住地城镇居民人均可支配收入或者农村居民人均纯收入高于受诉法院所在地标准的，残疾赔偿金或者死亡赔偿金可以按照其住所地或者经常居住地的相关标准计算。

3) 根据最高人民法院民一庭《经常居住在城镇的农村居民因交通事故伤亡如何计算赔偿费用的复函》规定："人身损害赔偿案件中，残疾赔偿金、死亡赔偿金和被扶养人生活费的计算，应当根据案件的实际情况，结合受害人住所地、经常居住地等因素，确定适用城镇居民人均可支配收入（人均消费性支出）或者农村居民人均纯收入（人均年生活消费支出）的标准"。

如果是在城镇生活多年的农村居民，且在城镇有收入的，残疾赔偿金应当按照其经常居住地城镇居民人均可支配收入予以计算。

4)《人伤司法解释》第十九条规定：超过确定的护理期限、辅助器具费给付年限或者残疾赔偿金给付年限，赔偿权利人向人民法院起诉请求继续给付护理费、辅助器具费或者残疾赔偿金的，人民法院应予受理。赔偿权利人确需继续护理、配制辅助器具，或者没有劳动能力和生活来源的，人民法院应当判令赔偿义务人继续给付相关费用5~10年。也即如果受害人的存活超过确定的残疾赔偿金的给付年限，赔偿权利人可以向人民法院起诉要求继续给付残疾赔偿金。赔偿权利人确实没有劳动能力和生活来源的，人民法院应当判令赔偿义务人继续给付该费用5~10年。

【案例 11-3】 2005 年 3 月 27 日，82 岁的北京市密云区农民张老太独自一人乘坐北京某公交车。车快到站时，驾驶员一个紧急制动，张老太站立不稳摔倒在地上。驾驶员李某见状，将张老太抱下车置于马路边，不顾老太太的伤势驾车驶离现场。后经交警协助，张老太被送至医院，诊断为右股骨骨折，老人为治疗花去医疗费 3.56 万元，伤残鉴定为 10 级。

张老太在律师的帮助下，要求公交公司承担医疗费 3.56 万元，并依照有关规定支付张老太残疾赔偿金 5 万元。公交公司承认支付所有医疗费，但是认为张老太是农村居民，早已没有工作能力，不存在收入减少的问题，因此拒绝支付残疾赔偿金。于是张老太向法院提起诉讼。法院认为，张老太虽然没有劳动能力了，但我国司法解释规定，对交通事故中伤残的，有权获得残疾赔偿金。张老太年满 82 周岁，已超过 75 周岁，应当按 5 年计算其赔偿期限。另据北京市统计局公布的 2004 年度北京市农村居民的人均纯收入为 7172 元，结合其伤残等级为 10 级这一情况，法院最后判决公交公司支付张老太残疾赔偿金 3586 元。

【法理分析】

残疾赔偿金的赔偿依据是受害人丧失劳动能力的程度或者伤残等级，不管受害者因伤致残后实际收入是否有减少，也不管受害人在致残前有无劳动收入，只要受害人丧失全部或部分劳动能力或伤残，受害人均有权获得残疾赔偿金。但是张老太主张的 5 万元残疾赔偿金是没有法律依据的，应当按照其伤残的比例给付，且受害人因伤致残但实际收入没有减少（包括本来就没有劳动收入），残疾赔偿金应适当调低。即残疾赔偿金为 7172 元/年 × 5 年 × 10% = 3586 元。

八、残疾辅助器具费的核损

1. 审核依据

1）《最高人民法院关于审理人身损害赔偿案件适用法律若干问题的解释》第十三条规定：残疾辅助器具费按照普通适用器具的合理费用标准计算。伤情有特殊需要的，可以参照辅助器具配制机构的意见确定相应的合理费用标准。辅助器具的更换周期和赔偿期限参照配制机构的意见确定。

2）《最高人民法院关于审理人身损害赔偿案件适用法律若干问题的解释》第十九条规定：超过确定的护理期限、辅助器具费给付年限或者残疾赔偿金给付年限，赔偿权利人向人民法院起诉请求继续给付护理费、辅助器具费或者残疾赔偿金的，人民法院应予受理。赔偿权利人确需继续护理、配制辅助器具，或者没有劳动能力和生活来源的，人民法院应当判令赔偿义务人继续给付相关费用 5~10 年。

2. 单证材料审核要点

（1）残疾辅助器具配制机构意见（伤残用具证明）

1）确认残疾辅助器具配制机构出具的意见是否为合格假肢厂家的意见。民政部门的假肢与矫形康复机构是从事辅助器具研究和生产的专业机构，可从事残疾辅助器具的鉴定和配制工作（包括费用评估、更换周期、赔偿年限鉴定并出具鉴定意见）。

2）确认意见是否合理。如果意见不合理，可申请另外的假肢配制机构出具配制意见书，以此作为反证向法院抗辩。

3）确认意见是否符合交警部门颁布的假肢使用及费用标准。

（2）残疾辅助器具的购买发票　确认购买发票是否符合交警部门颁布的假肢使用费用标准。

3. 残疾辅助器具费的审核要点

（1）审核配置残疾辅助器具的必要性　根据医生的诊断确实残疾，而且必须有辅助器具的帮助才能够正常生活和工作时，才可以配制残疾辅助器具。

（2）审核残疾辅助器具价格档次水平的普通性　残疾辅助器具的价格应按照普通适用器具的合理费用标准计算。即残疾辅助器具应按照"国产普通型"配置。如果受害人安装了豪华型的辅助器具，那么超出普通适用器具的差价部分，应当由使用人自己承担。

（3）审核更换周期、赔偿期限确定的科学性、合理性

1）更换周期。由于更换周期是一个技术问题，关系到使用残疾辅助器具的受害人的切身利益，因此不能由加害人或者受害人一方说了算，而应当参照配制机构的意见确定，但对配制机构意见的合理性应当进行审核，应注意了解整件更换和部件更换的不同周期以及保修年限等，区别对待。

2）赔偿期限。由于《人伤司法解释》对残疾辅助器具的赔偿期限的规定较为含糊，只是规定"参照配制机构的意见确定"。一般来说，其费用支付期限取决于伤残人对残疾辅助器具需要的年限及残疾辅助器具的更换周期。

如果超过医疗机构认定的辅助器具费给付年限，而本人健在又确实需要继续配置辅助器具的，应当继续给付相关费用5～10年。

残疾辅助器具费＝国产普通型器具价格×核定更换次数＋器具的维护费用

（4）特别注意事项

1）通过保险行业协会对安装假肢的价格进行公开招标是一个值得尝试的办法。

2）当出现"小伤残可赔天价，大伤残赔偿低价"的情形时，可通过精神损害抚慰金的调整功能适当进行利益平衡。也即对于伤残等级高而不能配制残疾辅助器具的情形，应当给付较高数额的精神损害抚慰金；而对于伤残等级低却需要配制残疾辅助器具的情形，应当减少精神损害抚慰金的数额。

九、丧葬费及死亡赔偿金的核损

1. 审核依据

1）《最高人民法院关于审理人身损害赔偿案件适用法律若干问题的解释》第十四条规定：丧葬费按照受诉法院所在地上一年度职工月平均工资标准，以6个月总额计算。

2）《最高人民法院关于审理人身损害赔偿案件适用法律若干问题的解释》第十五条规定：死亡赔偿金按照受诉法院所在地上一年度城镇居民人均可支配收入或者农村居民人均纯收入标准，按20年计算。但60周岁以上的，年龄每增加一岁减少一年；75周岁以上的，按5年计算。

3）《最高人民法院关于审理人身损害赔偿案件适用法律若干问题的解释》第十八条规定：赔偿权利人举证证明其住所地或者经常居住地城镇居民人均可支配收入或者农村居民人均纯收入高于受诉法院所在地标准的，残疾赔偿金或者死亡赔偿金可以按照其住所地或者经常居住地的相关标准计算。

4）《最高人民法院关于审理人身损害赔偿案件适用法律若干问题的解释》第十九条规

定：赔偿义务人请求以定期金方式给付残疾赔偿金、辅助器具费的，应当提供相应的担保。人民法院可以根据赔偿义务人的给付能力和提供担保的情况，确定以定期金方式给付相关费用。但是，一审法庭辩论终结前已经发生的费用、死亡赔偿金以及精神损害抚慰金，应当一次性给付。

2. 单证材料审核要点

1）死亡证明。正常死亡的，必须由公安部门或县级以上医疗机构出具死亡证明；宣告死亡的，必须提供人民法院出具的宣告死亡证明文件；死因不明的，需向司法鉴定中心申请死因鉴定，并提供法医的尸检证明。

2）户口注销证明。确认有公安部门出具的户口注销证明；确定死者属于城镇居民或农村居民，确定死者的真实年龄，特别是60周岁以上的人员。

3）火化证明。确认有殡葬部门出具的尸体火化证明。

3. 丧葬费及死亡赔偿金的审核要点

（1）丧葬费的审核要点

1）丧葬费采用定额赔偿办法，实行一次性给付赔偿。赔偿标准按受诉法院所在地上一年度职工月平均工资标准，以6个月总额计算。

$$丧葬费 = 受诉法院所在地上一年度职工月平均工资标准 \times 6个月$$

2）由于运尸费、寿衣费、尸体整容费、灵堂费用、火化费、骨灰盒费、骨灰存放费用、参加办丧事的人员费用等均包含在丧葬费中，故不再另外计算。但受害人亲属办理丧葬事宜所支出的交通费、住宿费和误工损失等合理费用仍应赔偿，不过应当有人员数量和天数的限制，一般以两人为限（特殊情况下最多不超过3人），3天处理时间。

3）死者不管来自农村还是城镇，也不论其生前的社会地位有何不同，如果在同一法院进行审理，其丧葬费的赔付标准是相同点。

4）无名尸体的丧葬费也应予以赔偿，赔偿对象为处理机构。

（2）死亡赔偿金的审核要点

1）审核受害人的身份。根据户籍注销证明确定是城镇居民还是农村居民。死亡赔偿金按受诉法院所在地上一年度城镇居民人均可支配收入标准或农村居民人均纯收入标准计算。但如果是在城镇生活多年的农村居民，且在城镇有收入的，死亡赔偿金应当按照其经常居住地城镇居民人均可支配收入计算。

2）审核受害人的实际年龄。死亡赔偿金自定残之日起按20年计算，但60周岁以上的，年龄每增加1周岁减少1年；75周岁以上的，按5年计算。

受害人在60周岁以下的：

$$死亡赔偿金 = 受诉法院所在地上一年度城镇居民人均可支配收入或农村居民人均纯收入 \times 20；$$

受害人在60～74周岁之间的：

$$死亡赔偿金 = 受诉法院所在地上一年度城镇居民人均可支配收入或农村居民人均纯收入 \times [20 - (受害人实际年龄 - 60)]；$$

受害人在75周岁以上的：

$$死亡赔偿金 = 受诉法院所在地上一年度城镇居民人均可支配收入或农村居民人均纯收入 \times 5。$$

（3）特别注意事项

1）受害人在选择赔偿标准时，有权在户籍所在地、常住地及事故发生地选择。常住地的鉴定，原则上以一年以上为准，可依暂住证、长期劳动合同、长期租房合同等作为参考依据。失地农民提供失地证明的也可以按城镇计算。

2）与残疾赔偿金一样，如果受害人可以举证证明其住所地（即户籍所在地）或者经常居住地城镇居民人均可支配收入或者农村居民人均纯收入高于受诉法院所在地标准的，死亡赔偿金可以按照其住所地或者经常居住地的标准计算。

3）死亡赔偿金的赔付方式只有一次性赔偿一种，不适用定期金赔偿。

【案例11-4】 张某是从安徽某地来京务工的农民，1999～2005年一直在北京某服装厂做管理工作，来京后一直居住在北京市丰台区某居民区。2005年1月29日，张某从服装厂下班回家途中遭遇车祸，后经抢救无效死亡。车主对赔偿抢救张某所花费的2.34万元无异议，但对支付张某家属相关的死亡赔偿金有较大意见。车主认为，张某是农村居民，应当按照安徽省农村居民人均纯收入的20倍确定相应的死亡赔偿金。车主同时认为，其经济困难，难以一次性支付，提出分10次在5年内付清。张某家属认为，张某是在北京死亡的，应当按照北京的有关标准赔偿。由于张某生前已在北京生活了6年，其经常居住地应当是北京，张某应当是城镇居民，因此死亡赔偿金应当以北京市城镇居民人均可支配收入的20倍确定。双方协商不下，于是张某家属向北京市丰台区人民法院提起诉讼。

【法理分析】

张某家属是在北京法院起诉的，根据《人伤司法解释》的有关规定，应当按照北京市的有关标准确定张某的死亡赔偿金。张某的户口虽然在农村，但是其在北京已经生活了6年，且其长期居住在北京市丰台区的某居民小区，可以按城镇居民对待。需要指出的是，农村户口的人员在何种条件下可以按照城镇居民对待，法律法规没有明确规定，在实践中各地做法也不一致。我国《人伤司法解释》中明确规定，死亡赔偿金应当一次性支付，因此对车主提出的分10次在5年内付清的主张，法院不会予以支持。

十、被扶养人生活费的核损

1. 审核依据

1）《最高人民法院关于审理人身损害赔偿案件适用法律若干问题的解释》第十七条规定：被扶养人生活费根据扶养人丧失劳动能力程度，按照受诉法院所在地上一年度城镇居民人均消费性支出和农村居民人均年生活消费支出标准计算。被扶养人为未成年人的，计算至18周岁；被扶养人无劳动能力又无其他生活来源的，计算20年。但60周岁以上的，年龄每增加一岁减少一年；75周岁以上的，按5年计算。

被扶养人是指受害人依法应当承担扶养义务的未成年人或者丧失劳动能力又无其他生活来源的成年近亲属。被扶养人还有其他扶养人的，赔偿义务人只赔偿受害人依法应当负担的部分。被扶养人有数人的，年赔偿总额累计不超过上一年度城镇居民人均消费性支出额或者农村居民人均年生活消费支出额。

2）《最高人民法院关于审理人身损害赔偿案件适用法律若干问题的解释》第十八条规定：赔偿权利人举证证明其住所地或者经常居住地城镇居民人均可支配收入或者农村居民人

均纯收入高于受诉法院所在地标准的，残疾赔偿金或者死亡赔偿金可以按照其住所地或者经常居住地的相关标准计算。

被扶养人生活费的相关计算标准，依照前款原则确定。

3）相关法律规范。《中华人民共和国民法通则》和《中华人民共和国婚姻法》等。

2. 单证材料审核要点

（1）扶养证明

1）确认扶养证明的合法性。即确认扶养人及被扶养人的身份证明、户籍证明、亲属关系证明、扶养关系证明是否真实。

2）确认扶养关系是否符合常理。

3）确认被扶养人有无其他生活来源，无劳动能力者需提供劳动或民政部门的证明。

4）通过家庭是否"分立"情况的证明，确认受害人与被扶养人之间的扶养关系以及被扶养人其他的扶养义务人的情况。

（2）调解书或判决书　通过调解或起诉的案件，需提供调解书或判决书。

3. 被扶养人生活费的审核要点

（1）审核受害人的劳动能力

1）受害人仅限于死亡或伤残才需赔偿被扶养人生活费。

2）受害人生前或残疾前必须具有劳动能力时才需赔偿被扶养人生活费。男性60周岁以上、女性55周岁以上的可视为无劳动能力。

3）原则上，保险人只对受害人达到5级以上（含5级）残疾时才赔偿被扶养人生活费。因为伤残并不意味着受害人劳动能力的丧失，死亡或一级伤残属于完全丧失劳动能力，2~4级伤残视为丧失劳动能力。但有的地方按伤残等级作为计算标准时，可参照《交通事故伤残鉴定标准》，但不能机械地套用，例如受害人的伤残等级评定为10级，为最轻的一个等级，这并不意味着这个等级一律按10%的赔偿系数计算，而要综合考虑是否因伤残导致实际收入减少等情况来确定受害人丧失劳动能力的程度。

（2）审核被扶养人的范围

1）夫妻有互相扶养的义务。

2）受害人作为父母，对未成年的（但已满16周岁且以自己的劳动收入为主要生活来源的除外）或不能独立生活的子女承担扶养义务，但夫妻俩应共同承担，计算时需注意。

3）受害人作为子女，对无劳动能力或生活困难的父母承担扶养义务，但其兄弟姐妹应共同承担，计算时需注意。

4）受害人作为有扶养能力的祖父母、外祖父母，对于父母已经死亡或父母无力抚养的未成年的孙子女、外孙子女承担扶养义务。

5）受害人作为有扶养能力的兄、姐，对于父母已经死亡或父母无力扶养的未成年的弟、妹承担扶养义务。

6）受害人作为有扶养能力的弟、妹，对缺乏劳动能力又缺乏生活来源的兄、姐承担扶养义务，但必须以受害人由兄、姐扶养长大作为条件。

7）子女包括非婚生子女、养子女、有扶养关系的继子女。对于受害人在受损时尚未出生的胎儿，如果出生后死亡的则不予认可。但为了避免胎儿出生后的再次主张权利以及由此带来的找不到加害人的风险，法院通常会判决赔偿义务人将胎儿的扶养费提存到法院。胎儿出生时如果是活体的，法院将该笔扶养费支付给胎儿的母亲保管；胎儿出生时不是活体的，法院将该笔扶养费返还给赔偿义务人。

8）原则上不赔付配偶父母的生活费。但如果受害人生前及残前承担了其配偶父母的主要扶养义务，在提供相应的能证明其尽到主要扶养义务的证据后，可以赔付其配偶父母的生活费。

（3）审核赔偿期限 被扶养人为未成年人的，计算至18周岁；被扶养人无劳动能力又无其他生活来源的，计算20年。但60周岁以上的，年龄每增加一岁减少一年；75周岁以上的，按5年计算。

（4）审核赔偿标准

1）一般按照受诉法院所在地上一年度城镇居民人均消费性支出和农村居民人均年生活消费支出标准计算。但如果被扶养人可以举证证明其住所地或者经常居住地城镇居民人均可支配收入或者农村居民人均纯收入高于受诉法院所在地标准的，被扶养人生活费可以按照其住所地或者经常居住地的相关标准计算。

被扶养人生活费＝城镇居民人均消费性支出或农村居民人均年生活消费支出×赔偿期限÷共同承担扶养义务的人数×赔偿系数

2）根据最高人民法院民一庭《经常居住在城镇的农村居民因交通事故伤亡如何计算赔偿费用的复函》规定："人身损害赔偿案件中，残疾赔偿金、死亡赔偿金和被扶养人生活费的计算，应当根据案件的实际情况，结合受害人住所地、经常居住地等因素，确定适用城镇居民人均可支配收入（人均消费性支出）或者农村居民人均纯收入（人均年生活消费支出）的标准"。

如果是在城镇生活多年的农村居民，且在城镇有收入的，残疾赔偿金应当按照其经常居住地城镇居民人均可支配收入予以计算。

3）对于赔偿份额，受害人是唯一扶养人的，赔偿义务人应承担被扶养人的全部生活费；如果还有其他扶养人的，赔偿义务人只赔偿应由受害人本人所承担的部分；如果被扶养人有数人且既有城镇居民又有农村居民的，按各自的身份状况分别适用城镇和农村标准，但年赔偿总额累计不应超过上一年度城镇居民人均消费性支出额或者农村居民人均年生活消费支出额。

4）如果被扶养人在交通事故发生后、赔偿前死亡的，那么被扶养人生活费不再给付，但被扶养人在这段时间内的生活费要给予一定的补偿。

【案例11-5】 2004年6月18日，某旅游公司的一辆大型旅游客车途经四川某地。旅游公司为了争抢客源，强行超车，结果将在路边行驶的黄某撞成重伤。黄某经抢救无效死亡。经交通管理部门认定，旅游公司负全部责任。对黄某抢救花去的医疗费及有关丧葬费等，旅游公司不持有异议。但是，对黄某之妻朝某及其腹中胎儿的生活费，旅游公司拒绝承担，理由是朝某自嫁给黄某后一直没有工作，朝某虽怀有8个月身孕但毕竟只是胎儿。双方协商不下，朝某遂向四川某法院提起诉讼。

【法理分析】

被扶养人是指受害人依法应当承担扶养义务的未成年人或者丧失劳动能力又无其他生活来源的成年近亲属。也就是说，对于受害人的成年近亲属生活费的赔偿必须同时满足三个条件，一是受害人生前或残疾前必须具有劳动能力；二是受害人生前或残疾前对该成年近亲属有法定的扶养义务；三是该近亲属必须是丧失劳动能力又无其他生活来源。本案中，朝某是黄某的妻子，夫妻有互相扶养的义务。朝某自嫁给黄某后虽然一直没有工作并由黄某单独扶养，这只能说明朝某无其他生活来源，而被扶养人为成年人，"丧失劳动能力"和"无其他生活来源"两个条件必须同时具备。所以，旅游公司只承担朝某产假结束前这段时期的生活费。

根据我国《婚姻法》《继承法》等有关规定的精神，如果朝某生下的孩子是活体的，旅游公司应当承担相应的生活费。反之，旅游公司不必承担该笔费用。

【技能训练】

训练 14　医疗费、误工费、护理费及营养费核损

一、案情概况

2006 年 5 月 12 日上午 10 时，亢某驾驶小货车沿南三环由西向东行驶时，与骑三轮车同向行驶的薛某相撞，致使薛某受伤。经交管部门鉴定：亢某负事故的全部责任。事故发生时，亢某拨打了 999 急救电话，薛某被送至医院进行治疗。经诊断，薛某为左腿骨折、左手臂擦伤。在医院住院的 10 天时间里，薛某由于以前有胃病，所以配了很多胃药，出院时医院出具了一张住院证明及清单、诊断证明书一份、CT 检查报告单及门诊收费票据 10 张，还有 3 个月的休假证明，但医院并没出具需要护理的证明、后续医疗证明以及对营养问题作出建议。薛某主张应赔偿医药费、二次手术费、护理费、误工费和营养费等项目，并提供了薛某本单位的证明，证明单位派了一名员工照顾薛某。

二、训练要求

1）核损医疗费。
2）核损误工费。
3）核损护理费及营养费。

训练 15　被扶养人生活费核损

一、案情概况

2004 年 5 月 10 日 20 时，在某街的西口西侧，杨某骑自行车由东向西行驶，恰有某出租汽车公司驾驶员夏某驾驶出租车由东向西从后面驶来，出租车前部将杨某（农业户口，但在城市居住多年，且有固定收入）及自行车撞出，造成杨某受伤，两车损坏。

经市公安局公安交通管理局某交通支队调查，于 2004 年 6 月 30 日出具《交通事故认定书》一份，主要内容为：夏某驾车时未能确保安全，超速行驶是发生此次事故的原因之一；杨某骑自行车未在道路右侧通行也是发生此次事故的原因之一。认定夏某和杨某承担事故的同等责任。

杨某受伤后被送往市红十字会急诊抢救中心住院治疗，住院日期为 2004 年 5 月 11 日至 2004 年 8 月 2 日。出院诊断为：①脑挫裂伤；②外伤性蛛网膜下腔出血；③枕骨骨折；④颅底骨折；⑤枕部头皮血肿；⑥右侧胫腓骨骨折；⑦骨盆多发骨折；⑧鼻部、背部皮裂伤；⑨全身散在皮擦伤（鼻部、背部、腰部、左肘部、左手、左踝部、右小腿、右踝部）。建议：①定期检查，1 月/次，不适随诊；②患者禁止负重，禁止受压，目前禁止下地进行

功能锻炼；③住院期间陪住一人，二次手术费用约需 8000 元，需休假、护理至 2005 年 2 月 7 日。

2005 年 3 月 7 日，杨某的身体损伤经市公安局公安交通管理局法医鉴定，结论为伤残赔偿指数为 20%，取内固定。

因双方当事人对于赔偿数额达不成一致意见，杨某向本地法院提起诉讼，要求夏某和夏某所在的出租汽车公司赔偿包括其儿子的生活费在内的经济损失及精神损失共计 30 万元。在庭审中，杨某所在单位出具证明两份，主要内容为：杨某系该单位职工，月工资 1250 元，因车祸受伤在家养病，没有工资。杨某所在小区的居委会出具证明一份，主要内容为：杨某在其辖区居住多年，其本人与张某于 2004 年 7 月 1 日离婚，双方生有一子（现年 7 岁），离婚后孩子由女方扶养。

二、训练要求

根据保险法律、法规及保险公司规程，对受害人杨某的被扶养人生活费进行核损。

【项目小结】

1）医疗核审包括：医疗费、误工费、护理费、交通费、住院伙食补助费、营养费、残疾赔偿金、残疾辅助器具费、丧葬费、死亡赔偿金和被扶养人生活费的核损。

2）医疗费审核的单证材料有：病历证明、医疗发票与费用清单。

3）误工费审核的单证材料有：出院通知单及病休证明、误工证明及工资表复印件、户籍证明及年龄证明。

4）护理费审核的单证材料有：陪护证明、误工证明及收入证明。

5）交通费审核的单证材料主要是交通费凭证。

6）住院伙食补助费审核的单证材料有：出院通知书、出院小结或住院费收据、外地治疗就医证明、"因客观原因不能住院"医院出具的相应证明。

7）营养费审核的单证材料主要是医疗机构或法医出具的营养证明。

8）残疾赔偿金审核的单证材料有：伤残证明或伤残鉴定书、身份证或户口簿。

9）残疾辅助器具费审核的单证材料有：残疾辅助器具配制机构意见（伤残用具证明）、残疾辅助器具的购买发票。

10）丧葬费及死亡赔偿金审核的单证材料有：死亡证明、户口注销证明和火化证明。

11）被扶养人生活费审核的单证材料有：扶养证明、调解书或判决书。

【复习思考题】

一、选择题

1）下列（   ）医疗费用保险公司不予赔偿。

A. 诊疗费　　　　B. 点名手术附加费　　　　C. 医药费　　　　D. 住院费

2）按交通事故赔偿新标准要求，其护理人员最多为（   ）。

A. 1 人　　　　B. 两人　　　　C. 3 人　　　　D. 4 人

3）伤残评定前的护理，根据实际护理时间按标准的 100% 计算护理费；伤残评定后的护理，二级护理按（　　）计算。

  A. 100%   B. 90%   C. 80%   D. 50%

4）在人伤案件交通费的核损中，办理丧葬事宜的亲属的交通费，一般以（　　）人为限，时间一般以（　　）天为限，次数以每天3次为限。

  A. 1、两   B. 两、两   C. 两、3   D. 3、3

5）无论是"住院伙食补助费"还是在外地治疗非住院情况下需支付的"受害人本人及其陪护人员实际发生的合理的伙食费"，均参照（　　）国家机关一般工作人员出差的伙食补助费标准予以确认。

  A. 当地 B. 事故发生地 C. 户口所在地 D. 起诉法院所在地

6）在人伤案件营养费的核损中，一般按（　　）予以确认。

  A. 购买发票   B. 出差伙食补助费
  C. 住院伙食补助费   D. 医嘱

7）对于残疾赔偿金的计算，若受害者年龄为63周岁的，则其赔偿年限为（　　）。

  A. 10年   B. 13年   C. 17年   D. 20年

8）对于死亡赔偿金的计算，若受害者年龄为76周岁的，则其赔偿年限为（　　）。

  A. 4年   B. 5年   C. 16年   D. 20年

9）若为3级伤残的，则该伤残等级对应的赔偿比例为（　　）。

  A. 30%   B. 80%   C. 90%   D. 100%

10）如果是在城镇生活多年的农村居民，且在城镇有收入的，残疾赔偿金应当按照（　　）予以计算。

  A. 农村居民人均年生活消费支出的标准
  B. 其经常居住地城镇居民人均可支配收入
  C. 其户口所在地城镇居民人均可支配收入
  D. 其经常居住地农村居民人均纯收入

11）伤者需转医或赴外地治疗的，除须由所在医院出具的证明外，还必须征得（　　）同意。

  A. 保险公司 B. 事故处理部门 C. 伤者本人 D. A+B

二、判断题

1）残疾赔偿金和死亡赔偿金一样，均需一次性给付。（　　）

2）在人伤案件营养费的核损中，只要受害人需住院治疗的就必须赔偿。（　　）

3）在人伤案件住院伙食补助费的核损中，补助的对象是受害人本人，而陪护人员不能成为"住院伙食补助费"的补助对象。（　　）

4）在人伤案件住院伙食补助费的核损中，受害人到外地治疗而又不能住院的，住院伙食补助费的补助对象除受害人本人外，还应包括陪护人员。（　　）

5）在人伤案件的赔偿中，交通费用的赔偿中不应包含差旅费。（　　）

6）在人伤案件的赔偿中，因家庭主妇没有劳动收入，所以不用赔偿其误工费。（　　）

7）在人伤案件的赔偿中，若受害人本身是残疾人，则肯定不用赔偿其误工费。（　　）

8）在人伤案件的赔偿中，若受害人为未满16周岁的在校学生，则不予赔偿其误工费。（　　）

三、误工费赔偿的案例分析

2005年7月30日,在某中学教书的韩某在去家教途中走人行道穿过马路时,被佟某驾驶的一辆高级轿车撞倒。佟某立即将韩某送至医院就诊。经诊断,韩某右腿右股骨损伤。经交警认定,佟某负全部责任。韩某住院治疗10天。佟某与韩某就医药费达成了一致意见,但是韩某要求佟某赔偿其误工费时,佟某表示反对,认为撞伤韩某的时间属于暑假,韩某的工资是照发的。但韩某认为自己已经找到了一份两个月时间的家教工作,且有学生可以证明,但因佟某的行为导致其8月无法继续从事家教。于是,韩某将佟某诉至法院。问:佟某是否应赔偿韩某的误工费?为什么?

参考文献

[1] 荆叶平,王俊喜. 汽车保险与公估 [M]. 北京:人民交通出版社,2009.
[2] 杨立新. 道路交通事故索赔全程操作 [M]. 北京:法律出版社,2006.
[3] 王永盛. 车险理赔查勘与定损 [M]. 北京:机械工业出版社,2010.
[4] 李景芝,赵长利. 汽车保险与理赔 [M]. 北京:国防工业出版社,2007.
[5] 荆叶平. 汽车保险实务 [M]. 上海:华东师范大学出版社,2012.
[6] 吴定富. 保险原理与实务 [M]. 北京:中国财政经济出版社,2010.
[7] DUFFY E JAMES, SCHARFF ROBERT. 汽车车身维修技术 [M]. 吴友生,译. 北京:高等教育出版社,2006.